प्रतिनिधि कहानियाँ

प्रतिनिधि कहानियाँ

भीष्म साहनी

राजकमल प्रकाशन

ISBN : 978-81-267-0332-6

मूल्य : ₹ 295

पहला संस्करण : 1988
सातवाँ संस्करण : 2023

प्रकाशक : राजकमल प्रकाशन प्रा.लि.
1-बी, नेताजी सुभाष मार्ग, दरियागंज
नई दिल्ली-110 002
शाखाएँ : अशोक राजपथ, साइंस कॉलेज के सामने, पटना-800 006
पहली मंजिल, दरबारी बिल्डिंग, महात्मा गांधी मार्ग, प्रयागराज-211 001
वेबसाइट : www.rajkamalprakashan.com
ई-मेल : info@rajkamalprakashan.com

मुद्रक : बी.के. ऑफसेट
नवीन शाहदरा, दिल्ली-110 032

PRATINIDHI KAHANIYAN
Representative Stories of Bhishma Sahni

क्रम

गंगो का जाया	7
चीफ़ की दावत	14
ख़ून का रिश्ता	23
माता-विमाता	36
यादें	41
कुछ और साल	49
अमृतसर आ गया है···	64
ओ हरामजादे	77
साग-मीट	97
वाङ्चू	108
त्रास	129
लीला नन्दलाल की	138
चाचा मंगलसैन	157

गंगो का जाया

गंगो की जब नौकरी छूटी तो बरसात का पहला छींटा पड़ रहा था । पिछले तीन दिन से गहरे नीले बादलों के पुञ्ज आकाश में करवटें ले रहे थे, जिनकी छाया में गरमी से अलसायी हुई पृथ्वी अपने पहले ठण्डे उच्छ्वास छोड़ रही थी, और शहर-भर के बच्चे-बूढ़े बरसात की पहली बारिश का नंगे बदन स्वागत करने के लिए उतावले हो रहे थे । यह दिन नौकरी से निकाले जाने का न था । मजदूरी की नौकरी थी बेशक, पर बनी रहती, तो इसकी स्थिरता में गंगो भी बरसात के छींटे का शीतल स्पर्श ले लेती । पर हर शगुन के अपने चिन्ह होते हैं । गंगो ने बादलों की पहली गर्जन में ही जैसे अपने भाग्य की आवाज़ सुन ली थी ।

नौकरी छूटने में देर नहीं लगी । गंगो जिस इमारत पर काम करती थी उसकी निचली मंजिल तैयार हो चुकी थी, अब दूसरी मंजिल पर काम चल रहा था । नीचे मैदान में से गारे की टोकरियाँ उठा-उठाकर छत पर ले जाना गंगो का काम था । मगर आज सुबह जब गंगो टोकरी उठाने के लिए जमीन की ओर झुकी, तो उसके हाथ ज़मीन तक न पहुँच पाये । ज़मीन पर, पाँव के पास पड़ी हुई टोकरी को छूना एक गहरे कुएँ के पानी को छूने के समान होने लगा ।

इतने में किसी ने गंगो को पुकारा, "मेरी मान जाओ गंगो, अब टोकरी तुमसे न उठेगी । तुम छत पर ईंट पकड़ने के लिए आ जाओ।"

छत पर, लाल ओढ़नी पहने और चार ईंटें उठाये, दूलो मजदूरन खड़ी उसे बुला रही थी ।

गंगो ने न माना और फिर एक बार टोकरी उठाने का साहस किया, मगर होंठ काटकर रह गयी । टोकरी तक उसका हाथ न पहुँच पाया ।

गंगो के बच्चा होनेवाला था, कुछ ही दिन बाकी रह गये थे । छत पर बैठकर ईंट पकड़नेवाला काम आसान था । एक मज़दूर, नीचे मैदान में खड़ा,

एक-एक ईंट उठाकर छत्त की ओर फेंकता, और ऊपर बैठी हुई मज़दूरन उसे झपटकर पकड़ लेती । मगर गंगो का इस काम से खून सूखता था । कहीं झपटने में हाथ चूक जाये, और उड़ती हुई ईंट पेट पर आ लगे तो क्या होगा ?

ठेकेदार हर मज़दूर के भाग्य का देवता होता है । जो उसकी दया बनी रहे तो मज़दूर के सब मनोरथ सिद्ध हो जाते हैं, पर जो देवता के तेवर बदल जायें तो अनहोनी भी होके रहती है । गंगो खड़ी सोच ही रही थी कि कहीं से, मकान की परिक्रमा लेता हुआ ठेकेदार सामने आ पहुँचा । छोटा-सा, पतला शरीर, काली टोपी, घनी-घनेरी मूँछों में से बीड़ी का धुआँ छोड़ता हुआ, गंगो को देखते ही चिल्ला उठा –

''खड़ी देख क्या रही है ? उठाती क्यों नहीं; जो पेट निकला हुआ था, तो आयी क्यों थी ?''

गंगो धीरे-धीरे चलती हुई ठेकेदार के सामने आ खड़ी हुई । ठेकेदार का डर होते हुए भी गंगो के होंठों पर से वह हल्की-सी स्निग्ध मुस्कान ओझल न हो पायी, जो महीने-भर से उसके चेहरे पर खेल रही थी, जब से बच्चे ने गर्भ में ही अपने कौतुक शुरू कर दिये थे और गंगो की आँखें जैसे अन्तर्मुखी हो गयी थीं । ठेकेदार झगड़ता तो भी शान्त रहती, और जो उसका घरवाला बात-बात पर तिनक उठता, तो भी चुपचाप सुनती रहती ।

''काम क्यों नहीं करूँगी ? छत पर ईंटें पकड़ने का काम दे दो, वह कर लूँगी ।'' गंगो ने निश्चय करते हुए कहा।

''तेरे बाप का मकान बन रहा है, जो जी चाहा करेगी ? चल, दूर हो यहाँ से । आधे दिन के पैसे ले और दफ़ा हो जा । हरामख़ोर आ जाते हैं...''

''तुम्हें क्या फ़रक पड़ेगा, दूलो मेरा काम कर लेगी, मैं उसकी जगह चली जाऊँगी, काम तो होता रहेगा ।''

''पहले पेट खाली करके आओ, फिर काम मिलेगा।''

क्षण-भर में ठेकेदार का रजिस्टर खुल गया और गंगो के नाम पर लकीर फिर गयी ।

ऐन उसी वक्त बारिश का छींटा भी पड़ने लगा था । गंगो ने समझ लिया कि जो आसमान में बादल न होते तो काम पर से भी छुट्टी न मिलती । आकाश में बादल आये नहीं कि ठेकेदार को काम ख़त्म करने की चिन्ता हुई नहीं । इस हालत में गर्भवाली मज़दूरन को कौन काम पर रखेगा । गंगो चुपचाप, ओढ़नी के पल्ले से अपने गर्भ को ढँकती हई बाहर निकल आयी ।

उन दिनों दिल्ली फिर से जैसे बसने लगी थी । कोई दिशा या उपदिशा ऐसी न थी, जहाँ नयी आबादियों के झुरमुट न उठ रहे हों । नये मकानों की लम्बी कतारें, समुद्र की लहरों की तरह फैलती हुई, अपने प्रसार में दिल्ली के कितने ही खण्डहर और स्मृति-कंकाल रौंदती हुई, बढ़ रही थीं । देखते-ही-देखते एक नयी आबादी, गर्व से माथा ऊँचा किये, समय का उपहास करती हुई खड़ी हो जाती । लोग कहते, दिल्ली फिर से जवान हो रही है । नयी आबादियों की बाढ़ आ गयी थी । नया राष्ट्र, नये निर्माण-कार्य, लोगों को इस फैलती राजधानी पर गर्व होने लगा था ।

जहाँ कहीं किसी नयी आबादी की योजना पनपने लगती, तो सैकड़ों मज़दूर खिंचे हुए, अपने फूस के छप्पर कन्धों पर उठाये, वहाँ जा पहुँचते, और उसी की बगल में अपनी झोंपड़ों की बस्ती खड़ी कर लेते । और जब वह नयी आबादी बनकर तैयार हो जाती, तो फिर मज़दूरों की टोलियाँ अपने फूस के छप्पर उठाये, किसी दूसरी आबादी की नींव रखने चल पड़तीं । मगर ज्योंही बरसात के बादल आकाश में मँडराने लगते, तो सब काम ठप्प हो जाता, और मज़दूर अपने झोंपड़ों में बैठे, आकाश को देखते हुए, चौमासे के दिन काटने लगते । कई मज़दूर अपने गाँवों को चले जाते, पर अधिकतर छोटे-मोटे काम की तलाश में सड़कों पर घूमते रहते । काम इतना न था जितने मज़दूर आ पहुँचते थे । दिल्ली के हर खण्डहर की अपनी गाथा है, कहानी है, पर मज़दूर की फूस की झोंपड़ी का खण्डहर क्या होगा, और कहानी क्या होगी ? हँसती-खेलती नयी अबादियों में इन झोंपड़ों का या इन नये झोंपड़ों में खेले गये नाटकों का, स्मृति-चिन्ह भी नहीं मिलता ।

उस रात गंगो और उसका पति घीसू, देर तक झोंपड़े के बाहर बैठे अपनी स्थिति का सोचते रहे ।

"जो छुट्टी मिल गयी थी तो घर क्यों चली आयी, कहीं दूसरी जगह काम देखती।"

"देखा है । इस हालत में कौन काम देगा ? जहाँ जाओ, ठेकेदार पेट देखने लगते हैं।"

झोंपड़े के अन्दर उनका छः बरस का लड़का रीसा सोया पड़ा था । घीसू कई दिनों से चिन्तित था, तीन आदमी खानेवाले, और कमानेवाला अब केवल एक, और ऊपर चौमासा और गंगो की हालत ! उसका मन खीज उठा । अगर और पन्द्रह-बीस रोज मज़दूरी पर निकल जाते, तो क्या मुश्किल था ? गर्भवाली औरतें बच्चा होनेवाले दिन तक काम पर जुटी रहती हैं । घीसू गठीले

बदन का, नाटे कद का मज़दूर था, जो किसी बात पर तिनक उठता तो घण्टों उसका मन अपने काबू में न रहता । थोड़ी देर चिलम के कश लगाने के बाद धीरे-धीरे कहने लगा, "तुम गाँव चली जाओ।"

"गाँव में मेरा कौन है ?"

"तू पहले से ही सब पाठ पढ़े हुए है, तू इस हालत में जायेगी, तो तुझे घर से निकाल देंगे ?"

"मैं कहीं नहीं जाऊँगी । तुम्हारा भाई ज़मीन पर पाँव नहीं रखने देगा । दो दफे तो तुमसे लड़ने-मरने की नौबत आ चुकी है ।"

"तो यहाँ क्या करेगी ? मेरे काम का भी कोई ठिकाना नहीं । सुनते हैं सरकार जियादह मजदूर लगाकर तीन दिन में बाकी सड़क तैयार कर देना चाहती है।"

"मरम्मती काम तो चलता रहेगा ?" गंगो ने धीरे-से कहा ।

"मरम्मती काम से तीन जीव खा सकते हैं ? एक दिन काम है, चार दिन नहीं ।" काफी रात गये तक यह उधेड़-बुन चलती रही ।

सोमवार को गंगो काम पर से बरखास्त हुई, और सनीचर तक पहुँचते-पहुँचते झोंपड़ी की गिरस्ती डावाँडोल हो गयी । माँ, बाप और बेटा, तीन जीव खानेवाले, और कमानेवाला केवल एक । गंगो काम की तलाश में सुबह घर से निकल जाती, और दोपहर तक बस्ती के तीन-तीन चक्कर काट आती । किसी से काम का पूछती तो या तो वह हँसने लगता, या आसमान पर मँडराते बादल दिखा देता । सड़कों पर दर्जनों मज़दूर दोपहर तक घूमते हुए नज़र आने लगे । फिर एक दिन जब घीसू ने घर लौटकर सुना दिया कि सरकारी सड़क का काम समाप्त हो चुका है, तो घीसू और गंगो, मज़दूरों के स्तर से लुढ़ककर आवारा लोगों के स्तर पर आ पहुँचे । कभी चूल्हा जलता, कभी नहीं । भर-पेट खाना किसी को न मिल पाता । छोटा बालक रीसा, जो दिन-भर खेलते न थकता था, अब झोंपड़े के इर्दगिर्द ही मँडराता रहता । पति-पत्नी रोज़ रात को झोंपड़े के बाहर बैठते, झगड़ते, परामर्श करते और बात-बात पर खीज उठते ।

फिर एक रात, हजार सोचने और भटकने के बाद घीसू के उद्विग्न मन ने घर का खर्चा कम करने की तरकीब सोची । अधभरे पेट की भूख को चिलम के धुएँ से शान्त करते हुए बोला, "रीसे को किसी काम पर लगा दें।"

"रीसा क्या करेगा, छोटा-सा तो है ?"

"छोटा है ? चंगे-भले आदमी का राशन खाता है । इस-जैसे सब लड़के

काम करते हैं।"

गंगो चुप रही । कमाऊ बेटा किसे अच्छा नहीं लगता ? मगर रीसा अभी सड़क पर चलता भी था, तो बाप का हाथ पकड़कर । वह क्या काम करेगा ? पर घीसू कहता गया, "इस-जैसे लौंडे बूट-पालिश करते हैं, साइकलों की दूकानों पर काम करते हैं, अखबार बेचते हैं, क्या नहीं करते ? कल इसे मैं गणेशी के सपुर्द कर दूँगा, इसे बूट-पालिश करना सिखा देगा।"

गणेशी घीसू के गाँव का आदमी था । इस बस्ती से एक फर्लांग दूर, पुल के पास छोटी-सी कोठड़ी में रहता था । एक छोटा-सा सन्दूकचा कन्धे पर से लटकाये गलियों के चक्कर काटता और बूटों के तलवे लगाया करता था ।

दूसरे दिन घीसू काम की खोज में झोंपड़े में से निकलते हुए गंगो से कह गया—

"मैं गणेशी को रास्ते में कहता जाऊँगा । तू सूरज चढ़ने तक रीसे को उसके पास भेज देना।"

रीसा काम पर निकला । छोटा-सा पतला शरीर, चकित, उत्सुक आँखें । बदन पर एक ही कुर्ता लटकाये हुए । गणेशी के घर तक पहुँचना कौन-सी आसान बात थी । रास्ते में प्रकृति रीसे के मन को लुभाने के लिए जगह-जगह अपना मायाजाल फैलाये बैठे थी । किसी जगह दो लौंडे झगड़ रहे थे, उनका निपटारा करना जरूरी था, रीसा घण्टा-भर उन्हीं के साथ घूमता रहा; कहीं एक भैंस कीचड़ में फँसी पड़ी थी; कहीं पर एक मदारी अपने खेल दिखा रहा था, रीसा दिन-भर घूम-फिरकर, दोपहर के वक्त, हाथ में एक छड़ी घुमाता हुआ घर लौट आया ।

कह देना आसान था कि रीसा काम करे, मगर रीसे को काम में लगाना नये बैल को हल में जोतने के बराबर था । पर उधर झोंपड़े में बची-बचायी रसद क्षीण होती जा रही थी । दूसरे दिन घीसू उसे स्वयं गणेशी के सपुर्द कर आया, और पाँच-सात आने पैसे भी पालिश की डिब्बिया और ब्रुश के लिए दे आया ।

उस दिन तो रीसा जैसे हवा में उड़ता रहा । दिल्ली की नयी-नयी गलियाँ घूमने को मिलीं, नये-नये लोग देखने को मिले । चप्पे-चप्पे पर आकर्षण था । रीसे की समझ में न आया कि बाप गुस्सा क्यों हो रहा था, जब उसे यहाँ घूमने के लिए भेजना चाहता था । दूकानें रंगबिरंगी चीज़ों से लदी हुईं और भीड़ इतनी कि रीसे का लुब्ध मन भी चकरा गया ।

रीसे की माँ सड़क पर आँखें गाड़े उसकी राह देख रही थी, जब रीसा अपने बोझल पाँव खींचता हुआ घर पहुँचा । अपने छः सालों के नन्हें-से जीवन में वह

इतना कभी नहीं चल पाया था, जितना कि वह आज एक दिन में । मगर माँ को मिलते ही वह उसे दिन-भर की देखी-दिखायी सुनाने लगा । और जब बाप काम पर से लौटा तो रीसा अपना ब्रुश और पालिश की डिब्बिया उठाकर भागता हुआ उसके पास जा पहुँचा, ''बप्पू, तेरा जूता पालिश कर दूँ ?''

सुनकर, घीसू के हर वक्त तने हुए चेहरे पर भी हल्की-सी मुस्कान दौड़ गयी–

''मेरा नहीं, किसी बाबू का करना जो पैसे भी देगा ।''

और गंगो और उसका पति, अपने कमाऊ बेटे की दिनचर्या सुनते हुए, कुछ देर के लिए अपनी चिन्ताएँ भूल गये ।

दूसरा दिन आया । घीसू और रीसा अपने-अपने काम पर निकले । दो रोटियाँ, एक चिथड़े में लिपटी हुई, घीसू की बगल के नीचे, और एक रोटी रीसे की बगल के नीचे । दोनों सड़क पर इकट्ठे उतरे और फिर अपनी-अपनी दिशा में जाने के लिए अलग हो गये ।

पर आज रीसा जब सड़क की तलाई पार करके पुल के पास पहुँचा तो गणेशी वहाँ पर नहीं था ।

थोड़ी देर तक मुँह में उँगली दबाये वह पुल पर आते-जाते लोगों को देखता रहा, फिर गणेशी की तलाश में आगे निकल गया । शहर की गलियाँ, एक के बाद दूसरी, अपना जटिल इन्द्रजाल फैलाये, जैसे रीसे की इन्तजार में ही बैठी थीं । एक के बाद दूसरी गली में वह बढ़ने लगा, मगर किसी में भी उसे कल का परिचित रूप नज़र नहीं आया, न ही कहीं गणेशी की आवाज़ सुनायी दी । थोड़ी देर घूमने के बाद रीसा एक गली के मोड़ पर बैठ गया, अपनी पालिश की डिब्बिया और ब्रुश सामने रख लिये और अपने पहले ग्राहक की इन्तजार करने लगा । गणेशी की तरह उसने मुँह टेढ़ा करके 'पालिश श श श··· !' का शब्द पूरी चिल्लाहट के साथ पुकारा । पहले तो अपनी आवाज़ ही सुनकर स्तब्ध हो रहा, फिर निःसंकोच बार-बार पुकारने लगा । पाँच-सात मर्तबा जोर-जोर से चिल्लाने पर एक बाबू, जो सामने एक दूकान की भीड़ में सौदा खरीदने की इन्तजार में खड़ा था, रीसे के पास चला आया ।

''पालिश करने का क्या लोगे ?''

''जो खुसी हो दे देना ।'' रीसे ने गणेशी के वाक्य को दोहरा दिया । बाबू ने बूट उतार दिये, और दूकान की भीड़ में फिर जाकर खड़ा हो गया ।

रीसे ने अपनी डिब्बिया खोली । गणेशी के वाक्य तो वह दोहरा सकता था, मगर उसकी तरह हाथ कैसे चलाता ? बूट पर पालिश क्या लगी, जितनी

उसकी टाँगों, हाथों और मुँह को लगा । एक जूते पर पालिश लगाने में रीसे की आधी डिब्बिया खर्च हो गयी । अभी बूट के तलवे पर पालिश लगाने की सोच ही रहा था कि बाबू सामने आन खड़ा हुआ । रीसे के हाथ अनजाने में ठिठक गये । बाबू ने बूटों की हालत देखी, आव देखा न ताव, जोर से रीसे के मुँह पर थप्पड़ दे मारा, जिससे रीसे का मुँह घूम गया । उसकी समझ में न आया कि बात क्या हुई है । गणेशी को तो किसी बाबू ने थप्पड़ नहीं मारा था ।

"हरामजादे, काले बूटों पर लाल पालिश !" और गुस्से में गालियाँ देने लगा ।

पास खड़े लोगों ने यह अभिनय देखा, कुछ हँसे, कुछ-एक ने बाबू को समझाया, दो-एक ने रीसे को गालियाँ दीं, और उसके बाद बाबू गालियाँ देता हुआ, बूट पहनकर चला गया । रीसा, हैरान और परेशान कभी एक के मुँह की तरफ, कभी दूसरे के मुँह की तरफ देखता रहा, और फिर वहाँ से उठकर, धीरे-धीरे गली के दूसरे कोने पर जाकर खड़ा हो गया । हर राह जाते बाबू से उसे डर लगने लगा । गणेशीं की तरह 'पालिश-श-श !' चिल्लाने की उसकी हिम्मत न हुई । रीसे को माँ की याद आयी, और उल्टे पाँव वापिस हो लिया । मगर गलियों का कोई छोर किनारा न था, एक गली के अन्त तक पहुँचता तो चार गलियाँ और सामने आ जातीं । अनगिनत गलियों में घूमने के बाद वह घबराकर रोने लगा, मगर वहाँ कौन उसके आँसू पोंछनेवाला था । एक गली के बाद दूसरी गली लाँघता हुआ, कभी गणेशी की तलाश में, कभी माँ की तलाश में वह दोपहर तक घूमता रहा । बार-बार रोता और बार-बार स्तब्ध और भयभीत चुप हो जाता । फिर शाम हुई और थोड़ी देर बाद गलियों में अँधेरा छाने लगा । एक गली के नाके पर खड़ा सिनकियाँ ले रहा था, कि उस-जैसे ही लड़कों का टोला यहाँ-कहाँ से इकट्ठा होकर उसके पास आ पहुँचा । एक छोटे-से लड़के ने अपनी फटी हुई टोपी सिर पर खिसकाते हुए कहा, "अबे साले रोता क्यों है ?"

दूसरे ने उसका बाजू पकड़ा और रीसे को खींचते हुए एक बराण्डे के नीचे ले गया । तीसरे ने उसे धक्का दिया ! चौथे ने उसके कन्धे पर हाथ रखते हुए, उसे बराण्डे के एक कोने में बैठा दिया । फिर उस छोटे-से लड़के ने अपने कुर्ते की जेब में से थोड़ी-सी मूँगफली निकालकर रीसे की झोली में डाल दी ।

"ले साले, कभी कोई रोता भी है ? हमारे साथ घूमाकर, हम भी बूट-पालिश करते हैं ।"

आधी रात गये, नन्हा रीसा, जीवन की एक पूरी मंजिल एक दिन में

लाँघकर, सिर के नीचे ब्रुश और पालिश की डिब्बिया और एक छोटा-सा चीथड़ा रखे, उसी बराण्डे की छत के नीचे अपनी यात्रा के नये साथियों के साथ, भाग्य की गोद में सोया पड़ा था ।

—उधर, झोंपड़े के अन्दर लेटे-लेटे, कई घण्टे की विफल खोज के बाद, घीसू गंगो को आश्वासन दे रहा था: "मुझे कौन काम सिखाने आया था ? सभी गलियों में ही सीखते हैं । मरेगा नहीं, घीसू का बेटा है, कभी-न-कभी तुझे मिलने आ जायेगा ।"

घीसू का उद्विग्न मन जहाँ बेटे के यूँ चले जाने पर व्याकुल था, वहाँ इस दारुण सत्य को भी न भूल सकता था कि अब झोंपड़े में दो आदमी होंगे, और बरसात काटने तक, और गंगो की गोद में नया जीव आ जाने तक, झोंपड़ा शायद सलामत खड़ा रह सकेगा ।

गंगो झोंपड़े की बालिश्त-भर ऊँची छत को ताकती हुई चुपचाप लेटी रही । उसी वक्त गंगो के पेट में उसके दूसरे बच्चे ने करवट ली । जैसे संसार का नवागन्तुक संसार का द्वार खटखटाने लगा हो । और गंगो ने सोचा—यह क्यों जन्म लेने के लिए इतना बेचैन हो रहा है ? गंगो का हाथ कभी पेट के चपल बच्चे को सहलाता, कभी आँखों से आँसू पोंछने लगता ।

आकाश पर बरसात के बादलों से खेलती हुई चाँद की किरनों के नीचे नये मकानों की बस्ती झिलमिला रही थी । दिल्ली फिर बस रही थी, और उसका प्रसार दिल्ली के बढ़ते गौरव को चार चाँद लगा रहा था ।

चीफ़ की दावत

आज मिस्टर शामनाथ के घर चीफ़ की दावत थी ।

शामनाथ और उनकी धर्मपत्नी को पसीना पोंछने की फुर्सत न थी । पत्नी ड्रैसिंग गाउन पहने, उलझे हुए बालों का जूड़ा बनाये, मुँह पर फैली हुई सुर्खी और पाउडर को भूले, और मिस्टर शामनाथ सिगरेट-पर-सिगरेट फूँकते हुए, चीजों की फेहरिस्त हाथ में थामे, एक कमरे से दूसरे कमरे में आ-जा रहे थे ।

आखिर पाँच बजते-बजते तैयारी मुकम्मल होने लगी । कुर्सियाँ, मेज़, तिपाइयाँ, नैपकिन, फूल, सब बरामदे में पहुँच गये । ड्रिंक का इन्तज़ाम बैठक में कर दिया गया । अब घर का फ़ालतू सामान आलमारियों के पीछे और पलँगों

के नीचे छिपाया जाने लगा । तभी शामनाथ के सामने सहसा एक अड़चन खड़ी हो गयी, माँ का क्या होगा ?

इस बात की ओर न उनका और न उनकी कुशल गृहिणी का ध्यान गया था । मिस्टर शामनाथ, श्रीमती की ओर घूमकर अंग्रेज़ी में बोले—"माँ का क्या होगा ?"

श्रीमती काम करते-करते ठहर गयीं, और थोड़ी देर तक सोचने के बाद बोलीं, "इन्हें पिछवाड़े इनकी सहेली के घर भेज दो । रात-भर बेशक वहीं रहें । कल आ जायें ।"

शामनाथ सिगरेट मुँह में रखे, सिकुड़ी आँखों से श्रीमती के चेहरे की ओर देखते हुए पल-भर सोचते रहे, फिर सिर हिलाकर बोले, "नहीं, मैं नहीं चाहता कि उस बुढ़िया का आना-जाना यहाँ फिर से शुरू हो । पहले ही बड़ी मुश्किल से बन्द किया था । माँ से कहें कि जल्दी ही खाना खा के शाम को ही अपनी कोठरी में चली जायँ । मेहमान कहीं आठ बजे आयेंगे । इससे पहले ही अपने काम से निबट लें ।"

सुझाव ठीक था । दोनों को पसन्द आया । मगर फिर सहसा श्रीमती बोल उठीं, "जो वह सो गयीं और नींद में खर्राटे लेने लगीं, तो ? साथ ही तो बरामदा है, जहाँ लोग खाना खायेंगे ।"

"तो इन्हें कह देंगे कि अन्दर से दरवाज़ा बन्द कर लें । मैं बाहर से ताला लगा दूँगा । या माँ को कह देता हूँ कि अन्दर जाकर सोयें नहीं, बैठी रहें, और क्या ?"

"और जो सो गयीं, तो ? डिनर का क्या मालूम कब तक चले । ग्यारह-ग्यारह बजे तक तो तुम ड्रिंक ही करते रहते हो ।"

शामनाथ कुछ खीज उठे, हाथ झटकते हुए बोले, "अच्छी-भली यह भाई के पास जा रही थीं । तुमने यूँ ही खुद अच्छा बनने के लिए बीच में टाँग अड़ा दी !"

"वाह ! तुम माँ और बेटे की बातों में मैं क्यों बुरी बनूँ ? तुम जानो और वह जानें ।"

मिस्टर शामनाथ चुप रहे । यह मौक़ा बहस का न था, समस्या का हल ढूँढ़ने का था । उन्होंने घूमकर माँ की कोठरी की ओर देखा । कोठरी का दरवाज़ा बरामदे में खुलता था । बरामदे की ओर देखते हुए झट-से बोले, "मैंने सोच लिया है,"—और उन्हीं क़दमों माँ की कोठरी के बाहर जा खड़े हुए । माँ दीवार के साथ एक चौकी पर बैठी, दुपट्टे में मुँह-सिर लपेटे, माला जप रही-

थीं । सुबह से तैयारी होती देखते हुए माँ का भी दिल धड़क रहा था । बेटे के दफ्तर का बड़ा साहब घर पर आ रहा है, सारा काम सुभीते से चल जाय ।

''माँ, आज तुम खाना जल्दी खा लेना । मेहमान लोग साढ़े सात बजे आ जायेंगे ।''

माँ ने धीरे-से मुँह पर से दुपट्टा हटाया और बेटे को देखते हुए कहा, ''आज मुझे खाना नहीं खाना है, बेटा, तुम जानते तो हो, मांस-मछली बने, तो मैं कुछ नहीं खाती ।''

''जैसे भी हो, अपने काम से जल्दी निबट लेना ।''

''अच्छा, बेटा !''

''और माँ, हम लोग पहले बैठक में बैठेंगे । उतनी देर तुम यहाँ बरामदे में बैठना । फिर जब हम यहाँ आ जायें, तो तुम गुसलख़ाने के रास्ते बैठक में चली जाना ।''

माँ अवाक् बेटे का चेहरा देखने लगीं । फिर धीरे-से बोलीं, ''अच्छा, बेटा !''

''और माँ, आज जल्दी सो नहीं जाना । तुम्हारे ख़र्राटों की आवाज़ दूर तक जाती है ।''

माँ लज्जित-सी आवाज़ में बोलीं, ''क्या करूँ बेटा, मेरे बस की बात नहीं है । जब से बीमारी से उठी हूँ, नाक से साँस नहीं ले सकती ।''

मिस्टर शामनाथ ने इन्तज़ाम तो कर दिया, फिर भी उनकी उधेड़-बुन ख़त्म नहीं हुई । जो चीफ़ अचानक उधर आ निकला, तो ? आठ-दस मेहमान होंगे, देसी अफ़सर, उनकी स्त्रियाँ होंगी, कोई भी ग़ुसलखाने की तरफ़ जा सकता है । क्षोभ और क्रोध में वह फिर झुँझलाने लगे । एक कुर्सी को उठाकर बरामदे में कोठरी के बाहर रखते हुए बोले, ''आओ माँ, इस पर ज़रा बैठो तो ।''

माँ माला सँभालती, पल्ला ठीक करती उठीं, और धीरे-से कुर्सी पर आकर बैठ गयीं ।

''यूँ नहीं, माँ, टाँगें ऊपर चढ़ाकर नहीं बैठते । यह खाट नहीं है ।''

माँ ने टाँगें नीचे उतार लीं ।

''और ख़ुदा के वास्ते नंगे पाँव नहीं घूमना । न ही वह खड़ाऊँ पहनकर सामने आना । किसी दिन तुम्हारी वह खड़ाऊँ उठाकर मैं बाहर फेंक दूँगा ।''

माँ चुप रहीं ।

''कपड़े कौन-से पहनोगी, माँ ?''

''जो हैं, वही पहनूँगी, बेटा ! जो कहो, पहन लूँ ।''

मिस्टर शामनाथ सिगरेट मुँह मे रखे, फिर अधखुली आँखों से माँ की ओर देखने लगे, और माँ के कपड़ों की सोचने लगे । शामनाथ हर बात में तरतीब चाहते थे । घर का सब संचालन उनके अपने हाथ में था । खूँटियाँ कमरों में कहाँ लगायी जायँ, बिस्तर कहाँ पर बिछें, किस रंग के पर्दे लगाये जायँ, श्रीमती कौन-सी साड़ी पहनें, मेज़ किस साइज़ की हो ··· शामनाथ को चिन्ता थी कि अगर चीफ़ का साक्षात् माँ से हो गया, तो कहीं लज्जित नहीं होना पड़े । माँ को सिर से पाँव तक देखते हुए बोले, ''तुम सफ़ेद कमीज़ और सफ़ेद सलवार पहन लो, माँ । पहन के आओ तो, ज़रा देखूँ ।''

माँ धीरे-से उठीं और अपनी कोठरी में कपड़े पहनने चली गयीं ।

''यह माँ का झमेला ही रहेगा,'' उन्होंने फिर अंग्रेज़ी में अपनी स्त्री से कहा, ''कोई ढंग की बात हो, तो भी कोई कहे । अगर कहीं कोई उल्टी-सीधी बात हो गयी, चीफ़ को बुरा लगा, तो सारा मज़ा जाता रहेगा ।''

माँ सफ़ेद कमीज़ और सफ़ेद सलवार पहनकर बाहर निकलीं । छोटा-सा कद, सफ़ेद कपड़ों में लिपटा, छोटा-सा सूखा हुआ शरीर, धुँधली आँखें, केवल सिर के आधे झड़े हुए बाल पल्ले की ओट में छिप पाये थे । पहले से कुछ ही कम कुरूप नज़र आ रही थीं ।

''चलो, ठीक है । कोई चूड़ियाँ-वूड़ियाँ हों, तो वह भी पहन लो । कोई हर्ज़ नहीं ।''

''चूड़ियाँ कहाँ से लाऊँ, बेटा ? तुम तो जानते हो, सब ज़ेवर तुम्हारी पढ़ाई में बिक गये ।''

यह वाक्य शामनाथ को तीर की तरह लगा । तिनककर बोला, ''यह कौन-सा राग छेड़ दिया, माँ ! सीधा कह दो, नहीं है ज़ेवर, बस ! इससे पढ़ाई-वढ़ाई का क्या तअल्लुक है ? जो ज़ेवर बिका, तो कुछ बनकर ही आया हूँ, निरा लँडूरा तो नहीं लौट आया । जितना दिया था, उससे दुगना ले लेना ।''

''मेरी जीभ जल जाय, बेटा, तुमसे ज़ेवर लूँगी ? मेरे मुँह से यूँ ही निकल गया । जो होते, तो लाख बार पहनती !''

साढ़े पाँच बज चुके थे । अभी मिस्टर शामनाथ को खुद भी नहा-धोकर तैयार होना था । श्रीमती कब की अपने कमरे में जा चुकी थीं । शामनाथ जाते हुए एक बार फिर माँ को हिदायत करते गये, ''माँ, रोज की तरह गुमसुम बन के नहीं बैठी रहना । अगर साहब इधर आ निकलें और कोई बात पूछें, तो ठीक तरह से बात का जवाब देना ।''

''मैं न पढ़ी, न लिखी, बेटा, मैं क्या बात करूँगी । तुम कह देना, माँ अनपढ़

है, कुछ जानती-समझती नहीं । वह नहीं पूछेगा ।"

सात बजते-बजते माँ का दिल धक्-धक् करने लगा । अगर चीफ़ सामने आ गया और उसने कुछ पूछा, तो वह क्या जवाब देंगी । अंग्रेज़ को तो दूर से ही देखकर वह घबरा उठती थीं, यह तो अमरीकी है । न मालूम क्या पूछे । मैं क्या कहूँगी । माँ का जी चाहा कि चुपचाप पिछवाड़े विधवा सहेली के घर चली जायँ । मगर बेटे के हुक्म को कैसे टाल सकती थीं । चुपचाप कुर्सी पर से टाँगें लटकाये वहीं बैठी रहीं ।

एक कामयाब पार्टी वह है, जिसमें ड्रिंक कामयाबी से चल जायँ । शामनाथ की पार्टी सफलता के शिखर चूमने लगी । वार्त्तालाप उसी रौ में बह रहा था, जिस रौ में गिलास भरे जा रहे थे । कहीं कोई रुकावट न थी, कोई अड़चन न थी । साहब को व्हिस्की पसन्द आयी थी । मेम साहब को पर्दे पसन्द आये थे, सोफ़ा-कवर का डिज़ाइन पसन्द आया था, कमरे की सजावट पसन्द आयी थी । इससे बढ़कर क्या चाहिए । साहब तो ड्रिंक के दूसरे दौर में ही चुटकुले और कहानियाँ कहने लग गये थे । दफ्तर में जितना रोब रखते थे, यहाँ पर उतने ही दोस्त-परवर हो रहे थे और उनकी स्त्री, काला गाउन पहने, गले में सफेद मोतियों का हार, सेण्ट और पाउडर की महक से ओत-प्रोत, कमरे में बैठी सभी देसी स्त्रियों की आराधना का केन्द्र बनी हुई थीं । बात-बात पर हँसतीं, बात-बात पर सिर हिलातीं और शामनाथ की स्त्री से तो ऐसे बातें कर रही थीं, जैसे उनकी पुरानी सहेली हो ।

और इसी रौ में पीते-पिलाते साढ़े दस बज गये । वक्त गुज़रता पता ही न चला ।

आख़िर सब लोग अपने-अपने गिलासों में से आख़िरी घूँट पीकर खाना खाने के लिए उठे और बैठक से बाहर निकले । आगे-आगे शामनाथ रास्ता दिखाते हुए, पीछे चीफ़ और दूसरे मेहमान ।

बरामदे में पहुँचते ही शामनाथ सहसा ठिठक गये । जो दृश्य उन्होंने देखा, उससे उनकी टाँगें लड़खड़ा गयीं, और क्षण-भर में सारा नशा हिरन होने लगा । बरामदे में ऐन कोठड़ी के बाहर माँ अपनी कुर्सी पर ज्यों-की-त्यों बैठी थीं । मगर दोनों पाँव कुर्सी की सीट पर रखे हुए, और सिर दायें से बायें और बायें से दायें झूल रहा था और मुँह में से लगातार गहरे ख़र्राटों की आवाज़ें आ रही थीं । जब सिर कुछ देर के लिए टेढ़ा होकर एक तरफ़ को थम जाता, तो ख़र्राटे और भी गहरे हो उठते । और फिर जब झटके से नींद टूटती, तो सिर फिर दायें

से बायें झूलने लगता । पल्ला सिर पर से खिसक आया था, और माँ के झरे हुए बाल, आधे गंजे सिर पर अस्त-व्यस्त बिखर रहे थे ।

देखते ही शामनाथ क्रुद्ध हो उठे । जी चाहा कि माँ को धक्का देकर उठा दें, और उन्हें कोठरी में धकेल दें, मगर ऐसा करना सम्भव न था, चीफ़ और बाक़ी मेहमान पास खड़े थे ।

माँ को देखते ही देसी अफ़सरों की कुछ स्त्रियाँ हँस दीं कि इतने में चीफ़ ने धीरे-से कहा—पूअर डियर !

माँ हड़बड़ा के उठ बैठीं । सामने खड़े इतने लोगों को देखकर ऐसी घबरायीं कि कुछ कहते न बना । झट-से पल्ला सिर पर रखती हुई खड़ी हो गयीं और ज़मीन को देखने लगीं । उनके पाँव लड़खड़ाने लगे और हाथों की उँगलियाँ थर-थर काँपने लगीं ।

''माँ, तुम जाके सो जाओ, तुम क्यों इतनी देर तक जाग रही थीं ?''—और खिसियायी हुई नज़रों से शामनाथ चीफ़ के मुँह की ओर देखने लगे ।

चीफ़ के चेहरे पर मुस्कराहट थी । वह वहीं खड़े-खड़े बोले, ''नमस्ते !''

माँ ने झिझकते हुए, अपने में सिमटते हुए दोनों हाथ जोड़े, मगर एक हाथ दुपट्टे के अन्दर माला को पकड़े हुए था, दूसरा बाहर । ठीक तरह से नमस्ते भी न कर पायीं । शामनाथ इस पर भी खिन्न हो उठे ।

इतने में चीफ़ ने अपना दायाँ हाथ, हाथ मिलाने के लिए माँ के आगे किया । माँ और भी घबरा उठीं ।

''माँ, हाथ मिलाओ ।''

पर हाथ कैसे मिलातीं ? दायें हाथ में तो माला थी । घबराहट में माँ ने बायाँ हाथ ही साहब के दायें हाथ में रख दिया । शामनाथ दिल-ही-दिल में जल उठे । देसी अफ़सरों की स्त्रियाँ खिलखिलाकर हँस पड़ीं ।

''यूँ नहीं, माँ ! तुम तो जानती हो, दायाँ हाथ मिलाया जाता है । दायाँ हाथ मिलाओ ।''

मगर तब तक चीफ़ माँ का बायाँ हाथ ही बार-बार हिलाकर कह रहे थे—''हौ डू यू डू ?''

''कहो माँ, मैं ठीक हूँ, खैरियत से हूँ ।''

माँ कुछ बड़बड़ायीं ।

''माँ कहती हैं, मैं ठीक हूँ । कहो माँ, हौ डू यू डू !''

माँ धीरे-से सकुचाते हुए बोलीं—''हौ डू डू...''

एक बार फिर क़हक़हा उठा ।

वातावरण हल्का होने लगा । साहब ने स्थिति सँभाल ली थी । लोग हँसने-चहकने लगे थे । शामनाथ के मन का क्षोभ भी कुछ-कुछ कम होने लगा था ।

साहब अपने हाथ में माँ का हाथ अब भी पकड़े हुए थे, और माँ सिकुड़ी जा रही थीं । साहब के मुँह से शराब की बू आ रही थी ।

शामनाथ अंग्रेजी में बोले, "मेरी माँ गाँव की रहनेवाली हैं । उमर-भर गाँव में रही हैं । इसलिए आपसे लजाती हैं ।"

साहब इस पर खुश नज़र आये । बोले, "सच ? मुझे गाँव के लोग बहुत पसन्द हैं, तब तो तुम्हारी माँ गाँव के गीत और नाच भी जानती होंगी?" चीफ़ खुशी से सिर हिलाते हुए माँ को टिकटिकी बाँधे देखने लगे ।

"माँ, साहब कहते हैं, कोई गाना सुनाओ । कोई पुराना गीत, तुम्हें तो कितने ही याद होंगे ।"

माँ धीरे-से बोलीं, "मैं क्या गाऊँगी, बेटा ! मैंने कब गाया है ?"

"वाह, माँ ! मेहमान का कहा भी कोई टालता है ?"

"साहब ने इतनी रीझ से कहा है, नहीं गाओगी, तो साहब बुरा मानेंगे ।"

"मैं क्या गाऊँ, बेटा, मुझे क्या आता है ?"

"वाह ! कोई बढ़िया टप्पे सुना दो । दो पत्तर अनाराँ दे⋯"

देसी अफ़सर और उनकी स्त्रियों ने इस सुझाव पर तालियाँ पीटीं । माँ कभी दीन दृष्टि से बेटे के चेहरे को देखतीं, कभी पास खड़ी बहू के चेहरे को ।

इतने में बेटे ने गम्भीर आदेश-भरे लहजे में कहा, "माँ !"

इसके बाद हाँ या ना का सवाल ही न उठता था । माँ बैठ गयीं और क्षीण, दुर्बल, लरज़ती आवाज़ में एक पुराना विवाह का गीत गाने लगीं–

हरिया नी माये, हरिया नी भैणे
हरिया ते भागी भरिया है !

देसी स्त्रियाँ खिलखिला के हँस उठीं । तीन पंक्तियाँ गा के माँ चुप हो गयी ।

बरामदा तालियों से गूँज उठा । साहब तालियाँ पीटना बन्द ही न करते थे । शामनाथ की खीज प्रसन्नता और गर्व में बदल उठी थी । माँ ने पार्टी में नया रंग भर दिया था ।

तालियाँ थमने पर साहब बोले, "पंजाब के गाँवों की दस्तकारी क्या है ?"

शामनाथ खुशी में झूम रहे थे । बोले, "ओ, बहुत कुछ साहब ! मैं आपको एक सेट उन चीज़ों का भेंट करूँगा । आप उन्हें देखकर खुश होंगे ।"

मगर साहब ने सिर हिलाकर अंग्रेज़ी में फिर पूछा, ''नहीं, मैं दूकानों की चीज़ नहीं माँगता । पंजाबियों के घरों में क्या बनता है, औरतें खुद क्या बनाती हैं ?''

शामनाथ कुछ सोचते हुए बोले, ''लड़कियाँ गुड़ियाँ बनाती हैं, औरतें फुलकारियाँ बनाती हैं ।''

''फुलकारी क्या है ?''

शामनाथ फुलकारी का मतलब समझाने की असफल चेष्टा करने के बाद माँ को बोले, ''क्यों, माँ, कोई पुरानी फुलकारी घर में है ?''

माँ चुपचाप अन्दर गयीं और अपनी पुरानी फुलकारी उठा लायीं ।

साहब बड़ी रुचि से फुलकारी देखने लगे । पुरानी फुलकारी थी, जगह-जगह से उसके तागे टूट रहे थे और कपड़ा फटने लगा था । साहब की रुचि को देखकर शामनाथ बोले, ''यह फटी हुई है, साहब, मैं आपको नयी बनवा दूँगा । माँ बना देंगी । क्यों, माँ, साहब को फुलकारी बहुत पसन्द है, इन्हें ऐसी ही फुलकारी बना दोगी न ?''

माँ चुप रहीं । फिर डरते-डरते धीरे-से बोलीं, ''अब मेरी नज़र कहाँ है, बेटा ? बूढ़ी आँखें क्या देखेंगी ?''

मगर माँ का वाक्य बीच ही में तोड़ते हुए शामनाथ साहब को बोले, ''वह ज़रूर बना देंगी । आप उसे देखकर खुश होंगे ।''

साहब ने सिर हिलाया, धन्यवाद किया और हल्के-हल्के झूमते हुए खाने की मेज़ की ओर बढ़ गये । बाकी मेहमान भी उनके पीछे-पीछे हो लिये ।

जब मेहमान बैठ गये और माँ पर से सबकी आँखें हट गयीं, तो माँ धीरे-से कुर्सी पर से उठीं, और सबसे नज़रें बचाती हुई अपनी कोठरी में चली गयीं ।

मगर कोठरी में बैठने की देर थी कि आँखों से छल-छल आँसू बहने लगे । वह दुपट्टे से बार-बार उन्हें पोंछतीं पर वह बार-बार उमड़ आते, जैसे बरसों का बाँध तोड़कर उमड़ आये हों । माँ ने बहुतेरा दिल को समझाया, हाथ जोड़े, भगवान का नाम लिया, बेटे के चिरायु होने की प्रार्थना की, बार-बार आँखें बन्द कीं, मगर आँसू बरसात के पानी की तरह जैसे थमने में ही न आते थे ।

आधी रात का वक्त होगा । मेहमान खाना खाकर एक-एक करके जा चुके थे । माँ दीवार से सटकर बैठी आँखें फाड़े दीवार को देखे जा रही थीं । घर के वातावरण में तनाव ढीला पड़ चुका था । मुहल्ले की निस्तब्धता शामनाथ के घर पर भी छा चुकी थी, केवल रसोई में प्लेटों के खनकने की आवाज़ आ रही

थी । तभी सहसा माँ की कोठरी का दरवाज़ा जोर से खटकने लगा ।

''माँ, दरवाज़ा खोलो ।''

माँ का दिल बैठ गया । हड़बड़ाकर उठ बैठीं । क्या मुझसे फिर कोई भूल हो गयी ? माँ कितनी देर से अपने-आपको कोस रही थीं कि क्यों उसे नींद आ गयी, क्यों वह ऊँघने लगी । क्या बेटे ने अभी तक क्षमा नहीं किया ? माँ उठीं और काँपते हाथों से दरवाज़ा खोल दिया ।

दरवाज़ा खुलते ही शामनाथ झूमते हुए आगे बढ़ आये और माँ को आलिंगन में भर लिया ।

''ओ अम्मी ! तुमने तो आज रंग ला दिया !⋯ साहब तुमसे इतना ख़ुश हुआ कि क्या कहूँ । ओ अम्मी ! अम्मी !''

माँ की छोटी-सी काया सिमटकर बेटे के आलिंगन में छिप गयी । माँ की आँखों में फिर आँसू आ गये । उन्हें पोंछती हुई धीरे-से बोली, ''बेटा, तुम मुझे हरिद्वार भेज दो । मैं कबसे कह रही हूँ ।''

शामनाथ का झूमना सहसा बन्द हो गया और उनकी पेशानी पर फिर तनाव के बल पड़ने लगे । उनकी बाँहें माँ के शरीर पर से हट आयीं ।

''क्या कहा, माँ ? यह कौन-सा राग तुमने फिर छेड़ दिया ?''

शामनाथ का क्रोध बढ़ने लगा था, बोलते गये—तुम मुझे बदनाम करना चाहती हो, ताकि दुनिया कहे कि बेटा माँ को अपने पास नहीं रख सकता ।

''नहीं बेटा, अब तुम अपनी बहू के साथ जैसा मन चाहे रहो । मैंने अपना खा-पहन लिया । अब यहाँ क्या करूँगी । जो थोड़े दिन ज़िन्दगानी के बाकी हैं, भगवान का नाम लूँगी । तुम मुझे हरिद्वार भेज दो !''

''तुम चली जाओगी, तो फुलकारी कौन बनायेगा ? साहब से तुम्हारे सामने ही फुलकारी देने का इक़रार किया है ।''

''मेरी आँखें अब नहीं हैं, बेटा, जो फुलकारी बना सकूँ । तुम कहीं और से बनवा लो । बनी-बनायी ले लो ।''

''माँ, तुम मुझे धोखा देके यूँ चली जाओगी । मेरा बनता काम बिगाड़ोगी ? जानती नहीं, साहब खुश होगा, तो मुझे तरक्की मिलेगी !''

माँ चुप हो गयीं । फिर बेटे के मुँह की ओर देखती हुई बोलीं—''क्या तेरी तरक्की होगी ? क्या साहब तेरी तरक्की कर देगा ? क्या उसने कुछ कहा है ?''

''कहा नहीं, मगर देखती नहीं, कितना खुश गया है । कहता था, जब तेरी माँ फुलकारी बनाना शुरू करेंगी, तो मैं देखने आऊँगा कि कैसे बनाती हैं । जो साहब खुश हो गया, तो मुझे इससे बड़ी नौकरी भी मिल सकती है, मैं बड़ा

अफ़सर बन सकता हूँ।"

माँ के चेहरे का रंग बदलने लगा, धीरे-धीरे उसका झुर्रियों-भरा मुँह खिलने लगा, आँखों में हल्की-हल्की चमक आने लगी।

"तो तेरी तरक्की होगी, बेटा?"

"तरक्की यूँ ही हो जायेगी? साहब को खुश रखूँगा, तो कुछ करेगा, वर्ना उसकी ख़िदमत करनेवाले और थोड़े हैं?"

"तो मैं बना दूँगी, बेटा, जैसे बन पड़ेगा, बना दूँगी।"

और माँ दिल-ही-दिल में फिर बेटे के उज्ज्वल भविष्य की कामनाएँ करने लगीं और मिस्टर शामनाथ, "अब सो जाओ, माँ" कहते हुए, तनिक लड़खड़ाते हुए अपने कमरे की ओर घूम गये।

खून का रिश्ता

खाट की पाटी पर बैठा चाचा मंगलसेन हाथ में चिलम थामे सपने देख रहा था। उसने देखा कि वह समधियों के घर बैठा है और वीरजी की सगाई हो रही है। उसकी पगड़ी पर केसर के छींटे हैं और हाथ में दूध का गिलास है जिसे वह घूँट-घूँट करके पी रहा है। दूध पीते हुए कभी बादाम की गिरी मुँह में जाती है, कभी पिस्ते की। बाबूजी पास खड़े समधियों से उसका परिचय करा रहे हैं, यह मेरा चचाजाद छोटा भाई है, मंगलसेन! समधी मंगलसेन के चारों ओर घूम रहे हैं। उनमें से एक झुककर बड़े आग्रह से पूछता है, और दूध लाऊँ, चाचाजी? थोड़ा-सा और? अच्छा, ले आओ, आधा गिलास, मंगलसेन कहता है और तर्जनी से गिलास के तल में से शक्कर निकाल-निकालकर चाटने लगता है...

मंगलसेन ने जीभ का चटखारा लिया और सिर हिलाया। तम्बाकू की कड़वाहट से भरे मुँह में भी मिठास आ गयी, मगर स्वप्न भंग हो गया। हल्की-सी झुरझुरी मंगलसेन के सारे बदन में दौड़ गयी और मन सगाई पर जाने के लिए ललक उठा। यह स्वप्नों की बात नहीं थी, आज सचमुच भतीजे की सगाई का दिन था। बस, थोड़ी देर बाद ही सगे-सम्बन्धी घर आने लगेंगे, बाजा बजेगा, फिर आगे-आगे बाबूजी, पीछे-पीछे मंगलसेन और घर के अन्य सम्बन्धी, सभी सड़क पर चलते हुए, समधियों के घर जायेंगे।

मंगलसेन के लिए खाट पर बैठना असम्भव हो गया। बदन में खून तो

छटाँक-भर था , मगर ऐसा उछलने लगा था कि बैठने नहीं देता था ।

ऐन उसी वक़्त कोठरी में सन्तू आ पहुँचा और खाट पर बैठकर मंगलसेन के हाथ में से चिलम लेते हुए बोला, ''तुम्हें सगाई पर नहीं ले जायेंगे; चाचा ।''

चाचा मंगलसेन के बदन में सिर से पाँव तक लरजिश हुई । पर यह सोचकर कि सन्तू खिलवाड़ कर रहा है, बोला, ''बड़ों के साथ मजाक नहीं किया करते, कई बार कहा है । मुझे नहीं ले जायेंगे, तो क्या तुम्हें ले जायेंगे ?''

''किसी को भी नहीं ले जायेंगे । वीरजी कहते हैं, सगाई डलवाने सिर्फ़ बाबूजी जायेंगे, और कोई नहीं जायेगा ।''

''वीरजी आये हैं ?'' चाचा मंगलसेन के बदन में फिर लरजिश हुई और दिल धक्-धक् करने लगा । सन्तू घर का पुराना नौकर था, क्या मालूम ठीक ही कहता हो ।

''ऊपर चलो, सब लोग खाना खा रहे हैं ।'' सन्तू ने चिलम के दो कश लगाये, फिर चिलम को ताक पर रखा और बाहर जाने लगा । दरवाज़े के पास पहुँचकर उसने फिर एक बार घूमकर हँसते हुए कहा, ''तुम्हें नहीं ले जायेंगे, चाचा, लगा लो शर्त, दो-दो रुपये की शर्त लगती है?''

''बस, बक-बक नहीं कर, जा अपना काम देख !''

ऊपर रसोईघर में सचमुच बहस चल रही थी । सन्तू ने गलत नहीं कहा था । रसोईघर में एक तरफ, दीवार के साथ पीठ लगाये बाबूजी बैठे खाना खा रहे थे । चौके के ऐन बीच में वीरजी और मनोरमा, भाई-बहन, एक साथ, एक ही थाली में खाना खा रहे थे । माँजी चूल्हे के सामने बैठी पराठे सेंक रही थीं । माँ बेटे को समझा रही थीं, ''यही मौके खुशी के होते हैं, बेटा ! कोई पैसे का भूखा नहीं होता । अकेले तुम्हारे पिताजी सगाई डलवाने जायेंगे तो समधी भी इसे अपना अपमान समझेंगे ।''

''मैंने कह दिया, माँ, मेरी सगाई सवा रुपये में होगी और केवल बाबूजी सगाई डलवाने जायेंगे । जो मंजूर नहीं हो तो अभी से ···''

''बस-बस, आगे कुछ मत कहना !'' माँ ने झट टोकते हुए कहा । फिर क्षुब्ध होकर बोली, ''जो तुम्हारे मन में आये करो । आजकल कौन किसी की सुनता है ! छोटा-सा परिवार और इसमें भी कभी कोई काम ढंग से नहीं हुआ । मुझे तो पहले ही मालूम था, तुम अपनी करोगे ···''

''अपनी क्यों करेगा, मैं कान खींचकर इसे मनवा लूँगा !'' बाबूजी ने बेटे की ओर देखते हुए बड़े दुलार से कहा ।

पर वीरजी खीज उठे, ''क्या आप खुद नहीं कहा करते थे कि ब्याह-शादियों

ार पैसे बर्बाद नहीं करने चाहिए। अब अपने बेटे की सगाई का वक्त आया तो सिद्धान्त ताक पर रख दिये। बस, आप अकेले जाइए और सवा रुपया लेकर सगाई डलवा लाइए।"

"वाह जी, मैं क्यों न जाऊँ? आजकल बहनें भी जाती हैं!" मनोरमा सिर झटककर बोली, "वीरजी, तुम इस मामले में चुप रहो!"

"सुनो, बेटा, न तुम्हारी बात, न मेरी," बाबूजी बोले, "केवल पाँच या सात सम्बन्धी लेकर जायेंगे। कहोगे तो बाजा भी नहीं होगा। वहाँ उनसे कुछ माँगेंगे भी नहीं। जो समधी ठीक समझें दे दें, हम कुछ नहीं बोलेंगे।"

इस पर वीरजी तुनककर कुछ कहने जा ही रहे थे, जब सीढ़ियों पर मंगलसेन के कदमों की आवाज़ आयी।

"अच्छा, अभी मंगलसेन से कोई बात नहीं करना। खाना खा लो, फिर बातें होती रहेंगी।" माँजी ने कहा।

पचास बरस की उम्र के मंगलसेन के बदन के सभी चूल ढीले पड़ गये थे। जब चलता तो उचक-उचककर हिचकोले खाता हुआ और जब सीढ़ियाँ चढ़ता तो पाँव घसीटकर, बार-बार छड़ी ठकोरता हुआ। जब भी वह सड़क पर जा रहा होता, मोड़ पर का साइकिलवाला दूकानदार हमेशा मंगलसेन से मजाक करके कहता, "आओ, मंगलसेनजी, पेच कस दें!" और जवाब में मंगलसेन हमेशा उसे छड़ी दिखाकर कहता, "अपने से बड़ों के साथ मजाक नहीं किया करते। तू अपनी हैसियत तो देख!"

मंगलसेन को अपनी हैसियत पर बड़ा नाज़ था। किसी जमाने में फौज में रह चुका था, इस कारण अब भी सिर पर खाकी पगड़ी पहनता था। खाकी रंग सरकारी रंग है, पटवारी से लेकर बड़े-बड़े इन्सपेक्टर तक सभी खाकी पगड़ी पहनते हैं। इस पर ऊँचा खानदान और शहर के धनीमानी भाई के घर में रहना, ऐंठता नहीं तो क्या करता?

दहलीज़ पर पहुँचकर मंगलसेन ने अन्दर झाँका। खिचड़ी मूँछें सस्ता तम्बाकू पीते रहने के कारण पीली हो रही थीं। घनी भौंहों के नीचे दायीं आँख कुछ ज़्यादा खुली हुई और बायीं आँख कुछ ज़्यादा सिकुड़ी हुई थी। सामने के तीन दाँत गायब थे।

"भौजाईजी, आप रोटियाँ सेंक रही हैं? नौकरों के होते हुए…।"

"आओ मंगलसेनजी, आओ, ज़रा देखो तो यहाँ कौन बैठा है!"

"नमस्ते, चाचाजी!" वीरजी ने बैठे-बैठे कहा।

"उठकर चाचाजी को पालागन करो, बेटा, तुम्हें इतनी भी अक्ल नहीं है!"

बाबूजी ने बेटे को झिड़ककर कहा।

वीरजी उठ खड़े हुए और झुककर चाचाजी को पालागन किया। चाचाजी झेंप गये।

कोने में बैठा सन्तू, जो नल के पास बर्तन मलने लगा था, कन्धे के पीछे मुँह छिपाये हँसने लगा।

''जीते रहो, बड़ी उम्र हो!'' मंगलसेन ने कहा और वीरजी के सिर पर इस गम्भीरता से हाथ फेरा कि वीरजी के बाल बिखर गये।

मनोरमा खिलखिलाकर हँसने लगी।

''सगाईवाले दिन वीरजी खुद आ गये हैं। वाह-वाह!''

''बैठ जा, बैठ जा, मंगलसेन, बहुत बातें नहीं करते।'' बाबूजी बोले।

''आप मेरी जगह पर बैठ जाइए, चाचाजी, मैं दूसरी चटाई ले लूँगा।'' वीरजी ने कहा।

''दो मिनट खड़ा रहेगा तो मंगलसेन की टाँगें नहीं टूट जायेंगी!'' बाबूजी बोले, ''यह खुद भी चटाई पकड़ सकता है। जाओ मंगलसेन, ज़रा टाँगें हिलाओ और अपने लिए चटाई उठा लाओ।''

माँजी ने दाँत-तले होंठ दबाया और घूर-घूरकर बाबूजी की ओर देखने लगी, ''नौकरों के सामने तो मंगलसेन के साथ इस तरह रुखाई से नहीं बोलना चाहिए। आखिर तो खून का रिश्ता है, कुछ लिहाज करना चाहिए।''

मंगलसेन छज्जे पर से चटाई उठाने गया। दरवाजे के पास पहुँचकर, नौकर की पीठ के पीछे से गुजरने लगा, तो सन्तू ने हँसकर कहा, ''वहाँ नहीं है, चाचाजी, मैं देता हूँ, ठहरो। एक ही बर्तन रह गया है, मलकर उठता हूँ।''

सन्तू निश्चिन्त बैठा, कन्धों के बीच सिर झुकाये बर्तन मलता रहा।

मनोरमा घुटनों के ऊपर अपनी ठुड्डी रखे, दोनों हाथों से अपने पैरों की उँगलियाँ मलती हुई, कोई वार्ता सुनाने लगी, ''दूकानदारों की टाँगें कितनी छोटी होती हैं, भैया, क्या तुमने कभी देखा है?'' अपने भाई की ओर कनखियों से देखकर हँसती हुई बोली, ''जितनी देर वे गद्दी पर बैठे रहें, ठीक लगते हैं, पर जब उठें तो सहसा छोटे हो जाते हैं, इतनी छोटी-छोटी टाँगें! आज मैं एक दूकान पर सूटकेस लेने गयी...''

''उठो, सन्तू, चटाई ला दो। हर वक़्त का मजाक अच्छा नहीं होता।'' चाचा मंगलसेन सन्तू से आग्रह करने लगा।

''वहाँ खड़े क्या कर रहे हो, मंगलसेन? चलो, इधर आओ! उठ सन्तू, चटाई ले आ, सुनता नहीं तू? इसे कोई बात कहो तो कान में दबा जाता है!'' माँ

बोली।

सन्तू की पीठ पर चाबुक पड़ी। उसी वक़्त उठा और जाकर चटाई ले आया। माँजी ने चूल्हे के पास दीवार के साथ रखी दो थालियों में से एक थाली उठाकर मंगलसेन के सामने रख दी। मैले रूमाल से हाथ पोंछते हुए मंगलसेन चटाई पर बैठ गया। थाली में आज तीन भाजियाँ रखी थीं, चपातियाँ खूब गरम-गरम थीं।

सहसा बाबूजी ने मंगलसेन से पूछा, "आज रामदास के पास गये थे? किराया दिया उसने या नहीं?"

मंगलसेन खुशी में था। उसी तरह चहककर बोला, "बाबूजी, वह अफीमची कभी घर पर मिलता है, कभी नहीं। आज घर पर था ही नहीं।"

"एक थप्पड़ मैं तेरे मुँह पर लगाऊँगा, तुमने क्या मुझे बच्चा समझ रखा है?"

रसोईघर में सहसा सन्नाटा छा गया। माँ ने होंठ भींच लिये। मंगलसेन की पुलकन सिहरन में बदल गयी। उसका दायाँ गाल हिलने-सा लगा, जैसे चपत पड़ने पर सचमुच हिलने लगता है।

"छः महीने का किराया उस पर चढ़ गया है, तू करता क्या रहता है?"

नुक्कड़ में बैठे सन्तू के भी हाथ बर्तनों को मलते-मलते रुक गये। भाई-बहन फर्श की ओर देखने लगे। हाय, बेचारा, मनोरमा ने मन-ही-मन कहा और अपने पैरों की उँगलियों की ओर देखने लगी। वीरजी का खून खौल उठा। चाचाजी गरीब हैं न, इसीलिए इन्हें इतना दुत्कारा जाता है…

"और पराठा डालूँ, मंगलसेनजी?" माँ ने पूछा। मंगलसेन का कौर अभी गले में ही अटका हुआ था। दोनों हाथों से थाली को ढँकते हुए हड़बड़ाकर बोला, "नहीं, भौजाईजी, बस जी!"

"जब मेरे यहाँ रहते यह हाल है, तो जब मैं कभी बाहर जाऊँगा तो क्या हाल होगा? मैं चाहता हूँ, तू कुछ सीख जाये और किराये का सारा काम सँभाल ले। मगर छः महीने तुझे यहाँ आये हो गये, तूने कुछ नहीं सीखा।"

इस वाक्य को सुनकर मंगलसेन के सर्द लहू में थोड़ी-सी हरारत आयी।

"मैं आज ही किराया ले आऊँगा, बाबूजी! न देगा तो जायेगा कहाँ? मेरा भी नाम मंगलसेन है!"

"मुझे कभी बाहर जाना पड़ा, तो तुम्हीं को काम सँभालना है। नौकर कभी किसी को कमाकर नहीं खिलाते। जमीन-जायदाद का काम करना हो तो सुस्ती से काम नहीं चलता। कुछ हिम्मत से काम लिया करो।"

मंगलसेन के बदन में झुरझुरी हुई। दिल में ऐसा हुलास उठा कि जी चाहा, पगड़ी उतारकर बाबूजी के कदमों पर रख दे। हुमककर बोला, "चिन्ता न करो जी, मेरे होते यहाँ चिड़ी फड़क जाये तो कहना? डर किस बात का? मैंने लाम देखी है, बाबूजी! बसरे की लड़ाई में कप्तान रस्किन था हमारा। कहने लगा, देखो मंगलसेन, हमारी शराब की बोतल लारी में रह गयी है। वह हमें चाहिए। उधर मशीनगन चल रही थी। मैंने कहा, अभी लो, साहब! और अकेले मैं वहाँ से बोतल निकाल लाया। ऐसी क्या बात है…"

मंगलसेन फिर चहकने लगा। मनोरमा मुसकरायी और कनखियों से अपने भाई की ओर देखकर धीमे-से बोली, "चाचाजी की दुम फिर हिलने लगी!"

मंगलसेन खाना खा चुका था। उठते हुए हँसकर बोला, "तो चार बजे चलेंगे न सगाई डलवाने?"

"तू जा, अपना काम देख, जो जरूरत हुई तो तुम्हें बुला लेंगे।" बाबूजी बोले।

चाचा मंगलसेन का दिल धक्-से रह गया। सन्तू शायद ठीक ही कहता था, मुझे नहीं ले चलेंगे। उसे रुलाई-सी आ गयी, मगर फिर चुपचाप उठ खड़ा हुआ। बाहर जाकर जूते पहने, छड़ी उठायी और झूलता हुआ सीढ़ियों की ओर जाने लगा।

वीरजी का चेहरा क्रोध और लज्जा से तमतमा उठा। मनोरमा को डर लगा कि बात और बिगड़ेगी, वीरजी कहीं बाबूजी से न उलझ बैठें। माँजी को भी बुरा लगा। धीमे-से कहने लगीं, "देखो जी, नौकरों के सामने मंगलसेन की इज्जत-आबरू का कुछ तो खयाल रखा करो। आखिर तो खून का रिश्ता है। कुछ तो मुँह-मुलाहिजा रखना चाहिए। दिन-भर आपका काम करता है।"

"मैंने उसे क्या कहा है?" बाबूजी ने हैरान होकर पूछा।

"यों रुखाई के साथ नहीं बोलते। वह क्या सोचता होगा? इस तरह बेआबरूई किसी की नहीं करनी चाहिए।"

"क्या बक रही हो? मैंने उसे क्या कहा है?" बाबूजी बोले। फिर सहसा वीरजी की ओर घूमकर कहने लगे, "अब तू बोल, भाई, क्या कहता है? कोई भी काम ढंग से करने देगा या नहीं?"

"मैंने कह दिया, पिताजी, आप अकेले जाइए और सवा रुपया लेकर सगाई डलवा लाइए।"

रसोईघर में चुप्पी छा गयी। इस समस्या का कोई हल नज़र नहीं आ रहा था। वीरजी टस-से-मस नहीं हो रहे थे।

सहसा बाबूजी ने सिर पर से पगड़ी उतारी और सिर आगे को झुकाकर बोले, ''कुछ तो इन सफ़ेद बालों का खयाल कर ! क्यों हमें रुसवा करता है ?''

वीरजी गुस्से में थे । चाचा मंगलसेन गरीब हैं, इसीलिए उसके साथ ऐसा बुरा व्यवहार किया जाता है । यह बात उसे खल रही थी । मगर जब बाबूजी ने पगड़ी उतारकर अपने सफेद बालों की दुहाई दी तो सहम गया । फिर भी साहस करके बोला, ''यदि आप अकेले नहीं जाना चाहते तो चाचाजी को साथ ले जाइए । बस, दो जने चले जायें ।''

''कौन-से चाचा को ?'' माँजी ने पूछा ।

''चाचा मंगलसेन को ।''

कोने में बैठे सन्तू ने भी हैरान होकर सिर उठाया । माँ झट-से बोली, ''हाय-हाय बेटा, शुभ-शुभ बोलो ! अपने रईस भाइयों को छोड़कर इस मरदूद को साथ ले जायें ? सारा शहर थू-थू करेगा !''

''माँजी, अभी तो आप कह रही थीं, खून का रिश्ता है । किधर गया खून का रिश्ता ? चाचाजी गरीब हैं, इसीलिए ?''

''मैं कब कहती हूँ, यह न जाये ! यह भी जाये, लेकिन और सम्बन्धी भी तो जायें । अपने धनी-मानी सम्बन्धियों को छोड़ दें और इस बहुरूपिये को साथ ले जायें, क्या यह अच्छा लगेगा ?''

''तो फिर बाबूजी अकेले जायें,'' वीरजी परेशान हो उठे, ''मैंने जो कहना था कह दिया ! अब जो तुम्हारे मन में आये करो, मेरा इससे कोई वास्ता नहीं ।'' और उठकर रसोईघर से बाहर चले गये ।

बेटे के यों उठ जाने से रसोईघर में चुप्पी छा गयी । माँ और बाप दोनों का मन खिन्न हो उठा । ऐसा शुभ दिन हो, बेटा घर पर आये और यों तकरार होने लगे । माँ का दिल टूक-टूक होने लगा । उधर बाबूजी का क्रोध बढ़ रहा था । उनका जी चाहता था कह दें, जा फिर मैं भी नहीं जाऊँगा । भेज दे जिसको भेजना चाहता है । मगर यह वक्त झगड़े को लम्बा करने का न था ।

सबसे पहले माँ ने हार मानी, ''क्या बुरा कहता है ! आजकल लड़के माँ-बाप के हज़ारों रुपये लुटा देते हैं । इसके विचार तो कितने ऊँचे हैं ! यह तो सवा रुपये में सगाई करना चाहता है । तुम मंगलसेन को ही अपने साथ ले जाओ । अकेले जाने से तो अच्छा है ।''

बाबूजी बड़बड़ाये, बहुत बोले, मगर आखिर चुप हो गये । बच्चों के आगे किस माँ-बाप की चलती है ? और चुपचाप उठकर अपने कमरे में जाने लगे ।

''जा सन्तू, मंगलसेन को कह, तैयार हो जाये ।'' माँजी ने कहा ।

मनोरमा चहक उठी और भागी हुई वीरजी को बताने चली गयी कि बाबूजी मान गये हैं ।

मंगलसेन को जब मालूम हुआ कि अकेला वही बाबूजी के साथ जायेगा, तो कितनी ही देर तक वह कोठरी में उचकता और चक्कर लगाता रहा । बदन का छटाँक-भर खून फिर उछलने लगा । जी चाहा कि सन्तू से उसी वक्त शर्त के दो रुपये रखवा ले । क्यों न हो, आखिर मुझसे बड़ा सम्बन्धी है भी कौन, मुझे नहीं ले जायेंगे तो किसे ले जायेंगे? मैं और बाबूजी ही इस घर के कर्त्ता-धर्त्ता हैं और कौन है ? जितना ही अधिक वह इस बात पर सोचता, उतना ही अधिक उसे अपने बड़प्पन पर विश्वास होने लगता । आखिर उसने कोने में रखी ट्रंकी को खोला और कपड़े बदलने लगा ।

घण्टा-भर बाद जब मंगलसेन तैयार होकर आँगन में आया, तो माँजी का दिल बैठ गया—यह सूरत लेकर समधियों के घर जायेगा ? मंगलसेन के सिर पर खाकी पगड़ी, नीचे मैली कमीज के ऊपर खाकी फौजी कोट, जिसके धागे निकल रहे थे और नीचे धारीदार पाजामा और मोटे-मोटे काले बूट । माँ को रुलाई आ गयी । पर यह अवसर रोने का नहीं था । अपनी रुलाई को दबाती हुई वह आगे बढ़ आयी ।

"मनोरमा, जा, भाई की आलमारी में से एक धुला पाजामा निकाल ला ।" फिर बाबूजी के कमरे की ओर मुँह करके बोली, "सुनते हो जी, अपनी एक पगड़ी इधर भेज देना । मंगलसेन के पास ढंग की पगड़ी नहीं है ।"

मंगलसेन का कायाकल्प होने लगा । मनोरमा पाजामा ले आयी । सन्तू बूट पालिश करने लगा । आँगन के ऐन बीचोंबीच एक कुरसी पर मंगलसेन को बिठा दिया गया और परिवार के लोग उसके आसपास भाग-दौड़ करने लगे । कहीं से मनोरमा की दो सहेलियाँ भी आ पहुँची थीं । मंगलसेन पहले से भी छोटा लग रहा था । नंगा सिर, दोनों हाथ घुटनों के बीच जोड़े वह आगे की ओर झुककर बैठा था । बार-बार उसे रोमांच हो रहा था । ...

मंगलसेन का स्वप्न सचमुच साकार हो उठा । समधियों के घर में उसकी वह आवभगत हुई कि देखते बनता था । मंगलसेन आरामकुरसी पर बैठा था और पीछे एक आदमी खड़ा पंखा झल रहा था । समधी आगे-पीछे, हाथ बाँधे घूम रहे थे । एक आदमी ने सचमुच झुककर बड़े आग्रह से कहा, "और दूध लाऊँ, चाचाजी ? थोड़ा-सा और ?"

और जवाब में मंगलसेन ने कहा, "हाँ, आधा गिलास ले आओ ।"

समधियों के घर की ऐसी सज-धज थी कि मगलसेन दंग रह गया और उसका सिर हवा में तैरने लगा । आवाज़ ऊँची करके बोला, ''लड़की कुछ पढ़ी-लिखी भी है या नहीं ? हमारा बेटा तो एम.ए. पास है ।''

''जी, आपकी दया से लड़की ने इसी साल बी.ए. पास किया है ।''

मंगलसेन ने छड़ी से फर्श को ठकोरा, फिर सिर हिलाकर बोला, ''घर का काम-धन्धा भी कुछ जानती है या सारा वक्त किताबें ही पढ़ती रहती है ?''

''जी, थोड़ा-बहुत जानती है ।''

''थोड़ा-बहुत क्यों ?''

आखिर सगाई डलवाने का वक़्त आया । समधी बादामों से भरे कितने ही थाल लाकर बाबूजी और मंगलसेन के सामने रखने लगे । बाबूजी ने हाथ बाँध दिये, ''मैं तो केवल एक रुपया और चार आने लूँगा । मेरा इन चीजों में विश्वास नहीं है । हमें अब पुरानी रस्मों को बदलना चाहिए । आप सलामत रहें, आपका सवा रुपया भी मेरे लिए सवा लाख के बराबर है ।''

''आपको किस चीज़ की कमी है, लालाजी ! पर हमारा दिल रखने के लिए ही कुछ स्वीकार कर लीजिए ।''

बाबूजी मुसकराये, ''नहीं महाराज, आप मुझे मजबूर न करें । यह उसूल की बात है । मैं तो सवा ही रुपया लेकर जाऊँगा । आपका सितारा बुलन्द रहे ! आपकी बेटी हमारे घर आयेगी, तो साक्षात् लक्ष्मी विराजेगी !''

मंगलसेन के लिए चुप रहना असम्भव हो रहा था । हुमककर बोला, ''एक बार कह जो दिया जी कि हम सवा रुपया ही लेंगे । आप बार-बार तंग क्यों करते हैं ?''

बेटी के पिता हँस दिये और पास खड़े अपने किसी सम्बन्धी के कान में बोले, ''लड़के के चाचा हैं, दूर के । घर में टिके हुए हैं । लालाजी ने आसरा दे रखा है ।''

आख़िर समधी अन्दर से एक थाल ले आये, जिस पर लाल रंग का रेशमी रूमाल बिछा था और बाबूजी के सामने रख दिया । बाबूजी ने रूमाल उठाया, तो नीचे चाँदी के थाल में चाँदी की तीन चमचम करती कटोरियाँ रखी थीं, एक में केसर, दूसरी में रांगला धागा, तीसरी में एक चमकता चाँदी का रुपया और चमकती चवन्नी । इसके अलावा तीन कटोरियों में तीन छोटे-छोटे चाँदी के चम्मच रखे थे ।

''आपने आखिर अपनी ही बात की,'' बाबूजी ने हँसकर कहा, ''मैं तो केवल सवा रुपया लेने आया था ...'' मगर थाल स्वीकार कर लिया और

मन-ही-मन कटोरियों, थाल और चम्मचों का मूल्य आँकने लगे ।

मनोरमा और उसकी सहेलियाँ छज्जे पर खड़ी थीं जब दोनों भाई सड़क पर आते दिखायी दिये । मंगलसेन के कन्धे पर थाल था, लाल रंग के रूमाल से ढँका हुआ और आगे-आगे बाबूजी चले आ रहे थे ।

वीरजी अब भी अपने कमरे में थे और पलँग पर लेटे किसी नावल के पन्नों में अपने मन को लगाने का विफल प्रयास कर रहे थे । उनका माथा थका हुआ था, मगर हृदय धूमिल भावनाओं से उद्वेलित होने लगा था । क्या प्रभा मेरे लिए भी कोई सन्देश भेजेगी ? सवा रुपये में सगाई डलवाने के बारे में वह क्या सोचती होगी ? मन-ही-मन तो जरूर मेरे आदर्शों को सराहती होगी । मैंने एक गरीब आदमी को अपनी सगाई डलवाने के लिए भेजा । इससे अधिक प्रत्यक्ष प्रमाण मेरे आदर्शों का क्या हो सकता है ?

"लाख-लाख बधाइयाँ, भौजाईजी !" घर में कदम रखते ही मंगलसेन ने आवाज़ लगायी ।

मनोरमा और उसकी सहेलियाँ भागती हुई जँगले पर आ गयीं । बाबूजी गम्भीर मुद्रा बनाये, आँगन में आये और छड़ी कोने में रखकर अपने कमरे में चले गये ।

मनोरमा भागती हुई नीचे गयी और झपटकर थाल चाचा मंगलसेन के हाथ से छीन लिया ।

"कैसी पगली है ! दो मिनट इन्तजार नहीं कर सकती ।"

"वाह जी, वाह !" मनोरमा ने हँसकर कहा, "बाबूजी की पगड़ी पहन ली तो बाबूजी ही बन बैठे हैं ! लाइए, मुझे दीजिए । आपका काम पूरा हो गया ।"

माँजी की दोनों बहनें जो इस बीच आ गयी थीं, माँजी से गले मिल-मिलकर बधाई देने लगीं । आवाज़ सुनकर वीरजी भी जँगले पर आ खड़े हुए और नीचे आँगन का दृश्य देखने लगे । थाल पर रखे लाल रूमाल को देखते ही उनका रोम-रोम पुलकित हो उठा । सहसा ही वह ससुराल की चीज़ों से गहरा लगाव महसूस करने लगे । इस रूमाल को जरूर प्रभा ने अपने हाथ से छुआ होगा । उनका जी चाहा कि रूमाल को हाथ में लेकर चूम लें। इस भेंट को देखकर उनका मन प्रभा से मिलने के लिए बेताब होने लगा।

माँजी ने थाल पर से रूमाल उठाया । चमकती कटोरियाँ, चमकता थाल बीच में रखे चम्मच । वीरजी को महसूस हुआ, जैसे प्रभा ने अपने गोरे-गोरे हाथों से इन चीज़ों को करीने से सजाकर रखा होगा ।

''पानी पिलाओ, सन्तू,'' चाचा मंगलसेन ने आँगन में कुर्सी पर बैठते हुए, टाँग के ऊपर टाँग रखकर, सन्तू को आवाज़ लगायी ।

इतने में माँजी को याद आयी, ''तीन कटोरियाँ और दो चम्मच ? यह क्या हिसाब हुआ ? क्या तीन चम्मच नहीं दिये समधियों ने ।'' फिर बाबूजी के कमरे की ओर मुँह करके बोलीं, ''अजी सुनते हो ! तुम भी कैसे हो, आज के दिन भी कोई अन्दर जा बैठता है ?''

''क्या है ?'' बाबूजी ने अन्दर से ही पूछा ।

''कुछ बताओ तो सही, समधियों ने क्या कुछ दिया है ?''

''बस, थाल में जो कुछ है वही दिया है, तेरे बेटे ने मना जो कर दिया था ।''

''क्या तीन कटोरियाँ थीं और दो चम्मच थे ?''

''नहीं तो, चम्मच भी तीन थे ।''

''चम्मच तो यहाँ सिर्फ़ दो रखे हैं ।''

''नहीं-नहीं, ध्यान से देखो, जरूर तीन होंगे । मंगलसेन से पूछो, वही थाल उठाकर लाया था ।''

''मंगलसेनजी, तीसरा चम्मच कहाँ है ?''

मंगलसेन सन्तू को सगाई का ब्यौरा दे रहा था–समधी हमारे सामने हाथ बाँधे यों खड़े थे, जैसे नौकर हों । लड़की बड़ी सुशील है, बड़ी सलीकेवाली है, बी.ए. पास है, सीना-पिरोना भी जानती है ...

''मंगलसेनजी, तीसरा चम्मच कहाँ है ?''

''कौन-सा चम्मच ? वहीं थाल में होगा ।'' मंगलसेन ने लापरवाही से जवाब दिया ।

''थाल में तो नहीं है ।''

''तो उन्होंने दो ही चम्मच दिये होंगे । बाबूजी ने थाल लिया था ।''

''हमें बेवकूफ बना रहे हो, मंगलसेनजी, तुम्हारे भाई कह रहे हैं तीन चम्मच थे !''

इतने में बाबूजी की गरज सुनायी दी, ''इसीलिए मेरे साथ गये थे कि चम्मच गवाँ आओगे ? कुछ नहीं तो पाँच-पाँच रुपये का एक-एक चम्मच होगा ।''

मंगलसेन ने उसी लापरवाही से कुरसी पर से उठकर कहा, ''मैं अभी जाकर पूछ आता हूँ । इसमें क्या है ? हो सकता है, उन्होंने दो ही चम्मच रखे हों ।''

''वहाँ कहाँ जाओगे ? बताओ चम्मच कहाँ है ? सारा वक़्त तो थाल पर रूमाल रखा रहा ।''

''बाबूजी, थाल तो आपने लिया था, आपने चम्मच गिने नहीं थे ?''

''मेरे साथ चालाकी करता है ? बदजात ! बता तीसरा चम्मच कहाँ है ?''

माँजी चम्मच खो जाने पर विचलित हो उठी थीं । बहनों की ओर घूमकर बोलीं, ''गिनी-चुनी तो समधियों ने चीज़ें दी हैं, उनमें से भी अगर कुछ खो जाये, तो बुरा तो आखिर लगता ही है !''

''कैसा ढीठ आदमी है, सुन रहा है और कुछ बोलता नहीं !'' बाबूजी ने गरजकर कहा ।

चम्मच खो जाने पर अचानक वीरजी को बेहद गुस्सा आ गया । प्रभा ने चम्मच भेजा और वह उन तक पहुँचा ही नहीं । प्रभा के प्रेम की पहली निशानी ही खो गयी । वीरजी सहसा आवेश में आ गये । वीरजी ने आव देखा न ताव, मंगलसेन के पास जाकर उसे दोनों कन्धों से पकड़कर झिझोड़ दिया ।

''आपको इसीलिए भेजा था कि आप चीज़ें गँवा आयें ?''

सभी चुप हो गये । सकता-सा छा गया । वीरजी खिन्न-से महसूस करने लगे कि मुझसे यह क्या भूल हो गयी और झेंपकर वापस जाने लगे ।

''तुम बीच में मत पड़ो, बेटा ! अगर चम्मच खो गया है तो तुम्हारी बला से ! सबका धर्म अपने-अपने साथ है । एक चम्मच से कोई अमीर नहीं बन जायेगा !''

''जेब तो देखो इसकी ।'' बाबूजी ने गरजकर कहा ।

मौसियाँ झेंप गयीं और पीछे हट गयीं । पर मनोरमा से न रहा गया । झट आगे बढ़कर वह जेब देखने लगी । रसोईघर की दहलीज पर सन्तू हाथ में पानी का गिलास उठाये रुक गया और मंगलसेन की ओर देखने लगा । चाचा मंगलसेन खड़ा कभी एक का मुँह देख रहा था, कभी दूसरे का । वह कुछ कहना चाहता था, मगर मुँह से एक शब्द भी नहीं निकल रहा था ।

एक जेब में से मैला-सा रूमाल निकला, फिर बीड़ियों की गड्डी, माचिस, छोटा-सा पैन्सिल का टुकड़ा ।

''इस जेब में तो नहीं है ।'' मनोरमा बोली और दूसरी जेब देखने लगी । मनोरमा एक-एक चीज़ निकालती और अपनी सहेलियों को दिखा-दिखाकर हँसती ।

दायीं जेब में कुछ खनका । मनोरमा चिल्ला उठी, ''कुछ खनका है, इसी जेब में है, चोर पकड़ा गया ! तुमने सुना, मालती ?''

जेब में टूटा हुआ चाकू रखा था, जो चाबियों के गुच्छे से लगकर खनका था ।

''छोड़ दो, मनोरमा ! जाने दो, सबका धर्म अपने-अपने साथ है । आपसे

चम्मच अच्छा नहीं है, मंगलसेनजी, लेकिन यह सगाई की चीज़ थी ।''

मंगलसेन की साँस फूलने लगी और टाँगें काँपने लगीं, लेकिन मुँह से एक शब्द भी नहीं निकल पा रहा था ।

''दोनों कान खोलकर सुन ले, मंगलसेन !'' बाबूजी ने गरजकर कहा, ''मैं तेरे से पाँच रुपये चम्मच के ले लूँगा, इसमें मैं कोई लिहाज नहीं करूँगा ।''

मंगलसेन खड़े-खड़े गिर पड़ा ।

''बधाई, बहनजी !'' नीचे आँगन में से तीन-चार स्त्रियों की आवाज़ एक साथ आ गयी ।

मंगलसेन गिरा भी अजीब ढंग से । धम्म-से जमीन पर जो पड़ा तो उकड़ूँ हो गया, और पगड़ी उतरकर गले में आ गयी । मनोरमा अपनी हँसी रोके न रोक सकी ।

''देखो जी, कुछ तो खयाल करो । गली-मुहल्ला सुनता होगा । इतनी रुखाई से भी कोई बोलता है !'' माँजी ने कहा, फिर घबराकर सन्तू से कहने लगीं, ''इधर आओ सन्तू, और इन्हें छज्जे पर लिटा आओ ।''

वीरजी फिर खिन्न-सा अनुभव करते हुए अपने कमरे में चले गये । मैंने जल्दबाजी की, मुझे बीच में नहीं पड़ना चाहिए था । इन्होंने चम्मच कहाँ चुराया होगा, जरूर कहीं गिर गया होगा ।

बाबूजी नीचे अपने कमरे में चले गये। शीघ्र ही घर में ढोलक बजने की आवाज़ आने लगी । मनोरमा और उसकी सहेलियाँ आँगन में कालीन बिछवाकर बैठ गयीं । ढोलक की आवाज़ सुनकर पड़ोसिनें घर में बधाई देने आने लगीं ।

ऐन उसी वक़्त गलीवाले दरवाज़े के पास एक लड़का आ खड़ा हुआ । संकोचवश वह निश्चय नहीं कर पा रहा था कि अन्दर जाये या वहीं खड़ा रहे । मनोरमा ने देखते ही पहचान लिया कि प्रभा का भाई, वीरजी का साला है । भागी हुई उसके पास जा पहुँची और शरारत से उसके सिर पर हाथ फेरने लगी ।

''आओ, बेटाजी, अन्दर आओ, तुम यहाँ पड़ोस में रहते हो न ?''

''नहीं, मैं प्रभा का भाई हूँ ।''

''मिठाई खाओगे ?'' मनोरमा ने फिर शरारत से कहा और हँसने लगी ।

लड़का सकुचा गया ।

''नहीं, मैं तो यह देने आया हूँ,'' उसने कहा और जाकेट की जेब में से एक चमकता, सफेद चम्मच निकाला और मनोरमा के हाथ में देकर उन्हीं कदमों

वापस लौट गया ।

''हाय, चम्मच मिल गया ! माँजी चम्मच मिल गया !''

पर माँजी सम्बन्धियों से घिरी खड़ी थीं । मनोरमा रुक गयी और माँ से नज़रें मिलाने की कोशिश करते हुए, हाथ ऊँचा करके चम्मच हिलाने लगी । चम्मच को कभी नाक पर रखती, कभी हवा में हिलाती, कभी ऊँचा फ़ेंककर हाथ में पकड़ती, मगर माँजी कुछ समझ ही नहीं रही थीं ···

छज्जे पर सन्तू ने मंगलसेन को खाट पर लिटाया और मुँह पर पानी का छींटा देते हुए बोला, ''तुम शर्त जीत गये । बस तनख्वाह मिलने पर दो रुपये नकद तुम्हारी हथेली पर रख दूँगा ।''

माता-विमाता

पन्द्रह डाउन गाड़ी के छूटने में दो-एक मिनट की देर थी । हरी बत्ती दी जा चुकी थी और सिगनल डाउन हो चुका था । मुसाफिर अपने-अपने डिब्बों में जाकर बैठ चुके थे, जब सहसा दो फटेहाल औरतों में हाथापाई होने लगी । एक औरत, दूसरी की गोद में से बच्चा छीनने की कोशिश करने लगी और बच्चेवाली औरत एक हाथ से बच्चे को छाती से चिपकाये, दूसरे से उस औरत के साथ जूझती हुई, गाड़ी में चढ़ जाने की कोशिश करने लगी ।

''छोड़, तुझे मौत खाये, छोड़, गाड़ी छूट रही है··· ।''

''नहीं दूँगी, मर जाऊँगी तो भी नहीं दूँगी···'' दूसरी ने बच्चे के लिए फिर से झपटते हुए कहा ।

कुछ देर पहले दोनों औरतें आपस में खड़ी बातें कर रही थीं, अभी दोनों छीना-झपटी करने लगी थीं। आस-पास के लोग देखकर हैरान हुए। तमाशबीन इकट्ठे होने लगे । प्लेटफार्म का बावर्दी हवलदार, जो नल पर पानी पीने के लिए जा रहा था, झगड़ा देखकर, छड़ी हिलाता हुआ आगे बढ़ आया ।

''क्या बात है ? क्या हल्ला मचा रही हो ?'' उसने दबदबे के साथ कहा ।

हवलदार को देखकर दोनों औरतें ठिठक गयीं । दोनों हाँफ रही थीं और जानवरों की तरह एक-दूसरी को घूरे जा रही थीं ।

दो-एक मुसाफ़िरों को गाड़ी पर चढ़ते देखकर बच्चेवाली औरत फिर गाड़ी की ओर लपकी, लेकिन दूसरी ने झपटकर उसे पकड़ लिया और उसे खींचती हुई

फ़िर प्लेटफार्म के बीचोंबीच ले आयी। लटकते-से अंगोंवाला, काला, दुबला-सा बच्चा, औरत के कन्धे से लगकर सो रहा था। औरतों की हाथापाई में उसकी पतली लम्बूतरी-सी गर्दन, कभी झटका खाकर एक ओर को लुढ़क जाती, कभी दूसरी ओर को। लेकिन फिर भी उसकी नींद नहीं टूट रही थी।

''मत हल्ला करो, क्या बात है ?'' हवलदार ने छड़ी हिलाते हुए चिल्लाकर कहा और अपनी पलती बेंत की छड़ी दोनों औरतों के बीच खोंसकर उन्हें छुड़ाने की कोशिश करने लगा।

जो औरत बच्चा छीनने की कोशिश कर रही थी, उसने अपनी बड़ी-बड़ी कातर आँखों से हवलदार की ओर देखा और तड़पकर बोली, ''मेरा बच्चा लिये जा रही है, नहीं दूँगी मैं बच्चा ···।'' और फिर एक बार वह बच्चा छीनने के लिए लपकी।

''गाड़ी छूट रही है नासपिट्टी, छोड़ मुझे !'' बच्चेवाली औरत ने चिल्लाकर कहा और फिर गाड़ी के डिब्बे की ओर जाने लगी। हवलदार ने आगे बढ़कर उसका रास्ता रोक लिया।

''इसका बच्चा क्यों लिये जा रही है ?'' हवलदार ने कड़ककर कहा।

''इसका कहाँ है ! बच्चा मेरा है।''

''वह कहती है मेरा है, बोलो किसका बच्चा है?''

''मेरा है,'' दूसरी छोटी उम्र की औरत बोली और कहते ही रो पड़ी। रूखे, अस्त-व्यस्त बालों के बीच उसका चेहरा तमतमा रहा था, लेकिन आँखों में अब भी डर समाया हुआ था। बदहवास और व्याकुल वह फिर बच्चे की ओर बढ़ी।

हवलदार जल्दी-से-जल्दी झगड़ा निबटाना चाहता था। बच्चेवाली औरत से बोला, ''बच्चा इसके हवाले कर दो।''

''क्यों दे दूँ, बच्चा मेरा है···।''

''तेरे पेट से पैदा हुआ था ?''

बच्चेवाली औरत चुप हो गयी और घूर-घूरकर दूसरी औरत को देखने लगी।

''बोल, तेरे पेट से पैदा हुआ था ?'' हवलदार ने फिर गुस्से से पूछा।

''पेट से पैदा नहीं हुआ तो क्या, दूध तो मैंने पिलाया है। पिछले सात महीने से पिला रही हूँ।''

''दूध पिलाया है तो इससे बच्चा तेरा हो गया ? बच्चे को जबरदस्ती लिये जा रही है ?''

''जबरदस्ती क्यों ले जाऊँगी, मेरे अपने बच्चे सलामत रहें। इसी से पूछ

लो, डायन सामने खड़ी है।" फिर दूसरी औरत को मुखातिब करके बोली, "कलमुँही बोलती क्यों नहीं? मैं तेरे से छीन के ले जा रही हूँ? हवलदारजी, इसने खुद बच्चे को मेरी गोद में डाला है। यह तो इसे जनकर घूरे पर फेंकने जा रही थी, मैंने कहा कि ला मुझे दे दे, मैं इसे पाल लूँगी। तब से मैं इसे पाल रही हूँ। यह मुझे यहाँ छोड़ने आयी थी। यहाँ आकर मुकर गयी।"

हवलदार दूसरी औरत की ओर मुड़ा, "तूने इसे खुद दिया था बच्चा?"

युवा औरत की बड़ी-बड़ी उद्भ्रान्त आँखें कुछ देर तक दूसरी औरत की ओर देखती रहीं, फिर झुक गयीं।

"दिया था, पर बच्चा मेरा है, मैं क्यों दूँ, मैं नहीं दूँगी।"

और निस्सहाय-सी फिर दूसरी औरत की ओर देखने लगी। पहले जो आँसू आँखों में फूट पड़े थे, घबराहट के कारण फौरन ही सूख गये।

"तूने दिया था तो अब क्यों वापस लेना चाहती है?"

कातर नेत्र फिर एक बार ऊपर को उठे और उसका सारा बदन काँप गया।

"यह इसे परदेस लिये जा रही है···।" और कहते-कहते वह फिर रो पड़ी।

"मैं सदा तेरे पास पड़ी रहूँ?" बच्चेवाली औरत बाँहें पसार-पसारकर आसपास के लोगों को सुनाती हुई बोलने लगी, "मेरे डेरेवाले सभी लोग चले गये हैं। यह मुझे छोड़ती नहीं थी। कहती थी दस दिन और रुक जा, फिर चली जाना। पाँच दिन और रुक जा, चली जाना। करते-करते महीना हो गया। मैं यहाँ कैसे पड़ी रहूँ? आज गाड़ी चलने लगी तो कलमुँही मुकर गयी है।"

" यह तेरे रिश्ते की है?" हवलदार ने पूछा।

"रिश्ते की क्यों होगी जी, यह काठियावाड़ की है, हम बनजारे हैं।"

"तू गाड़ी में कहाँ जा रही है?"

"फीरोजपुर, जी!"

"वहाँ क्या है?"

"हम बनजारे हैं, हवलदारजी, पहले हमारे लोगों ने यहाँ जमीन ली थी, पूरे दो साल हलवाही की है। अब हमें फीरोजपुर में जमीन मिली है। हमारे सभी लोग चले गये हैं, पर यह मुझे छोड़ती नहीं थी।"

हवलदार दुविधा में पड़ गया। एक ने जनकर फेंक दिया, दूसरी ने दूध पिलाकर बड़ा किया। बच्चा किसका हुआ?

"तेरा घर-घाट कोई नहीं है, जो अपना बच्चा इसे दे दिया? तू रहती कहाँ है?" हवलदार ने बच्चे की माँ से पूछा।

"यह कहाँ रहेगीजी, पुल के पास फूस के झोंपड़े हैं, यह वहीं पर रहती है।

हम भी वहीं पर रहते थे। यह मेरी पड़ोसिन है जी, मजूरी करती है। इसकी तो नाल भी मैंने काटी थी।" बच्चे की माँ उद्भ्रान्त-सी अपने बच्चे की ओर देखे जा रही थी। लगता जैसे वह कुछ भी सुन नहीं रही है।

"इसका घरवाला कहाँ है ?..."

"इसका घरवाला कोई नहीं जी। यह तो मरदों के पीछे भागती फिरती है, कोई इसे बसाता नहीं। इसका घरबार होता तो यह बच्चे को जनकर फेंकने क्यों जाती ?"

इतने में गार्ड ने सीटी दी।

भीड़ में से छँटकर लोग अपने-अपने डिब्बों की ओर जाने लगे। बनजारन भी डिब्बे की ओर घूमी। बच्चे की माँ ने आगे बढ़कर उसके पाँव पकड़ लिये।

"मत जा, मत ले जा मेरे बच्चे को, मत ले जा !"

कुछेक लोगों को तरस आया। हवलदार ने दृढ़ता से आगे बढ़कर बनजारन से कहा, "बच्चा वापस दे दे। अगर माँ बच्चा नहीं देना चाहती तो तू उसे नहीं ले जा सकती।"

हवलदार की आवाज़ में दृढ़ता थी। बनजारन को इस निर्णय की आशा नहीं थी। वह छटपटा गयी, "मैं क्यों दे दूँ जी, अपने बच्चे को भी कोई देता है ? किसको दे दूँ। इसका घर है, न घाट..."

"गाड़ी छूटनेवाली है, जल्दी करो, बच्चा माँ के हवाले करो वरना हवालात में दे दूँगा।" हवलदार ने अबकी बार कड़ककर कहा।

औरत घबरा गयी और किंकर्तव्यविमूढ़-सी आसपास खड़े लोगों की ओर देखने लगी। फिर अपनी साथिन की ओर देखते हुए चिल्लाकर बोली, "हरामजादी ! कुतिया ! यहाँ आकर मुकर गयी। ले बेगैरत, ले सँभाल, फिर कहना दूध पिलाने को, जहर पिलाऊँगी, इसे भी और तुझे भी। सात महीने तक अपने बच्चे का पेट काटकर इसे दूध पिलाया है...।" और झटककर बच्चा उसके हाथ में दे दिया और फूट-फूटकर रोने लगी।

माँ ने बच्चा छाती से लगा लिया। बच्चे के मिलते ही वह भी ममता की मारी रोने लगी।

अजीब तमाशा था। दोनों औरतें रोये जा रही थीं। दोनों एक-दूसरी की दुश्मन, दोनों एक ही बच्चे की माताएँ। बेघर लोगों को न हँसने की तमीज होती है, न रोने की। और कलह का कारण, दुबला-पतला, पित्त का मारा बच्चा, अब भी मुट्ठियाँ भींचे सो रहा था।

बनजारन गालियाँ बकती, रोती, बड़बड़ाती गाड़ी में चढ़ गयी।

"तुम्हें तुम्हारा बच्चा मिल गया है। यहाँ से चली जाओ फौरन…"

हवलदार ने सोये बच्चे की पीठ पर छड़ी की नोंक रखते हुए, धमकाकर कहा, "फौरन चली जाओ यहाँ से!"

बच्चे को छाती से चिपकाये, माँ पीछे हट गयी। भीड़ बिखर गयी। डिब्बे के दरवाजे में खड़ी बनजारन अभी भी चिल्लाये जा रही थी, "कंजरी, हरामजादी, तूने इसे जनते ही क्यों नहीं मार डाला? जब भी मार डालेगी, तभी मेरे दिल को चैन मिलेगा, नासपिट्टी…!"

बच्चे ने गोद पहचान रखी थी या तो इस कारण रहा हो या हवलदार की बेंत की नोक लगने के कारण, बच्चा जाग गया और अपनी नन्हीं-नन्हीं मुट्ठियों से पहले तो अपनी नाक पीसने लगा, फिर आँखें, और थोड़ी देर के बाद अपनी मुट्ठी मुँह में ले जाकर चूसने लगा। औरत अभी भी उद्भ्रान्त-सी पीछे हट गयी और प्लेटफार्म की दीवार के साथ जा खड़ी हुई।

बच्चा दूध के धोखे में अपनी मुट्ठी चूसता रहा, पर दूध न मिलता देख बिल्कुल जग गया और दोनों टाँगें जोर-जोर से पटककर रोने लगा। माँ ने उसे दायें कन्धे से हटाकर बायें कन्धे के साथ सटा लिया। लेकिन बच्चा और भी जोर-जोर से रोने लगा।

माँ परेशान हो उठी। कभी बच्चे को एक करवट उठाती, कभी दूसरी; कभी दायें कन्धे पर उसका सिर रखती, कभी बायें पर।

बच्चे का रोना सुनकर डिब्बे के दरवाजे में खड़ी बनजारन फिर चिल्लाने लगी, "मार डाल, तू इसे मार डाल! नासपिट्टी, इसे जहर क्यों नहीं दे देती! दोपहर से इसके मुँह में दूध की बूँद नहीं गयी। बच्चा रोयेगा नहीं?"

हवलदार छड़ी झुलाता वहाँ से जा चुका था। दो-एक कुलियों को छोड़कर डिब्बे के सामने कोई नहीं था। दूर, पीछे की ओर, नीली वर्दीवाला गार्ड हरी झण्डी दिखा रहा था।

गाड़ी ने सीटी दी और चलने को हुई।

बच्चा रोये जा रहा था। माँ ने अपने फटे हुए कुरते की जेब में से मूँगफली के कुछेक दाने निकाले और बच्चे के मुँह में ठूँसने लगी।

"नासपिट्टी, यह क्या उसके मुँह में डाल रही है? मेरे बच्चे को मार डालेगी। कसाइन, कंजरी…!"

और घूमकर पहले एक छोटा-सा टीन का बक्सा और फिर छोटी-सी गठरी प्लेटफार्म पर फेंकी और बड़बड़ाती, गालियाँ बकती हुई गाड़ी पर से उतर आयी, "हरामजादी, मेरी गाड़ी छुड़ा दी। मौत खाये तुझे! नासपिट्टी…!"

गाड़ी निकल गयी। एक-एक करके कुली स्टेशन के बाहर चले गये। प्लेटफार्म पर मौन छा गया। हवलदार अपनी गश्त पर दूर प्लेटफार्म के दूसरे सिरे तक पहुँच चुका था। लेकिन जब छड़ी झुलाता हुआ वह वापस लौटा, तो प्लेटफार्म के एक कोने में दीवार के साथ सटकर वही दोनों औरतें बैठी थीं। बनजारन अपनी गोद में बच्चे को लिटाये, उसे अपने आँचल से ढके, दूध पिला रही थी और पास बैठी बच्चे की माँ धीरे-धीरे अपने लाड़ले के बाल सहला रही थी।

यादें

ऐनक के बावजूद लखमी को धुँधला-धुँधला नज़र आया। कमर पर हाथ रखे, वह देर तक सड़क के किनारे खड़ी रही। यहाँ तक तो पहुँच गयी, अब आगे कहाँ जाये, किससे पूछे, क्या करे? सरदी के मौसम की दोपहर ढलते देर नहीं लगती। अँधेरा हो गया, तो वह कहीं की नहीं रहेगी। इतने में दायीं ओर से एक धूमिल-सा पुंज उसकी ओर बढ़ता नज़र आया, जो आगे बढ़ता जाता और कुछ-कुछ स्पष्ट होता जाता था। कोई आदमी है। इससे पूछ देखूँ? परन्तु पुरुष की वह धूमिल-सी काया ऐन उसके सामने पहुँचकर, एक मकान की ओर घूम गयी।

"वीरजी, सुनो तो बेटा! ... बाबू बनारसीदास का मकान कहाँ है?"

आदमी ठिठक गया। क्षण-भर उसकी आँखें जर्जर बुढ़िया पर टिकी रहीं। फिर वह आगे बढ़ आया।

"चाची लखमी?"

"हाय, बच्चा, तूने मुझे झट-से पहचान लिया! तू मेरी गोमा का बेटा है! तू मेरा रामलाल है न?"

और पतला हड़ियल हाथ उस आदमी के कन्धे और चेहरे को सहलाने लगा।

"हाय, मैंने अच्छे करम किये थे, जो तू मिल गया! मैं कहूँ, अभी अँधेरा हो गया, तो मैं कहाँ मारी-मारी फिरूँगी? मेरे दिल को ठण्ड पड़ गयी, बच्चा, राजी-खुशी हो? महाराज तुम्हें सलामत रखे!"

बुढ़िया सिर उँचा उठाकर, बचे-खुचे दो दाँतों से मुसकराती असीसें देने लगी।

''सरीरों के लेखे, बेटा, दुनिया से जाने का वक़्त आ गया। मैंने कहा, आँख रहते एक बार अपनी गोमा को तो देख लूँ। कौन जाने, नसीब में फिर मिलना हो या न हो!'' फिर कमर पर हाथ रखकर, बड़े आग्रह से बोली, ''मुझे उसके पास ले चल, बेटा! घण्टे-भर से यहाँ भटक रही हूँ। कोई पूछनेवाला नहीं। मैं कहूँ, मिले बगैर तो मैं जाऊँगी नहीं।''

हाथ का सहारा दिये, रामलाल बुढ़िया को अन्दर ले चला।

''अरी गोमा, कहाँ छिपी बैठी है? देख तो, कौन आया है?'' घर के अन्दर कदम रखते हुए, चाची लखमी बत्तख की तरह किकियाई और खिलखिलाकर हँस पड़ी।

''कुछ नज़र नहीं आता, बच्चा! आँखों में मोतियाबिन्द उतर आया है। एक आँख मारी गयी है। सारे वक़्त, लगता है, धूल उड़ रही है।''

बुढ़िया साँस लेने के लिए रुकी। फिर रास्ता टटोलती, धीरे-धीरे बरामदा पार करने लगी। ''डाक्टर नरसिंगदास ने आँखों का ऑपरेशन किया। एक आँख ही मारी गयी। मैंने कहा, चल खैर मना, एक तो बच गयी। भला हो डाक्टर का, एक तो छोड़ दी। दोनों फोड़ देता, तो मैं कुछ कर सकती थी बेटा? आगे क्या ख़बर? क्या मालूम, कल ही अन्धी हो जाऊँ? मैंने सोचा, आँख रहते तो अपनी गोमा को जरूर देख आऊँगी।''

बुढ़िया धीरे-धीरे चलती, कहीं अन्धकार और कहीं प्रकाश के पुंजों को लाँघती हुई, आगे बढ़ने लगी।

''अरी गोमा, देख तो, तुझसे कौन मिलने आया है। मक्कड़ साधे कहाँ बैठी है?''

अपने आगमन की स्वयं सूचना देते हुए, चाची लखमी किकियाई और फिर हँसने लगी। उसकी आवाज़ मकान के कमरों में गूँजकर लौट आयी। कोई जवाब नहीं आया।

''बालकराम सेठी की सलिहाज है न। बेचारी बड़ी अच्छी है। मुझे टाँगे पर बिठाकर यहाँ तक छोड़ गयी। मैं परबस जो हुई, बेटा! बूढ़ा आदमी परबस हो जाता है।''

रामलाल ने बुढ़िया को रसोईघर की बगल में एक छोटी-सी कोठरी के सामने लाकर खड़ा कर दिया और पाँव की ठोकर से दरवाज़ा खोल दिया।

कोठरी में घुप्प अँधेरा था। रामलाल ने आगे बढ़कर, बिजली का बटन दबाया। एक अन्धा-सा बल्ब टिमटिमाने लगा।

''अरी गोमा, मचली बनी बैठी है? बोलती क्यों नहीं?''

कोठरी की सामनेवाली दीवार के सहारे एक बूढ़ी औरत खाट पर पाँव लटकाये बैठी थी। पर वह लखमी को अभी तक नज़र नहीं आयी। कोठरी में खाट के पायताने के साथ जुड़ा हुआ एक कमोड रखा था और साथ में एक टीन का डब्बा। बुढ़िया ने एक पटरे पर पाँव रखे थे। टाँगों पर, जो सूजन के कारण बोझिल हो रही थीं, दो-दो जोड़े फटे मोजों के चढ़े थे। कोठरी में से पेशाब, मैले कपड़ों और बुढ़ापे की गन्ध आ रही थी। इन लोगों के अन्दर आ जाने पर दो चूहे, जो बुढ़िया की खाट पर ऊधम मचा रहे थे, भागकर अपने बिलों में घुस गये।

"कौन है ?" धीमी-सी आवाज़ आयी।

"पहचान तो, कौन है ?" लखमी बोली।

बुढ़िया चुप रही। फिर सहसा घुटनों पर से दोनों हाथ उठाकर, आगे की ओर बढ़ाते हुए बोली, "आवाज़ तो लखमी की लगती है। लखमी, तू आयी है ?"

"और कौन होगा ?"

अन्धे बल्ब की रोशनी में लखमी की आँख के सामने गोमा का आकार उभरने में काफ़ी देर लगी। स्थूल देह, उलझे हुए इने-गिने सफेद बाल, चौड़ा झुर्रियों-भरा चेहरा, जिसमें से दो कान्तिहीन आँखें सामने की ओर देखे जा रही थीं।

लखमी के काँपते हाथ हवा को टटोलते हुए, गोमा के कन्धों तक जा पहुँचे और दोनों स्त्रियाँ एक-दूसरी से चिपट गयीं।

जब अलग हुईं, तो देर तक अपने दुपट्टों में नाक सुड़कती और आँखें पोंछती रहीं। रामलाल ने आगे बढ़कर, कोने में रखा एक पीढ़ा उठाया और माँ की खाट के सामने रख दिया।

"बैठो चाची !" और लखमी को दोनों कन्धों से पकड़कर धीरे-से पीढ़े पर बिठा दिया।

"मैं उठ नहीं सकती, लखमी ! खाट के साथ जुड़ी हूँ। तू देख ही रही है। जाना मुझे था, चले वह गये। मेरा धागा लम्बा है। जल्दी टूटता नज़र नहीं आता। पिछले करम अभी भोगने बाकी हैं।"

दोनों औरतें देर तक आमने-सामने बैठी, दुपट्टों में सिसकती रहीं।

"मैं कहती हूँ, हे भगवान्, अब तुझे मुझसे क्या लेना है ? इतनी बड़ी दुनिया है तेरी। मुझे यहाँ तेरा कौन-सा काम करना रह गया है ? तू मुझे सँभाल क्यों नहीं लेता ? पर नहीं, वह नहीं सुनता। तब मैं कहती हूँ, अच्छा, कर ले जो करना

चाहता है। कभी तो मुझ पर तरस खायेगा।''

लखमी ने मुँह पर से दुपट्टा हटाते हुए कहा, ''जब से दिल्ली आयी हूँ, दिल तड़पता रहा है कि कब गोमा से मिलूँगी, कब गोमा से मिलूँगी।''

देर तक दोनों औरतें सिर हिलाती और आहें भरती रहीं। फिर गोमा अपने बेटे की ओर सिर घुमाकर बोली, ''बेटा, लखमी तेरी चाची लगती है। पहचाना इसे या नहीं?''

इस पर लखमी हुमककर बोल उठी, ''हाय, इसी ने तो मुझे पहचाना। मैं अन्धी क्या पहचानूँगी? यही तो मुझे अन्दर लाया।''

''मैंने झट पहचान लिया, माँ! कौशल्या के ब्याह पर मिली थीं। बहुत मुद्दत हो गयी।''

''बेटा, लखमी के साथ मैंने बड़े अच्छे दिन बिताये हैं।''

''इसे क्या मालूम? यह तब पैदा ही कहाँ हुआ था?''

रामलाल के बाल कनपटियों पर सफेद हो रहे थे और एक छोटी-सी गोल-मटोल तोंद पतलून की पेटी में कसी, बाहर निकलने के लिए हाँफ रही थी। अपनी बलगमी देह के कारण रामलाल सारा वक़्त मुँह से साँस ले रहा था।

''उस वक़्त तेरी गोद में शामा थी और मेरी विद्या बस यही चार-पाँच साल की रही होगी। क्यों, लखमी?''

''हाय, विद्या मेरी आँखों के सामने आ गयी, बिल्कुल गुड़िया-जैसी! कैसी खिड़ूली थी!'' कहते हुए लखमी दुपट्टे के छोर से फिर आँखें पोंछने लगी।

''कोई किस-किसको याद करे? तेरी सुरसती किसी से कम थी? यों हँसती-हँसती चली गयी। शामा किसी से कम थी?''

''छोटी कहाँ है?''

''वह जालन्धर में रहती है। वहाँ उसका घरवाला नौकरी करता है।''

'उसका भी घर-बाहर अब भरा-पूरा होगा?''

''उसके घर दो बेटे, दो बेटियाँ हैं।''

''अच्छा है, सुख से रहें! भगवान अपनी दया बनाये रखे!''

गोमा ने फिर अपने बेटे की ओर मुँह फेरा। ''बेटा, हमने बड़े अच्छे दिन बिताये हैं। गली-मुहल्लेवालियाँ कहें, 'अरी, तुम सगी बहनें हो, रिश्ते की हो, कौन हो, जो तुम्हारा आपस में इतना प्यार है?' मैं जवाब दूँ, 'हम बहनें ही नहीं, बहनों से भी ज्यादा हैं।''' खाट पर बैठी गोमा ने चहककर कहा और अपने सूखे, झुर्रियों-भरे मुँह पर हाथ फेरने लगी, मानो अकड़ी हुई झुर्रियाँ हँसने से खुलने लगी हों।

''हम एक ही घर में रहती थीं। एक तरफ मेरी रसोई थी, दूसरी तरफ इसकी। सामने आँगन में छोटा-सा कुआँ था। पर हम सदा कुएँ के पास बैठकर रसोई करती थीं।''

कुएँ की बात सुनकर, लखमी उचककर बोली, ''ऐसा मीठा पानी था उसका कि तुम्हें क्या बताऊँ? छोटी-सी कुईं थी, इतनी-सी। बैठी-बैठी मैं उसमें से डोलची लटकाकर पानी निकाल लेती थी।''

बुढ़िया गोमा ने हाथ उठाकर एक सूखी सफेद लट पीछे हटायी, जो उत्तेजना के कारण माथे पर लुढ़क आयी थी।

''दोपहर को इसका मालिक बैंक से आता और तेरे पिताजी—स्वर्ग में वासा हो उनका—दफ्तर से आते। खाना खाने बैठते, तो दोनों एक-दूसरे से कुश्तियाँ करते। खाना परोसने में थोड़ी-सी भी देर हो जाती तो थालियाँ खनकाने लगते।''

गोमा फिर हँसने लगी। उसकी स्थूल देह थिरक-थिरक गयी। हँसने पर उसकी छाती में से उठनेवाली खर्र-खर्र की आवाज़ और भी ऊँची हो गयी।

''इधर उनके आने का वक़्त होता, उधर हम भागती हुई रोटियाँ लगवाने चली जातीं। हमारे घर से तीन गलियाँ छोड़कर एक झूरी बैठती थी। क्या नाम था उसका लखमी?''

खाट पर से लटकती टाँगें, जिन पर फटे हुए मोज़े चढ़े थे, उत्साह से हिलने लगीं। फर्श पर एक कोने में एक चूहे ने बिल में से सिर निकाला और इधर-उधर झाँकने लगा।

''बन्तो नाम था उसका। मर-खप गयी होगी। अब कहाँ बैठी होगी। 'बन्तो, बन्तो' कहकर सभी बुलाते थे उसे।''

''हाँ, बन्तो! हाय, कैसी आँखों के सामने आ गयी है! रोज लखमी की और मेरी दौड़ लग जाती कि तन्दूर तक पहले कौन पहुँचती है। यह मुझसे ज्यादा फुर्तीली थी। तब भी बड़ी पतली थी। चंगेरें बगल में दबाये, हम ऐसी भागतीं कि हवा से बातें करती जातीं। बन्तो कहती, 'अरी, शरम बेच खायी है, जो गलियों में नंगे सिर भागती फिरती हो?' '' गोमा कहे जा रही थी, ''यह हरे रंग की घघरी पहनती थी, जिसके नीचे सफेद गोटा लगा रहता था। क्यों लखमी? और मैं हमेशा काले रंग की घघरी पहनती थी। हम हँसती-बतियाती गली-गली जातीं और सारे शहर का चक्कर लगा आती थीं।'' इस पर लखमी ने आगे झुककर कहा, ''अरी गोमा, याद है, जब भागसुद्दी के घर से भाँग पी आयी थी?'' और दुपट्टे की ओट में अपने दो दाँतों को छिपाती हुई हँसने लगी।

गोमा भी हँसने लगी। हँसते-हँसते गोमा को खाँसी आ गयी और खाँसी का दौरा देर तक उसे परेशान करता रहा। फिर आँखें पोंछकर, लखमी की ओर उँगली से इशारा करती हुई, अपने बेटे से कहने लगी, ''इसे हर वक़्त शरारतें ही सूझती रहती थीं। इसी ने मुझे भाँग पिलायी थी। चल, चुप रह, नहीं तो तेरी सारी पोल खोल दूँगी।''

लखमी मुँह पर हाथ रखे, बत्तख की तरह किकियाये जा रही थी।

''यह मुझे भागसुद्दी के घर ले गयी,'' गोमा कहने लगी, ''मुझसे बोली, 'आ तुझे साग के पकोड़े खिलाऊँ।' मुझे क्या मालूम कि उनमें क्या भरा था? खाने की देर थी कि मैं तो तरह-तरह के तमाशे करने लगी। कभी गाती, कभी हाथ मटकाती। फिर मैं हँसने लगी। हँसने क्या लगी कि मेरी हँसी रुके ही नहीं। हँसती ही जाती थी। मेरी हँसी यों भी एक बार शुरू हो जाये, तो बन्द होने को नहीं आती थी। मुझे नहीं मालूम कि मैं कब भागसुद्दी के घर से निकली। मुझे इतना याद है कि गली में मुझे रुक्मणी मिली। रुक्मणी याद है, लखमी? वही ट्रंकोंवाले श्यामलाल की घरवाली। कहने लगी, 'हाय री गोमा, तुझे क्या हो गया है? पागलों की तरह हँसे जा रही है?' बस जी, उसका यह कहना था कि मेरी हँसी बन्द हो गयी। 'हाय, मुझे क्या हो गया है? हाय, मुझे क्या हो गया है?' मैं बोलने लगी, और अन्दर-ही-अन्दर मेरा दिल गोते खाने लगा। ऐसी बुरी मेरी हालत हुई कि तुम्हें क्या बताऊँ? और इस सारी शरारत की जड़ तेरी यह चाची थी जो तेरे सामने बैठी है।''

''तू कौन-सी कम थी? नहले पर दहला थी। शेखों के खेत में से मूलियाँ कौन तोड़ता था। मुझसे न बुलवा, नहीं तो तेरे बेटे के सामने तेरी सारी करतूतें गिना दूँगी।''

''बता दे, अब छिपाकर क्या करेगी?'' गोमा ने हँसकर कहा। फिर रस ले-लेकर सुनाने लगी, ''चौबीस घण्टे हम एक साथ रहती थीं। सवेरे मुँह-अँधेरे तालाब पर नहाने जातीं। कुछ नहीं, तो तीन मील दूर रहा होगा तालाब। फिर सतगुर की धर्मशाला में माथा टेकने जातीं और साग-सब्जी लेकर पौ फटने तक घर भी पहुँच जातीं।''

रामलाल कभी एक के मुँह की ओर और कभी दूसरी के मुँह की ओर देखता हुआ, सोच रहा था कि ये किन लोगों की चर्चा किये जा रही हैं? कौन थी वह, जो भागती हुई गलियाँ लाँघ जाती थी और हँसने लगती तो हँसती ही जाती थी, हँसती ही जाती थी।

चाची लखमी कुछ कहने जा रही थी, जब रामलाल बीच में बोल उठा,

"चाय पिओगी, चाची लखमी ? चाय मँगवाऊँ ?"

"हाय, क्यों नहीं पिऊँगी ? तेरे घर आकर चाय नहीं पिऊँगी ?" कहते-कहते लखमी भाव-विह्वल हो उठी, "तेरी तो राह देख-देखकर आँखें थक गयी थीं हमारी । तुझे तो हमने तरस-तरसकर लिया है, बेटा ! लाखों पर तेरी क़लम हो ! तूने हमें बहुत इन्तजार कराया । आ तो, तेरा मुँह चूम लूँ । आ, मेरे बच्चे !"

लखमी उठ खड़ी हुई और रास्ता टटोलती हुई, रामलाल की ओर बढ़ आयी । फिर लार-सने होंठ कभी रामलाल की नाक को, कभी माथे को, कभी गालों को चूमने लगे । "तेरी माँ ने कैसे-कैसे दिन देखे हैं, बेटा, तुझे क्या मालूम ? चार बहनों के बाद तू आया था । हर बार जब तेरी माँ प्रसूत में होती, तो तेरा ताऊ बाहर खाट बिछाकर बैठ जाता और हर बार गालियाँ बकता हुआ उठ जाया करता । बड़ा गुस्सैल आदमी था । एक-एक करके चारों का दाना-पानी दुनिया से उठ गया । तब तू आया । सलामत रहो बेटा ! जुग-जुग जिओ ! "

रामलाल दीवार के साथ पीठ लगाये खड़ा सिर हिलाता रहा । फिर लखमी के दोनों कन्धे पकड़ धीरे-से उसे पीढ़े पर बिठा दिया और कुछ खाने का सामान लेने बाहर चला गया । जब लौटकर आया, तो दोनों सहेलियाँ गा रही थीं । लखमी की किकियाती आवाज़ और गोमा की खरखराती आवाज़ से कोठरी गूँज रही थी । खाट पर बैठी उसकी माँ आँखें बन्द किये दोनों हाथों से अपने सूजे हुए घुटनों पर ताल दे रही थी–

'जेठ माया दा माण न करिए,
माया काग बन्हेरे दा,
पल विच आवे, छिन विच जावे,
सैर करे चौफेरे दा । ...'

पर दो ही पंक्तियाँ गाने के बाद गोमा का दम फूलने लगा और उसे खाँसी आ गयी–

"हाय, नहीं गाया जाता," उसने कहा ।

पर खाँसी रुकने पर वह फिर अगली पंक्ति गाने लगी –

'हाड़ होश कर दिल विच बन्दे,
काल नगारा वजदा ई,

ए दुनिया भाँडे दी न्यायीं,
जो घड़िया सो भजदा ई...'

सहसा दोनों रुक गयीं। गीत का बहुत-सा हिस्सा दोनों को भूल चुका था।

''छोड़ गोमा। मुझे विराग के गीत अच्छे नहीं लगते। चल, वह गीत गायें, जो सुखदेई गाया करती थी। हाय, कैसा मीठा गाती थी!'' लखमी ने कहा, और नया राग छेड़ दिया।

गोमा कुछ देर तक अपनी फूली साँस को ठिकाने पर लाने के लिए रुकी रही। फिर वह भी साथ गाने लगी।

गाना सुनकर सारा घर जाग गया। रामलाल का छोटा बेटा अपने एक दोस्त का हाथ पकड़े, दरवाजे के बाहर पहुँच गया और सहमी आँखों से कभी दादी की ओर, तो कभी दूसरी बुढ़िया की ओर देखने लगा। रसोई का नौकर जो अभी-अभी दोपहर की छुट्टी बिताकर घर लौटा था, दरवाजे की ओट में खड़ा, पूरी बत्तीसी निकाले गाना सुनने लगा।

गोमा को बार-बार खाँसी आने लगती। वह खाँसती भी जाती और बीच-बीच में गाती भी जाती। आखिर उसका दम फिर फूल गया और वह चुप हो गयी।

खोखली, खरज आवाज़ें सहसा बन्द हो जाने से घर-भर में मौन छा गया। बच्चे एक-दूसरे की ओर देखकर हँसे और खेलने के लिए बाहर भाग गये।

सहसा लखमी बोल उठी, ''हाय, मेरी कैसी मत मारी गयी है। शाम पड़ गयी, तो मैं कहीं की न रहूँगी। जिसके आसरे आयी हूँ, वह छोड़कर चली गयी, तो मेरा क्या बनेगा?'' फिर रामलाल की ओर मुँह करके, बड़े आग्रह से बोली, ''बच्चा, मुझे बालकराम सेठी के घर तक छोड़ आयेगा? इधर तेरे ही मुहल्ले में उसका घर है न?''

''छोड़ आऊँगा चाची! पर बैठो न! अभी तो आयी हो?''

''नहीं, बच्चा, अब बहुत देर हो गयी है। अँधेरे से मैं बहुत डरती हूँ।'' और घुटनों से हाथों को दबाये, 'हाय रामजी' कहकर, उठ खड़ी हुई, ''मैं तीन बार हड्डियाँ तुड़वा चुकी हूँ, बच्चा! एक दिन सड़क पर जा रही थी। पीछे से किसी साइकिलवाले ने आकर टक्कर मार दी। मैं औंधे मुँह जा गिरी। भला हो लोगों का जो उन्होंने मुझे खाट पर डालकर घर पहुँचा दिया। कुछ न पूछो, अपने बस की बात थोड़े ही है। घरवाले सारा वक़्त कहते रहते हैं, 'लखमी, तेरे पाँव घर पर नहीं टिकते। तेरा मरना एक दिन सड़क पर होगा।...''' बुढ़िया

किकियाई। फिर गोमा की ओर देखकर बोली, "गोमा, तू भी अंग हिलाती रहा कर। बैठ गयी, तो बैठ ही जायेगी।"

गोमा सिर हिलाकर बोली, "अंग न हिलाऊँ, तो दो दिन न जी पाऊँ, लखमी! इस हालत में भी मैंने कुछ नहीं तो दस सेर रुई कातकर दी है। पूछ ले इसी से। तेरे सामने खड़ा है।"

लखमी पैर घसीटती कोठरी के बीचोंबीच पहुँच गयी और रामलाल की ओर हाथ बढ़ाकर बोली, "रात पड़ गयी है, बच्चा! मैं रात से बहुत डरती हूँ। रात बूढ़ों की दुश्मन होती है। मुझे बालकराम सेठी के घर तक छोड़ आ।" फिर गोमा की ओर घूम गयी और हाथ जोड़कर बोली, "अच्छा, गोमा, अब संजोगी मेले। अब मैं फिर नहीं आऊँगी। अब अगले जन्म में मिलेंगी। मेरा कहा-सुना माफ करना, बहन!" और आगे बढ़कर फिर उसकी छाती से चिपट गयी।

थोड़ी देर बाद रामलाल लखमी का हाथ थामे, उसे बाहर ले जाने लगा। लखमी की अब भी साँस फूल रही थी और टाँगें लरज-लरज जाती थीं।

कोठरी में से बाहर निकलते हुए, रामलाल ने बिजली बुझा दी और दरवाजा बन्द कर दिया। कोठरी में घुप्प अँधेरा छा गया और सूना मौन फिर चारों ओर से घिरने लगा।

कुछ और साल

ढलती दोपहर के समय, धूप में नहाये विशाल आँगन में मोटरगाड़ी दाखिल हुई और फूलों की क्यारियों के किनारे-किनारे मोड़ काटती हुई, बरामदे की तीन सीढ़ियों के ऐन सामने खड़ी हो गयी। मोटर के पहुँचते ही कोठी के अन्दर, अलग-अलग कमरों में बैठे घर के लोग जैसे हरकत में आ गये। कन्धे पर झाड़न लटकाये, रसोईघर में प्लेटों को पोंछते हुए शम्भू के हाथ तेज हो गये। बगलवाले छोटे कमरे में मँझले बेटे और उसके दोस्त दोनों ने सिगरेट बुझा दिये। एक तीसरे कमरे में, बरसों की आदत के मुताबिक बाबूजी की अधेड़ उम्र की पत्नी खाट पर से उतर आयी। पिछले कमरे में पलँग पर लेटे-लेटे, बड़े बेटे की पत्नी ने मोटर की आवाज़ सुनकर उपेक्षा से करवट बदल ली।

"अब प्लेटों को छोड़ दे। तू प्याले लगा, इतने में पानी खौला जाता है। जल्दी कर, मैं साहब के पास जा रहा हूँ।" घर के दूसरे नौकर सीताराम ने कहा

और बैठक की ओर भाग खड़ा हुआ।

"तुम बेशक जाओ माँ, अब बाकी मैं कर लूँगी। बाबूजी आ गये हैं।" ट्रंक में कपड़े रखते हुए बड़ी बेटी ने कहा।

"सीताराम चाय लगा देगा, मुझे क्या करना है?" माँ ने कहा, पर फिर भी धीरे-धीरे चलती हुई रसोईघर की ओर जाने लगी।

ड्राइवर के साथ आगे की सीट पर बैठा अर्दली लपककर नीचे उतरा और मोटर के पीछे की ओर से होकर उसने पिछली सीट का दरवाज़ा खोल दिया। सुपरिंटेण्डेण्ट साहब मोटर में से निकले। हल्के सिलेटी रंग का सूट और सिर पर चुस्त सफेद पगड़ी पहने हुए थे। साहब के मोटर में से निकलते ही अर्दली भागकर बरामदे में जा पहुँचा और बैठक का दरवाज़ा खोलकर खड़ा हो गया।

सुपरिंटेण्डेण्ट साहब का जिस्म गदराया हुआ था, पर मोटा नहीं था; चाल में स्थिरता थी, दबदबा था। उन्होंने बैठक में कदम रखा। दो कालीनोंवाली, दो सोफा सेटोंवाली लम्बी-चौड़ी बैठक थी। सामने अन्दर को जानेवाले दरवाज़े पर सीताराम पहले से खड़ा था।

"कोई टेलीफोन तो नहीं आया?" साहब ने सोफे पर बैठते हुए पूछा।

"नहीं हुजूर," सीताराम ने कहा और साहब के सामने कालीन पर बैठते हुए साहब के जूतों के फीते खोलने लगा। उसने साहब के बूट उतारे। फिर बायें हाथ की हथेली पर साहब का दायाँ पैर रखकर, दूसरे हाथ से उसे दबाया, फिर पैर की पाँचों उँगलियों को एक साथ दबाया। फिर मोजा उतारकर एक-एक उँगली को धीरे-धीरे मरोड़कर उनमें से थकान निकालने लगा। यह काम घर में केवल सीताराम करना जानता था, न साहब की पत्नी और न ही रसोई का दूसरा नौकर शम्भू। साहब के जूते उतरवाने, उनके कपड़े निकालने-रखने और उनका बिस्तर लगाने का काम केवल सीताराम करता था। पत्नी तो कब की निष्क्रिय हो चुकी थी। पुराने ढंग की अनपढ़ औरत, पति की तरक्की का साथ नहीं दे पायी। ज्यादा वक़्त वह अपने कमरे में ही बनी रहती या फिर अपने मोटे शीशोंवाले मोटे चश्मे में से झाँकती, धीरे-धीरे चलती, एक कमरे में से दूसरे कमरे में निष्प्रयोजन घूमती रहती थी। पहले वही किचन चलाया करती थी, लेकिन एक दिन साहब ने उससे हिसाब लेकर नौकर के सुपुर्द कर दिया था, "अब आगे से किचन में नहीं घुसना, सीताराम तुमसे ज्यादा अच्छी तरह हिसाब रख सकता है।"

सीताराम दूसरे पैर की उँगलियाँ मरोड़ने जा ही रहा था कि साहब ने पैर झटक दिया, "जाओ, स्लीपर लाओ।"

फिर पगड़ी और कोट उतारकर सीताराम को देते हुए, स्लीपर पहन खानेवाले कमरे में मुँह-हाथ धोने चले गये।

वहाँ दूसरा नौकर पानी का जग उठाये मौजूद था। साहब हाथों पर साबुन मल रहे थे कि उनकी नज़र खूँटी पर पड़ी। जिस खूँटी पर तौलिया लटक रहा था, ऐन उसके साथवाली खूँटी पर एक नयी फ़ैल्ट टोपी लटक रही थी। ग्रे रंग की फ़ैल्ट टोपी, जिस पर काले रंग का चौड़ा फीता लगा था।

"किसकी है ?" साहब ने पूछा।

नौकर काँप गया, "छोटे साहब की है हुजूर, आज ही लाये थे, बहनजी को दिखा रहे थे।"

साहब ने चुपचाप साबुन से सना हाथ उठाया और खूँटी पर से टोपी उतारकर चिलमची में डाल दी।

"डालो पानी !" और साहब फ़ैल्ट टोपी के ऊपर अपने हाथ धोने लगे। फिर मुँह धोया, टोपी साबुनवाले पानी से तर-ब-तर होने लगी।

"इसे यहीं पड़ा रहने दो, अपने-आप उठा ले जायेगा," साहब ने हाथ पोंछते हुए कहा, "खाने का कमरा टोपियाँ टाँगने की जगह नहीं है।"

अर्दली मोटरगाड़ी में से रोज की तरह साहब का काला बक्सा निकाल ही रहा था, जब उसकी नज़र फाटक के पास डोलते हुए किसी व्यक्ति पर पड़ी। क्षण-भर के लिए अर्दली उसे देखता रहा, ब्राउन सूट और हाथ में पकड़े हैट के बावजूद अर्दली एक नज़र से ही समझ गया कि कोई फरियादी है, सरकारी अफसर नहीं। वहीं खड़े-खड़े कह दिया, "साहब इस वक़्त नहीं मिल सकते।"

आगन्तुक अन्दर बढ़ आया, "क्यों, अभी लौटे हैं क्या ?"

"अभी लौटे हैं, इस वक़्त साहब किसी से नहीं मिलते। कल सुबह दफ्तर में आ जाइए।"

आगन्तुक ने सिर हिलाया और मुसकरा दिया, "वे मेरे मित्र हैं, तुम उन्हें मेरा नाम बता दो। कहो शिवशंकर आया है।"

"वह तो ठीक है साहब, मगर हमें हुक्म है। साहब घर पर किसी से नहीं मिलते।"

आगन्तुक खिसिया गया। उसने फिर दोहराया, "वे मेरे मित्र हैं, एक बार उन्हें मेरा नाम बता दो।"

इतने में अन्दर से आवाज़ आयी, "बाहर खड़े क्या शोर मचा रहे हो ? कौन है ?"

अर्दली भागकर बैठक की ओर गया। दरवाज़े के बाहर ही खड़े-खड़े बोला,

"कोई साहब हैं, शिवशंकर साहब।"

"शिवशंकर! कौन शिवशंकर!" कहते हुए साहब बरामदे में आ गये।

"मधुसूदनजी!" आगन्तुक ने आगे बढ़कर कहा।

खिचड़ी बालों और मुरझाये अधेड़ चेहरे के पीछे लड़कपन के दिनों का चेहरा उभरने में काफी देर लगी।

"वाह शिवशंकर, तुम हो! बाहर खड़े-खड़े क्या शोर मचा रहे हो! आओ!"

"तुम्हारे अर्दली की चापलूसी कर रहा था कि मेरा नाम अन्दर ले जाये।"

"टेलीफोन करके आते तो बेहतर था। मैं घर पर नहीं मिलता तो?"

"अच्छा हुआ जो मिल गये। ..." दोनों मित्र एक-दूसरे के सामने खड़े थे, "कुछ नहीं तो बीस साल हो गये होंगे।"

"इन्हें पहचानती हो? पहचानो तो कौन हैं?" साहब ने बैठक के बीचों-बीच खड़ी अपनी पत्नी से कहा, जो कहीं से चलती हुई यहाँ पहुँच गयी थी।

पत्नी हल्के-से मुसकरायी, मानो यह वाक्य उसे रिझाने के लिए कहा गया हो। मोटे-मोटे शीशों में से देखते हुए वह इस आदमी को बिल्कुल भी पहचान नहीं पा रही थी।

"शिवशंकर है, शिवशंकर! हम दोनों एक साथ पढ़ा करते थे। शिवशंकर हमारी शादी पर भी आया था।"

पत्नी फिर भी हल्के-हल्के मुसकराती ज्यों-की-त्यों खड़ी रही।

"अच्छा, जाओ चाय भिजवा दो, मुझे जाना भी है।" कलाई की घड़ी में वक़्त देखते हुए साहब ने कहा।

पत्नी उन्हीं कदमों लौट गयी।

"भाभी दुबली हो गयी हैं।" शिवशंकर ने बड़ी आत्मीयता से कहा।

"अच्छी-भली हैं। अच्छा तुम कहो, कैसे हो?"

साहब की आव.ज़ में निकटता का भास भी था और दूरी का भी, अपनेपन का भी और अजनबीपन का भी, बराबरी का भी और बड़प्पन का भी। बड़े लम्बे प्रशिक्षण के बाद मधुसूदन यह गुण ग्रहण कर पाये थे।

..."पता नहीं कौन आया है," बड़ी बेटी अपने मँझले भाई से फुस-फुसाकर कह रही थी जो हाथ में भीगी टोपी उठाये खड़ा था, "अब गया तो और भी नाराज होंगे। मैं तो नहीं जाती।" फिर टोपी की ओर देखकर हँसती हुई बोली, "तू जाता है तो जा, डाँट खाकर लौट आना।"

"तुम लोगों के जाने की कोई जरूरत नहीं है," घर का पुराना नौकर सीताराम खाने के कमरे की ओर जाते हुए रुक गया था, "तुम मजे से अपना काम करो। वेद बाबू, टोपी खराब हो गयी। मैं देख लेता तो उठा लेता, पर उधर शम्भू काम कर रहा था।" और हँसता हुआ आगे बढ़ गया।

रसोईघर में शम्भू खानसामे की सफेद वर्दी पहन रहा था और कमर में लाल रंग की चपरास बाँध रहा था, हुक्म था कि बाहर से कोई आदमी आये, तो बाकायदा वर्दी पहनकर चाय लायी जाये।

चाय के समय घर के लोग बैठक में इकट्ठे हो जाते थे, यह नियम था। पहला प्याला साहब अकेले में पीना पसन्द करते थे, दूसरे प्याले के वक़्त एक-एक करके घर के लोग आ जाते थे और आसपास पड़ी कुरसियों पर बैठ जाते थे। पर यह भी नियम था कि चाय के वक़्त अगर कोई आदमी बाहर से आ जाये, तो घर का कोई भी आदमी बैठक में मुँह न दिखाये।

जिस वक़्त शम्भू बैरे की सफेद वर्दी पहने और लाल चपरास से मलबूस छोटे-छोटे पहियोंवाली ट्रे पर चाय का सारा सामान सजाये, धीरे-धीरे उसे सरकाता हुआ बैठक में दाखिल हुआ, उस वक़्त तक दोनों मित्र अपनी बातों में गहरे खो चुके थे।

"अरे यह तो घर का आदमी है, इतना तरद्दुद करने की क्या जरूरत थी?" साहब ने रूखी आवाज़ में कहा।

शिवशंकर अपने में खोया हुआ कहे जा रहा था, "मैं तुमसे कहूँ, मधुसूदन, इन्सान की उम्र बहुत छोटी है। ज्ञान का भण्डार कभी चुकता नहीं, पर आदमी खत्म हो जाता है। जब तक किसी विषय की जानकारी हासिल नहीं हो पाती कि मौत दरवाजा खटखटाने लगती है।"

"लो चाय पियो," साहब ने कहा और हाथ बढ़ाकर एक बिस्कुट उठाया। लेकिन शिवशंकर अपने उद्‌गारों में खोया हुआ था, "कुछ भी हो, भक्त कवियों में जो अपने को निछावर करने की भावना है, वह मन को मोह लेती है। मैं सोचता हूँ कि जिन्दगी में सच्चे सुख का यह मूल मन्त्र है—अपने को निछावर करने की भावना। अमृत-अमृत दीजे, आप हलाहल पीजे!" कहते हुए शिवशंकर की आँखें नम हो गयीं।

साहब मन-ही-मन सोच रहे थे कि शिवशंकर किस काम से मिलने आया है, शायद कोई किताब छपवाना चाहता है और उसके लिए प्रकाशक से मेरी सिफारिश करवाना चाहता है, मुमकिन है बेटे के लिए नौकरी ढूँढ़ रहा है या मुमकिन है पैसे माँगने आया है। पैसा तो मैं एक कौड़ी नहीं दूँगा।

''भक्ति की लहर बड़ा रोचक विषय है। यह मूलतः धार्मिक लहर नहीं थी मधुसूदन, मैं तो इसी नतीजे पर पहुँचा हूँ, मूलतः यह सामाजिक और राजनीतिक लहर थी, जिसकी तह में आर्थिक कारण काम कर रहे थे।...'' बातें करते हुए शिवशंकर की आवाज़ ऊँची उठने लगी थी और वह बड़े उत्साह से बोलने लगा था।

अपने नाम से सीधा सम्बोधन किया जाना साहब को अच्छा नहीं लगा। उन्होंने अपना दायाँ पैर, जिस पर से अभी-अभी मोजा उतारा गया था, उठाकर शिवशंकर की सोफा-कुरसी की बाँह पर, शिवशंकर के हाथ के पास ही रख दिया। शिवशंकर ने ध्यान नहीं दिया।

''किसी विचारक ने लिखा है कि कृषि-प्रधान देशों में राजनीतिक और आर्थिक आन्दोलन सदा धार्मिक रूप लेते हैं, यह बिल्कुल ठीक बात है, भक्ति आन्दोलन भी ऐसा ही था।...''

''आजकल क्या तलब मिलती है, शिवशंकर?'' मधुसूदन ने बीच में बात काटकर पूछा। शिवशंकर के विचारों का ताँता क्षण-भर के लिए लड़खड़ा गया, पर उसने विशेष ध्यान नहीं दिया।

''भगवान् की दया है, मधुसूदन! गुजर चल जाती है। 'मैं भी भूखा ना रहूँ, साधु न भूखा जाय' वाली स्थिति है। हाँ, तो मैं कह रहा था, तुमने भी तो इतिहास में एम.ए. किया था...''

''फिर भी क्या मिलता है? प्राइवेट कॉलेजोंवाले क्या देते होंगे?'' साहब ने कहा और सोफे पर आराम से बैठते हुए अपना दूसरा पैर भी उठाकर शिवशंकर की कुरसी की बाँह पर रख दिया। ''कोई किताब लिख रहे हो क्या?'' साहब ने उपेक्षा से पूछा।

''तुम्हें वह दिन याद है मधुसूदन, जब कपूर रोड के बाग में हम जिन्दगी के मनसूबे बना रहे थे,'' शिवशंकर ने पच्चीस बरस पहले की किसी स्मृति को उघाड़ते हुए कहा, ''तुम उन दिनों खादी पहना करते थे और तुमने कहा था कि चलो देश-सेवा का काम करें...''

बरसों पहले की बात थी, जब मधुसूदन और शिवशंकर कॉलेज में पढ़ा करते थे और मधुसूदन ने अभी सरकारी नौकरी में कदम नहीं रखा था। मधुसूदन ने वितृष्णा से शिवशंकर की ओर देखा, मानो वह अभी तक यौवन की बचकाना भूलभुलैया में फँसा हो, जिसमें से वह कब के निकल चुके हैं। उन्होंने फिर एक बार कलाई पर बँधी घड़ी की ओर देखा था और शिवशंकर की ओर से मुँह फेर लिया।...

बाइस बरस की उम्र तक मधुसूदन ने यौवनोचित सभी स्वप्न देखे थे। एम.ए. पास करने के बाद कुछ देर तक वह डोले भी, फिर प्रतियोगिता में बैठे और कामयाब हो गये। प्रान्तीय प्रशासन में भरती होते ही सभी अनिश्चितताएँ खत्म हो गयीं और जीवन में स्थिरता आ गयी। पहले छः महीने के अन्दर-ही-अन्दर शरीर और मन सरकारी अफसरी के साँचे में ढलने लगा, जिस्म में चुस्ती आ गयी, गर्दन में तनाव आया, लोग कुछ दूर-दूर तक नज़र आने लगे, कुछ छोटे-छोटे नज़र आने लगे, शेव हर वक़्त बना, बूट हर वक़्त चमचमाते रहे। मधुसूदन तब जवान थे, चेहरे पर जवानी की लुनाई थी, हँसते तो सरलता झलकती थी, लगता अफसरी का खेल खेल रहे हैं। आध्यात्मिक सवाल, राजनीतिक सवाल, अच्छे और बुरे के प्रश्न तो मन में से यों झर गये, जैसे नयी कोंपलें निकलने से पहले सूखे पत्ते पेड़ पर से झर जाते हैं। नयी कोंपलें जो खिलीं, तो तरक्की-तबादले की, कामकाजी दक्षता की, रोब-दाब और डील-डौल की। जिन्दगी नशे की झोंक में बीतने लगी। धीरे-धीरे नौकरी में गहरे उतरने लगे, तथ्यों की पकड़ मजबूत होने लगी, बड़ी दक्षता से फाइल निबटा देते, सरकारी काम के अभ्यस्त होने लगे, अफसरों को कैसे खुश रखें, मातहतों की लगाम कैसे खिंची रखें, पब्लिक के साथ कैसे पेश आयें··· अड़चनें थीं, झमेले थे जरूर, लेकिन वे बहुधा तरक्की और तबादले के ही झमेले थे। एकाध-बार क्वार्टर के बारे में भी अड़चन उठी थी, वह दो बेडरूमवाले क्वार्टर के हकदार थे, जबकि उन्हें डेढ़ बेडरूमवाला क्वार्टर दिया गया था। लेकिन ये बड़ी मामूली अड़चनें थीं, जन-जीवन में आये दिन तूफान उठते, सामाजिक भी, राजनीतिक भी, लेकिन मधुसूदन इनमें से यों बेदाग निकल जाते जैसे झील की सतह पर राजहंस तैरता हुआ निकल जाता है। और अब तो पच्चीस बरस की सर्विस पूरी हो चुकी थी। दफ्तर का समय, घर का समय, क्लब का समय—सब बँध गये थे, द्विविधा किसी बात की भी नहीं रही थी। कभी रात को सोये, तो किसी आवाज़ ने दिल पर दस्तक देकर जगाया नहीं, यह पूछने के लिए कि मधुसूदन, तुम्हें जिन्दगी में पछतावा तो किसी बात का नहीं कि जिन्दगी में तुम कुछ कर नहीं पाये, सीख नहीं पाये, किसी रास्ते जाना चाहते थे, जा नहीं पाये। इसलिए आज जब शिवशंकर पुरानी बातें ले बैठा, तो उन्हें झुँझलाहट-सी हुई और वह बार-बार घड़ी देखने लगे।

"मधुसूदन!" सहसा बाहर से आवाज़ आयी, "क्यों रे, साहब हैं घर पर?" बरामदे से बोझिल कदमों की आवाज़ आयी। हाथ में छड़ी लिये और सिगार के कश लगाते हुए अपनी अधेड़ उम्र के बावजूद चुस्त-दुरुस्त सूट डाटे कपूर

साहब दाखिल हुए।

''क्लब नहीं चलोगे ?''

''चलेंगे। मुझे एक टेलीफोन का इन्तजार है, वह आ जाये तो चलते हैं। चाय पियोगे ?''

''नहीं, पी आया।''

मधुसूदन ने अपने मित्र का परिचय कपूर साहब से नहीं कराया।

''कुछ सुना ? दत्ता ने मिल-मिलाकर अपना तबादला मन्सूख करवा लिया है।'' कपूर साहब ने खड़े-खड़े कहा।

''अच्छा ! तुमसे किसने कहा ?''

''यह गहरी चाल है। उसकी नज़र किसी दूसरी चीज़ पर है।''

''मैं तो सोचता हूँ बेवकूफ है परले दरजे का। हैडक्वार्टर में जाता तो कुछ लाभ भी था, पचास रुपये सिटी एलाउन्स ज्यादा, बँगले का किराया आधे से ज्यादा सरकार देती है, ढाई-तीन सौ रुपये कार-एलाउन्स मिल जाता है।''

''वह बेवकूफ नहीं है, बड़ा समझदार है। उसकी सर्विस के कितने साल बाकी होंगे ?''

''जितने मेरे हैं, उतने ही उसके भी हैं, हम दोनों की सर्विस में दो घण्टे का ही तो फर्क है।''

''उसकी नज़र किसी दूसरी चीज़ पर है। मैं सोचता हूँ वह दूर की सोच रहा है।''

बात काँटे की तरह मधुसूदन को चुभ गयी। यह चुभन बहुत पुरानी थी, जब कभी दत्ता की बात उठती, तो यह चुभन कलेजा छीलने लगती।

''अब वह नहीं जा रहा, तो सरकार तुमसे पूछेगी। अगली बारी तो तुम्हारी है।''

''ऐसी भेद की बात कोई नहीं जैसी तुम समझ रहे हो। मुझसे पूछा गया तो मैं चला जाऊँगा।''

''वाह, वह इनकार करे और तुम चले जाओ ! जग-हँसाई होगी। लोग पहले से यही कहते हैं कि जिस चीज को दत्ता फेंक देता है, उसे मधुसूदन उठा लेता है।''

''क्यों, मुझे उसकी क्या पड़ी है ? जिसमें मुझे फायदा नज़र आये, मैं करूँगा।''

''क्या मालूम वह तुम्हें ही यहाँ से भिजवाना चाहता हो। तुम जाओ और वह चीफ बने। गुरुदयाल जून में रिटायर भी तो हो रहा है।''

"बन जाये, अगर बनता है तो बने।"

कपूर साहब चुप हो गये। वह समझ गये कि मधुसूदन चुप नहीं बैठा है। अपने दाँव अच्छी तरह से खेल रहा है। क्या मालूम, इसी ने दत्ता का तबादला रुकवा दिया हो। है तो चण्ट!

"तुम्हें मेरा परचा मिल गया था?"

"हाँ, आज सुबह मिला। मैंने चिट्ठी पर दस्तखत करके तुम्हें भेज दी थी। तुम्हें नहीं मिली?"

"मिल तो गयी है, लेकिन तुम्हें मेरा परचा आज सुबह क्यों मिला? मैंने तो कल दोपहर को ही भेज दिया था।" मधुसूदन उद्विग्न हो उठे और उन्होंने वहीं बैठे-बैठे अर्दली को आवाज़ लगायी।

अर्दली ने अन्दर पहुँचकर सलाम किया।

"कपूर साहब के नाम जो परचा मैंने तुम्हें दिया था वह तुमने कब पहुँचाया?"

अर्दली ने हाथ बाँध दिये, "हुजूर, आज सुबह दिया था। कल शाम को पेट में दर्द उठा साहब! मैं नहीं जा पाया।"

"दर्द के बच्चे! कल का परचा आज क्यों दिया?"

अर्दली हाथ बाँधे जमीन की ओर देखने लगा।

"दर्द हो उठा था तो तुम किसी और को नहीं भेज सकते थे?" अर्दली फिर भी चुप रहा। फिर धीरे-से बोला, "हुजूर, उस वक़्त हैडक्लर्क के सिवा दफ्तर में कोई नहीं था।"

"तो उससे ही कह दिया होता। इस तरह तुम लोग काम करते हो? अगर फिर ऐसा हुआ तो लात मारकर बाहर निकाल दूँगा।"

अर्दली ज्यों-का-त्यों सिर झुकाये खड़ा रहा।

"दफा हो जा यहाँ से, अब खड़ा मेरा मुँह क्या देख रहा है!"

ऐन उसी वक़्त टेलीफोन की घण्टी बजी। सीताराम चोंगा उठाने के लिए भागता हुआ खानेवाले कमरे की ओर आया। टेलीफोन साहब के कमरे में था।

"हुजूर का है, लाट साहब की कोठी से आया है।"

मधुसूदन लपककर उठे और उन्होंने सीताराम के हाथ से चोंगा लेकर बीच का दरवाजा बन्द कर दिया।

कपूर साहब सोफे पर बैठ गये और शिवशंकर की ओर देर तक देखते रहे। फिर हँसकर बोले, "बड़ा पहुँचा हुआ आदमी है यह हमारा दोस्त!" वह मन-ही-मन कयास लगा रहे थे कि टेलीफोन किस सिलसिले में आया होगा।

शिवशंकर की ओर से कोई जवाब न पाकर बोले, ''बस, अब जाड़ा खत्म हुआ साहब, कुछ ही दिनों में लू चलने लगेगी।''

मधुसूदन पसीना पोंछते हुए बाहर निकले। बड़े गम्भीर लहजे में बोले, ''हिज़ एक्सेलेन्सी खुद बोल रहे थे।''

वाक्य का असर कपूर साहब की अन्तड़ियों तक हुआ। गवर्नर स्वयं मधुसूदन को टेलीफोन करे और वह भी घर पर! कपूर का तन-बदन ईर्ष्या से जल उठा।

सीताराम बैठक में से निकलते ही भागकर मँझले बेटे के कमरे में गया और पर्दा उठाकर बोला, ''बड़े साहब को लाट साहब ने टेलीफोन किया है। सच!'' फिर यह खबर बड़ी बेटी को भी सुनायी। मँझला बेटा कूदकर खड़ा हो गया और भागता हुआ बहनों के कमरे में गया, बड़े भाई की पत्नी को खबर सुनायी। उत्तेजना की लहर एक कमरे से दूसरे कमरे में दौड़ने लगी।

''कोई जरूरी काम होगा?'' कपूर ने टोहते हुए पूछा।

''कान्फ्रेंस के इन्तजाम के बारे में था।''

थोड़ी देर बाद मधुसूदन फिर सूट-बूट पहन क्लब की ओर रवाना हो गये। शिवशंकर गेट तक उनके साथ गया। वहाँ पर मधुसूदन ने घूमकर शिवशंकर की ओर देखा और हाथ बढ़ाकर सरसरे ढंग से छुट्टी ली।

''हम तो इधर जा रहे हैं। कभी-कभी मिलते रहा करो, शिवशंकर!''

साहब के क्लब की ओर जाते ही मँझला बेटा अपने साथी को लेकर अपने क्लब की ओर रवाना हो गया। हिज़ एक्सेलेन्सी बाबूजी को टेलीफोन करें और वह घर पर बैठा रहे, नामुमकिन था। उस दिन रात गये तक इसी बात की चर्चा घर में चलती रही।

जो सड़क बस-स्टॉप के पास से बायीं ओर को घूमकर सीधी कृष्णगंज की ओर चली गयी है, उसी पर एक मटमैला-सा दो-मंजिला मकान है। फाटक में से अन्दर दाखिल होने पर एक छोटा-सा आँगन है, जिसमें बायीं ओर एक छोटा-सा गराज बना लिया गया है। लेकिन गराज में मोटर नहीं है। घर पर मुद्दत से पुताई नहीं हुई है। गराज के पीछे ऊपर जानेवाली सीढ़ियों का दरवाज़ा है। इस दरवाज़े की साँकल कभी बन्द नहीं हो पाती, दरवाज़े को खोलो तो फर्श के साथ घिसटता है। दरवाजे में दो टेढ़ी दरारें पड़ चुकी हैं। खिड़कियों और दरवाज़ों का रंग फीका पड़ चुका है। आँगन में कोई पौधे नहीं, फाटक के पास एक झाड़ी है,

जो अपने-आप उग आयी है। अनेक बरसातों का पानी दीवारों पर अपनी रेखाएँ बनाता हुआ, कहीं पतली धार के रूप में. तो कहीं घनघोर परनाले के रूप में, अपनी लीकें छोड़ गया है। बायीं ओर दीवार ऊपर से काली पड़ चुकी है। नीचे की मंजिल के एक कमरे में बैठक है। वहाँ कालीन बिछा है, सोफा सेट रखा है, एक शीशेवाली ऊँची अलमारी भी है, लेकिन सभी पर चादरें बिछी हैं। कभी-कभी शाम के वक़्त उसमें रोशनी नज़र आती है वरना आमतौर पर घर के केवल एक ही कमरे में—ऊपर की मंजिल में बायें हाथवाले कमरे में रात को रोशनी रहती है।

'प्रगतिशील' रेस्तराँ का बैरा कन्धे पर साफ नेप्किन से ढकी थाली उठाये, दिन के बारह बजे की चिलचिली धूप में इस मकान के अन्दर दाखिल हुआ। गराज लाँघकर उसने सीढ़ियोंवाले दरवाजे को धकेला। दरवाजा घिसटने की आवाज़ हुई। ऊपरवाले कमरे में आरामकुर्सी में ऊँघते मधुसूदन की नींद टूट गयी। जेब से रूमाल निकालकर उन्होंने अपने होंठ पोंछे, जिनके एक कोने में से बहती हुई लार उनके कुर्ते पर गिरती रही थी। उन्होंने होंठ तो पोंछ लिये, लेकिन कपड़ों तक उनकी नज़र नहीं गयी।

मधुसूदन की देह बहुत-कुछ शिथिल पड़ चुकी है। गर्दन पर पीछे की ओर मांस का एक बड़ा-सा लोथड़ा उभरा रहता है। गालों का मांस भी लटक आया है, जिससे उनकी सूरत थके हुए बूढ़े शेर-जैसी लगती है।

मधुसूदन की पत्नी बरसों पहले मर चुकी है। दोनों बेटियों के ब्याह हो चुके हैं, एक नागपुर में रहती है, दूसरी कलकत्ता में। बड़ा बेटा वकील है, इसी शहर में रहता है। कभी-कभी पत्नी की घुड़कियों के बावजूद बाप से मिलने आ जाता है। मँझला बेटा फौज में है और आजकल नेपाल में है। छोटा बेटा जंगलात के महकमे में अफसर है और आजकल देहरादून में है।

रेस्तराँ का बैरा दहलीज़ पर पहुँचा।

"सलाम हुजूर!" उसने फौजी ढंग से सलाम किया और मुसकरा दिया। वह जानता था कि साहब को सलाम पसन्द है।

मधुसूदन ने सिर हिलाया, उसी तरह जिस तरह बरसों पहले चपरासियों, अर्दलियों, नौकरों के सलाम करने पर सिर हिला दिया करते थे।

नियमानुसार बैरे ने भोजन की थाली मेज पर रखी, फिर कोने में से तिपाई उठाकर कमरे के बीचोंबीच साहब की आरामकुरसी के सामने रख दी।

"पहले हाथ नहीं धुलायेगा बदजात, रोज भूल जाता है।" मधुसूदन ने भभककर कहा।

"भूल गया हुज़ूर !" बैरे ने सलाम करके कहा और मुसकराता हुआ पानी लेने चला गया ।

हाथ-मुँह धोने के बाद, साहब ने आगे झुककर लुकमा तोड़ा । "आज फिर मिर्च बहुत डाली है, ससुरे, मालिक से कह दे, कौड़ी एक नहीं दूँगा ।"

बैरा हँस दिया, "एक पैसा भी न दीजिए हुज़ूर, वह बड़ा खानसामा, बहुत चोर आदमी है, वही डाल देता है ।"

मधुसूदन खाना खा रहे थे, जब होटल का बैरा बरामदे में बैठकर साहब के बूट पॉलिश करने लगा । यह भी रोज का नियम था ।

"बूट नया खरीदिए साहब, यह बूट अब पुराना पड़ गया है ।" बैरे ने बाहर बैठे-बैठे, बूट पर ब्रुश चलाते हुए कहा ।

"इसे तू लेना चाहता है ? तेरी नज़र है इस पर ? ससुरे, सीधे क्यों नहीं कहता, तुम सभी लोग चोर हो ।"

बैरा मुसकरा दिया, "फट रहा है साहब, एड़ियाँ घिस गयी हैं ।"

"फट रहा है तो तेरे बाप का है, तुझे क्या ? बहुत बक-बक मत कर । अपना काम देख ।"

रेस्तराँ का नौकर हँस दिया और सिर झुकाकर बूट पर ब्रुश करता रहा । मधुसूदन लुकमा चबाते हुए अपनी नमदार, धूमिल-सी आँखों से बाहर की ओर देखते रहे ।

"क्या तलब मिलती है ?" नया लुकमा तोड़ते हुए साहब ने पूछा । यह सवाल हर तीसरे-चौथे दिन वह पूछ लिया करते थे ।

"पैंतीस रुपये, जनाब !"

"ऊपर से भी बनाता होगा, दो-चार रुपये रोज बना लेता होगा । ससुरे, तुम सब चोर हो ।"

बैरा हँस दिया ।

"कितने दिन से इस होटल में काम कर रहा है ?"

"चार बरस हो गये, साहब !"

"इससे पहले कहाँ था ?"

"कानपुर में था, जनाब ! वहाँ भी एक होटल में काम करता था ।"

"वहाँ से क्यों भाग आया ? कोई चोरी-वोरी की होगी ?"

अब की बार बैरा चुप रहा । आये-दिन एक ही बात पर घिसट-घिसट कौन करे !

साहब ने खाना खत्म किया, बैरे ने बर्तन उठाये, दहलीज पर खड़े हो सलाम

किया और सीढ़ियाँ उतरने लगा, लेकिन क्षण-भर बाद ही भागता हुआ लौट आया, ''साहब, वे फिर इश्तहार लगा रहे हैं !''

मधुसूदन गुर्राकर उठ खड़े हुए, कोने में से छड़ी उठायी, जूते पहने और पाँव घसीटते नीचे की ओर जाने लगे ।

''दो-एक की टाँगें टूटेंगी तभी सीधे होंगे, बदज़ात ! दो मिनट भी चैन नहीं लेने देते ।''

बैरा उनके आगे-आगे भागकर सीढ़ियाँ उतर गया । जब मधुसूदन नीचे पहुँचे, तो वह हाँफ़ता हुआ उनके पास आया, ''निकल गये हैं साहब, भाग गये हैं । यह देखिए इश्तहार लगा हुआ है ।''

इश्तहार सचमुच लगा था । पीले रंग का, श्री सनातन धर्म सभा के वार्षिकोत्सव का इश्तहार था । मधुसूदन दीवार के पास गये और छड़ी उठाकर इश्तहार को नोच-नोचकर उतारने लगे ।

आये-दिन दीवार पर कोई-न-कोई शैतान इश्तहार लगा जाता था और मधुसूदन इस बात को बरदाश्त नहीं कर सकते थे । इसे रोकने के लिए वह पुलिस-दफ्तर को भी लिख चुके थे, दो-एक धमकी की चिट्ठियाँ उन फर्मों को भी लिख चुके थे, जिनके इश्तहार वहाँ चस्पाँ किये गये थे, मगर इश्तहार लगने बन्द नहीं हुए थे । दिन में एकाध बार मधुसूदन को जरूर छड़ी उठाकर उनके पीछे लपकना पड़ता था ।

इश्तहार का नीचे का हिस्सा तो फट गया, लेकिन ऊपर तक छड़ी की नोक नहीं पहुँच पायी । साहब ने दो-एक बार पंजों के बल उचककर उसे फाड़ने की कोशिश की, मगर देह बोझिल हो रही थी और खाना खा चुकने के बाद उछलना और भी मुश्किल था । छड़ी बैरे के हाथ में देते हुए वह बोले, ''ले तू उतार दे । अभी उतारेगा तो उतर जायेगा, बाद में चिपक जाने पर नहीं उतरेगा । शाबाश, ले उतार दे ।''

बैरे से वह प्यार से बोले ताकि वह इश्तहार उतारने के पैसे न माँग ले ।

इसके कुछेक मिनट बाद मधुसूदन अपने पलँग पर लेटे हुए थे और दूसरी बार सुबह का अखबार बाँच रहे थे । दिन में घण्टे-भर के लिए सोने की उनकी पुरानी आदत थी । खबरों पर दूसरी बार तैरती नजर डालते हुए वह तीसरे पन्ने पर पहुँचे ही थे कि उनकी आँखें मुँदने लगीं और वह गहरी नींद में खोने लगे ।

जब सोकर उठे तो ढाई बज रहा था । सोने के बाद भी आँखें टेढ़ी-सी खुली थीं, बायीं कनपटी पर खिचड़ी बालों की छोटी-सी लट चिपकी हुई थी और वह मुँह से ऊँची-ऊँची साँस ले रहे थे ।

कुछ देर बाद मधुसूदन पलँग पर से उतरे और मेज के सामने आकर बैठ गये । मेज पर दायीं ओर एक टेबल-डायरी रखी थी, बीच में दो बॉल-प्वॉइण्ट पेन्सिलोंवाला कलमदान रखा था, जिसे नव वर्ष के अवसर पर किसी व्यापारिक फर्म ने उनके बेटे को उपहार-स्वरूप भेजा था और बेटे ने बाप को भेंट कर दिया था । दूसरी ओर चिट्ठियाँ रखनेवाला पैड था ।

इंजीनियर मधुसूदन ने मेज का दराज खोला, एक बड़े आकार का लिफाफा निकाला, उसे खोला, उसमें से लम्बे-लम्बे दो कागज निकाले । उन कागजों को देर तक देखते एक-दूसरे से मिलाते रहे । डालमिया सीमेण्ट कम्पनी के पचास शेयरों पर भेजा गया डिविडेण्ट वारण्ट था । पिछले साल भी नवासी रुपये डिविडेण्ट आया था । अबकी बार भी नवासी रुपये डिविडेण्ट आया था । मधुसूदन ने मेज पर से डायरी उठायी और उसमें डिविडेण्ट वारण्ट की तफसील दर्ज कर दी । फिर कागजों को तहकर और लिफाफे में डाल, दराज के अन्दर दायीं ओर करीने से रख दिया । इसके बाद उन्होंने बैंक की पासबुक निकाली । 'प्रगतिशील' रेस्तराँवालों ने एक सौ पच्चीस रुपये का चेक भुना लिया था । पेंशन के तीन सौ बावन रुपये जमा हो चुके थे । कुल जमा रकम इस वक्त बारह सौ तेइस रुपये थी । देखकर मधुसूदन को हल्की-सी गरमाइश मिली । जो घर की शादियों के लिए पेंशन कम्यूट न करवायी होती, तो पेंशन इस वक्त चार सौ पच्चीस रुपये बनती । मधुसूदन की आँखों के सामने उनमें से एक शादी का दृश्य घूम गया । पुलिस का बैण्ड बज रहा था, स्टैण्डर्ड रेस्तराँ के बैरे दौड़-दौड़कर अतिथियों को भोजन करा रहे थे और हुजूर गवर्नर साहब कुछ मिनटों के लिए मुबारक देने आये थे ।

मधुसूदन ने पासबुक बन्द कर दी और उसे भी दराज में अपनी जगह पर रख दिया । दराज में बायीं ओर बिजली के बिल, पानी के बिल, प्रापर्टी टैक्स के सालाना बिल, अलग-अलग नत्थी किये उसी क़रीने से रखे थे, जिस क़रीने से किसी जमाने में उनके दफ्तर में फाइलें रखी जाती थीं । इन बिलों या हिसाब-किताब की चिट्ठियों के अलावा घर में कागज का पुर्जा न था, न कोई पुराना खत, न कोई यादगारी चिट्ठी ।

मधुसूदन ने दराज बन्द कर दिया और पैड उठाकर बड़ी बेटी को चिट्ठी लिखने लगे—

"तुमने लिखा है कि अबकी छुट्टियों में तुम कश्मीर जा रही हो । छोटी ने भी लिखा है कि उसके ससुराल में किसी की शादी है, वह दहेज बनाने में लगी है, अबकी बार नहीं आ पायेगी । ··· मेरे दिन कट रहे हैं, सुबह घूमने चला जाता हूँ

और शाम को कपूर के घर ब्रिज खेलने । ··· आसपास अभी तक कोई काम का आदमी नहीं आया । बस्ती क्लर्कों, दूकानदारों और ठेकेदारों से भरी पड़ी है । विशनदास रिटायर्ड सुपरिंटेण्डैण्ट इंजीनियर ने कहा तो था कि यहीं पर मेरे नजदीक ही किराये का मकान लेकर रहेगा, लेकिन उसने अपने बेटे के साथ रहने का तय कर लिया है ··· ''

मधुसूदन मेज पर से उठे, पलँग पर से फिर अखबार उठाया और आरामकुरसी पर बैठ गये और दो ही मिनट बाद अखबार को फिर से तिपाई पर रखकर जम्हाई लेकर बाहर छज्जे पर आकर खड़े हो गये ।

चार से पाँच बजे तक का वक़्त घोर नरक काटने के समान था । एक-एक मिनट काटे नहीं कटता था । छज्जे की छोटी-सी दीवार पर कोहनियाँ टिकाये वह बाहर शून्य में देखने लगे । दोपहर की धूप—लगता था कभी दीवारों पर से नहीं उतरेगी । मधुसूदन की आँखें सूजे हुए गूमड़ों और घनी भौंहों के बीच कभी दायीं ओर, तो कभी बायीं ओर ताकने लगतीं । दायीं ओर नीचे चाय की दूकान पर इक्का-दुक्का आदमी आकर बैठने लगे थे । बायीं ओर से तीन मज़दूरिनें गाती हुई और एक-दूसरी से छीना-झपटी करती हुई आ रही थीं । बीचवाली मज़दूरिन का पल्ला खींचती हुई बाकी दो मज़दूरिनें उसे चाय की दूकान की ओर धकेल रही थीं ।

मधुसूदन दीवार पर से कोहनियाँ हटाकर अन्दर गये और थोड़ी देर बाद फिर छज्जे पर आकर खड़े हो गये ।

सामनेवाले घर में से किसी क्लर्क की पत्नी अपनी दो साल की बेटी को सजा-धजाकर पुरानी बग्घी में बिठाकर कहीं ले जा रही थी ।

दायीं ओर स दो लड़के, एक-दूसरे के गले में बाँहें डाले, टहलते, मसखरियाँ करते हुए आ रहे थे । मधुसूदन के घर के सामने पहुँचकर दोनों खड़े हो गये और फाटक पर लगा बोर्ड पढ़ने लगे—

''राय साहब मधुसूदनलाल ··· ''एक ने पढ़ा, फिर रुक गया । ''यह रेटड क्या होता है ?'' उसने अपने साथी से ऊँची आवाज़ में पूछा । ''आर ··· ई ··· टी ··· डी ··· , रेटड !'' फिर दोनों की नज़र छज्जे की ओर उठ गयी, जहाँ मधुसूदन कोहनियाँ टिकाये खड़े थे ।

''सूअर का बच्चा, ऊपर क्या देखता है !'' मधुसूदन भभककर बोले ।

दोनों लड़के झट-से एक-दूसरे के गले में बाँहें डाल भाग खड़े हुए । फिर उनमें से एक ठहाका मारकर हँसा और अपने साथी की ओर देखकर चिल्लाया, ''सूअर का बच्चा, ऊपर क्या देखता है !'' और भागने लगा । ''सूअर का

बच्चा ! ओ सूअर के बच्चे !" दूसरे ने पीछे से कहा और अपने साथी के पीछे भागकर जाने लगा । देर तक दूर से लड़कों के वाक्य दोहराने की आवाज़ें आती रहीं ।

शाम के छः बजे मधुसूदन उद्विग्न-से कमरे में टहल रहे थे और बार-बार कलाई पर बँधी घड़ी की ओर देख रहे थे । कपूर अभी तक नहीं आये थे । मधुसूदन एक-एक मिनट गिन रहे थे । कपूर के आने की आशा टूटती जा रही थी । कमरे में टहलते हुए वह बार-बार छज्जे पर जा खड़े होते, घड़ी देखते और फिर कमरे में आ जाते ।

छः बजकर बीस मिनट हो गये थे । शाम पड़ गयी थी और कपूर नहीं आये थे । मधुसूदन खीज मिटाने के लिए पीठ पर हाथ बाँधे कुछ देर तक कमरे में टहलते रहे, फिर आरामकुरसी पर बैठ गये और दिन में चौथी बार अखबार उठा लिया । बड़ी-बड़ी खबरों की सुर्खियाँ फिर एक बार देखीं, फिर खीजकर उसे फर्श पर पटक दिया ।

मधुसूदन उठे और मेज का दराज खोला और उसमें से पुराना ताश का डिब्बा उठा लाये ।

"अगर नहीं आना था तो खबर ही कर देता ।"

आरामकुरसी पर बैठकर उन्होंने ताश के पत्ते निकाले और तिपाई पर बिछाने लगे । एक-एक करके सात पत्ते उलटे बिछाये गये, फिर एक पत्ते पर सीधा पत्ता रखा और बाकी छः पर उलटे । काले गुलाम के नीचे रखने के लिए लाल दहला भी निकल आया था । मधुसूदन की बूढ़ी उँगलियाँ एक-एक करके पत्तों को उठाने और पेशेन्स के खेल के मुताबिक अपनी-अपनी जगह पर रखने लगीं ।

अमृतसर आ गया है...

गाड़ी के डिब्बे में बहुत मुसाफिर नहीं थे । मेरे सामनेवाली सीट पर बैठे सरदारजी देर से मुझे लाम के किस्से सुनाते रहे थे । वह लाम के दिनों में बर्मा की लड़ाई में भाग ले चुके थे और बात-बात पर खी-खी करके हँसते और गोरे फौजियों की खिल्ली उड़ाते रहे थे । डिब्बे में तीन पठान व्यापारी भी थे, उनमें से एक हरे रंग की पोशाक पहने ऊपरवाली बर्थ पर लेटा हुआ था । वह आदमी बडा हँसमुख था और बड़ी देर से मेरे साथवाली सीट पर बैठे एक दुबले-से बाबू

के साथ उसका मज़ाक चल रहा था । वह दुबला बाबू पेशावर का रहनेवाला जान पड़ता था क्योंकि किसी-किसी वक्त वे आपस में पश्तो में बातें करने लगते थे । मेरे सामने दायीं ओर कोने में, एक बुढ़िया मुँह-सिर ढाँपे बैठी थी और देर से माला जप रही थी । यही कुछ लोग रहे होंगे । सम्भव है दो-एक और मुसाफिर भी रहे हों पर वे स्पष्टतः मुझे याद नहीं ।

गाड़ी धीमी रफ्तार से चली जा रही थी, और गाड़ी में बैठे मुसाफिर बतिया रहे थे और बाहर गेहूँ के खेतों में हल्की-हल्की लहरियाँ उठ रही थीं, और मैं मन-ही-मन बड़ा खुश था क्योंकि मैं दिल्ली में होनेवाला स्वतन्त्रता-दिवस समारोह देखने जा रहा था ।

उन दिनों के बारे में सोचता हूँ, तो लगता है, हम किसी झुटपुटे में जी रहे थे । शायद समय बीत जाने पर अतीत का सारा व्यापार ही झुटपुटे में बीता जान पड़ता है । ज्यों-ज्यों भविष्य के पट खुलते जाते हैं, यह झुटपुटा और भी गहराता चला जाता है ।

उन्हीं दिनों पाकिस्तान के बनाये जाने का ऐलान किया गया था और लोग तरह-तरह के अनुमान लगाने लगे थे कि भविष्य में जीवन की रूपरेखा कैसी होगी । पर किसी की भी कल्पना बहुत दूर तक नहीं जा पाती थी । मेरे सामने बैठे सरदारजी बार-बार मुझसे पूछ रहे थे कि पाकिस्तान बन जाने पर जिन्ना साहिब बम्बई में ही रहेंगे या पाकिस्तान में जाकर बस जायेंगे, और मेरा हर बार यही जवाब होता—बम्बई क्यों छोड़ेंगे, पाकिस्तान में आते-जाते रहेंगे, बम्बई छोड़ देने में क्या तुक है । लाहौर और गुरदासपुर के बारे में भी अनुमान लगाये जा रहे थे कि कौन-सा शहर किस ओर जायेगा । मिल बैठने के ढंग में, गप-शप में, हँसी-मज़ाक में कोई विशेष अन्तर नहीं आया था । कुछ लोग अपने घर छोड़कर जा रहे थे जबकि अन्य लोग उनका मज़ाक उड़ा रहे थे । कोई नहीं जानता था कि कौन-सा कदम ठीक होगा और कौन-सा गलत ! एक ओर पाकिस्तान बन जाने का जोश था तो दूसरी ओर हिन्दुस्तान के आज़ाद हो जाने का जोश । जगह-जगह दंगे भी हो रहे थे, और योम-ए-आज़ादी की तैयारियाँ भी चल रही थीं । इस पृष्ठभूमि में लगता, देश आज़ाद हो जाने पर दंगे अपने-आप बन्द हो जायेंगे । वातावरण के इस झुटपुटे में आज़ादी की सुनहरी धूल-सी उड़ रही थी और साथ-ही-साथ अनिश्चय भी डोल रहा था, और इसी अनिश्चय की स्थिति में किसी-किसी वक्त भावी रिश्तों की रूपरेखा झलक दे जाती थी ।

शायद जेहलम का स्टेशन पीछे छूट चुका था जब ऊपरवाली बर्थ पर बैठे

पठान ने एक पोटली खोल ली और उसमें से उबला हुआ मांस और नान-रोटी के टुकड़े निकाल-निकालकर अपने साथियों को देने लगा । फिर वह हँसी-मज़ाक के बीच मेरी बगल में बैठे बाबू की ओर भी नान का टुकड़ा और मांस की बोटी बढ़ाकर खाने का आग्रह करने लगा था, ''खा ले, बाबू, ताकत आयेगी । हम-जैसा हो जायेगा । बीवी भी तेरे साथ खुश रहेगी । खा ले दालखोर, तू दाल खाता है इसलिए दुबला है ...''

डिब्बे में लोग हँसने लगे थे । बाबू ने पश्तो में कुछ जवाब दिया और फिर मुस्कराता सिर हिलाता रहा ।

इस पर दूसरे पठान ने हँसकर कहा, ''ओ जालिम, अमारे आथ से नईं लेता ए तो अपने आथ से उठा ले । खुदा कसम बर का गोश्त ए, और किसी चीज का नईं ए ।''

ऊपर बैठा पठान चहककर बोला, ''ओ खंजीर के तुख्म, इधर तुमें कोन देखता ए ? हम तेरी बीवी को नईं बोलेगा । ओ तू अमारे साथ बोटी तोड़ । हम तेरे साथ दाल पियेंगा ...''

इस पर कहकहा उठा, पर दुबला-पतला बाबू हँसता, सिर हिलाता रहा और कभी-कभी दो शब्द पश्तो में भी कह देता ।

''ओ कितना बुरा बात ए अम खाता ए, और तू अमारा मुँह देखता ए ...'' सभी पठान मगन थे ।

''यह इसलिए नहीं लेता कि तुमने हाथ नहीं धोये हैं ...'' स्थूलकाय सरदारजी बोले और बोलते ही खी-खी करने लगे । अधलेटी मुद्रा में बैठे सरदारजी की आधी तोंद सीट के नीचे लटक रही थी—तुम अभी सोकर उठे हो और उठते ही पोटली खोलकर खाने लग गये हो, इसीलिए बाबूजी तुम्हारे हाथ से नहीं लेते, और कोई बात नहीं । और सरदारजी ने मेरी ओर देखकर आँख मारी और फिर खी-खी करने लगे ।

''मांस नईं खाता ए, बाबू तो जाओ जनाना डिब्बे में बैठो, इधर क्या करता ए ?'' फिर कहकहा उठा ।

डिब्बे में और भी अनेक मुसाफिर थे लेकिन पुराने मुसाफिर यही थे जो सफर शुरू होने पर गाड़ी में बैठे थे । बाकी मुसाफिर उतरते-चढ़ते रहे थे । पुराने मुसाफिर होने के नाते ही उनमें एक तरह की बेतकल्लुफी आ गयी थी ।

''ओ इधर आकर बैठो । तुम अमारे साथ बैठो । आओ जालिम, किस्साखानी की बातें करेंगे ।''

तभी किसी स्टेशन पर गाड़ी रुकी थी और नये मुसाफिरों का रेला अन्दर आ गया था । बहुत-से मुसाफिर एक साथ अन्दर घुसते चले आये थे ।

"कौन-सा स्टेशन है ?" किसी ने पूछा ।

"वजीराबाद है शायद ।" मैंने बाहर की ओर देखकर कहा ।

गाड़ी वहाँ थोड़ी देर के लिए खड़ी रही । पर छूटने से पहले एक छोटी-सी घटना घटी । एक आदमी साथवाले डिब्बे में से पानी लेने उतरा और नल पर जाकर पानी लोटे में भर रहा था जब वह भागकर अपने डिब्बे की ओर लौट आया । छलछलाते लोटे में से पानी गिर रहा था । लेकिन जिस ढंग से वह भागा था उसी ने बहुत कुछ बता दिया था । नल पर खड़े और लोग भी, तीन या चार आदमी रहे होंगे—इधर-उधर अपने-अपने डिब्बे की ओर भाग गये थे । इस तरह घबराकर भागते लोगों को मैं देख चुका था । देखते-ही-देखते प्लेटफार्म खाली हो गया । मगर डिब्बे के अन्दर अभी भी हँसी-मजाक चल रहा था ।

"कहीं कोई गड़बड़ है ।" मेरे पास बैठे दुबले बाबू ने कहा ।

कहीं कुछ था, लेकिन क्या था, कोई भी स्पष्ट नहीं जानता था । मैं अनेक दंगे देख चुका था इसलिए वातावरण में होनेवाली छोटी-सी तब्दीली को भी भाँप गया था । भागते व्यक्ति, खटाक्-से बन्द होते दरवाज़े, घरों की छतों पर खड़े लोग, चुप्पी और सन्नाटा, सभी दंगों के चिन्ह थे ।

तभी पिछले दरवाज़े की ओर से, जो प्लेटफार्म की ओर न खुलकर दूसरी ओर खुलता था, हल्का-सा शोर हुआ । कोई मुसाफिर अन्दर घुसना चाह रहा था ।

"कहाँ घुसा आ रहा, नहीं है जगह ! बोल दिया जगह नहीं है ।" किसी ने कहा ।

"बन्द करो जी दरवाज़ा । यों ही मुँह उठाये घुसे आते हैं ..." आवाज़ें आ रही थीं ।

जितनी देर कोई मुसाफिर डिब्बे के बाहर खड़ा अन्दर आने की चेष्टा करता रहे, अन्दर बैठे मुसाफिर उसका विरोध करते रहते हैं । पर एक बार जैसे-तैसे वह अन्दर आ जाये तो विरोध खत्म हो जाता है, और वह मुसाफिर जल्दी ही डिब्बे की दुनिया का निवासी बन जाता है, और अगले स्टेशन पर वही सबसे पहले बाहर खड़े मुसाफिरों पर चिल्लाने लगता है—नहीं है जगह, अगले डिब्बे में जाओ ... घुसे आते हैं ...

दरवाज़े पर शोर बढ़ता जा रहा था । तभी मैले-कुचैले कपड़ों और लटकती मूँछोंवाला एक आदमी दरवाज़े में से अन्दर घुसता दिखायी दिया ।

चीकट मैले कपड़े, ज़रूर कहीं हलवाई की दूकान करता होगा । वह लोगों की शिकायतों-आवाज़ों की ओर ध्यान दिये बिना दरवाज़े की ओर घूमकर बड़ा-सा काले रंग का सन्दूक अन्दर की ओर घसीटने लगा ।

''आ जाओ, आ जाओ, तुम भी चढ़ आओ !'' वह अपने पीछे किसी से कहे जा रहा था । तभी दरवाज़े में एक पतली सूखी-सी औरत नज़र आयी और उसके पीछे सोलह-सत्तरह बरस की साँवली-सी एक लड़की अन्दर आ गयी । लोग अभी भी चिल्लाये जा रहे थे । सरदारजी को कूल्हों के बल उठकर बैठना पड़ा ।

''बन्द करो जी दरवाज़ा, बिना पूछे चढ़े आते हैं, अपने बाप का घर समझ रखा है । मत घुसने दो जी, क्या करते हो, धकेल दो पीछे ...'' और लोग भी चिल्ला रहे थे ।

वह आदमी अपना सामान अन्दर घसीटे जा रहा था और उसकी पत्नी और बेटी संडास के दरवाज़े के साथ लगकर खड़ी थीं ।

''और कोई डिब्बा नहीं मिला ? औरत जात को भी यहाँ उठा लाया है ?''

वह आदमी पसीने से तर था और हाँफता हुआ सामान अन्दर घसीटे जा रहा था । सन्दूक के बाद रस्सियों से बँधी खाट की पाटियाँ अन्दर खींचने लगा ।

''टिकट है जी मेरे पास, मैं बेटिकट नहीं हूँ । लाचारी है, शहर में दंगा हो गया है । बड़ी मुश्किल से स्टेशन तक पहुँचा हूँ ।'' इस पर डिब्बे में बैठे बहुत-से लोग चुप हो गये, पर बर्थ पर बैठा पठान उचककर बोला, ''निकल जाओ इदर से, देखता नईं ए इदर जगा नईं ए ।''

और पठान ने आव देखा न ताव, आगे बढ़कर ऊपर से ही उस मुसाफ़िर के लात जमा दी, पर लात उस आदमी को लगने के बजाय उसकी पत्नी के कलेजे में लगी और वह वहीं हाय-हाय करती बैठ गयी ।

उस आदमी के पास मुसाफिरों के साथ उलझने के लिए वक्त नहीं था । वह बराबर अपना सामान अन्दर घसीटे जा रहा था । पर डिब्बे में मौन छा गया । खाट की पाटियों के बाद बड़ी-बड़ी गठरियाँ आयीं । इस पर ऊपर बैठे पठान की सहन-क्षमता चुक गयी । ''निकालो इसे, कौन ए ये ?'' वह चिल्लाया । इस पर दूसरे पठान ने जो नीचे की सीट पर बैठा था उस आदमी का सन्दूक दरवाज़े में से नीचे धकेल दिया, जहाँ लाल वर्दीवाला एक कुली खड़ा सामान अन्दर पहुँचा रहा था ।

उसकी पत्नी के चोट लगने पर कुछ मुसाफिर चुप हो गये थे । केवल कोने में बैठी बुढ़िया कुरलाये जा रही थी, ''ऐ नेकबख्तो, बैठने दो । आ जा बेटी, तू

मेरे पास आ जा । जैसे-तैसे सफर काट लेंगे । छोड़ो वे जालिमो, बैठने दो ।''

अभी आधा सामान ही अन्दर आ पाया होगा कि सहसा गाड़ी सरकने लगी ।

''छूट गया ! सामान छूट गया ! '' वह आदमी बदहवास-सा होकर चिल्लाया ।

''पिताजी, सामान छूट गया ।'' संडास के दरवाज़े के पास खड़ी लड़की सिर से पाँव तक काँप रही थी और चिल्लाये जा रही थी ।

''उतरो, नीचे उतरो,'' वह आदमी हड़बड़ाकर चिल्लाया, और आगे बढ़कर खाट की पाटियाँ और गठरियाँ बाहर फेंकते हुए दरवाज़े का डण्डहरा पकड़कर नीचे उतर गया । उसके पीछे उसकी भयाकुल बेटी और फिर उसकी पत्नी, कलेजे को दोनों हाथों से दबाये हाय-हाय करती नीचे उतर गयीं ।

''बहुत बुरा किया है तुम लोगों ने, बहुत बुरा किया है ।'' बुढ़िया ऊँचा-ऊँचा बोल रही थी, ''तुम्हारे दिल में दर्द मर गया है । छोटी-सी बच्ची उसके साथ थी । बेरहमो, तुमने बहुत बुरा किया है, धक्के देकर उतार दिया है ।''

गाड़ी सूने प्लेटफार्म को लाँघती आगे बढ़ गयी । डिब्बे में व्याकुल-सी चुप्पी छा गयी । बुढ़िया ने बोलना बन्द कर दिया था । पठानों का विरोध कर पाने की किसी की हिम्मत नहीं हुई ।

तभी मेरी बगल में बैठे दुबले बाबू ने मेरे बाज़ू पर हाथ रखकर कहा, ''आग है, देखो आग लगी है ।''

गाड़ी प्लेटफार्म छोड़कर आगे निकल आयी थी और शहर पीछे छूट रहा था । तभी शहर की ओर से उठते धुएँ के बादल और उनमें लपलपाती आग के शोले नज़र आने लगे थे ।

''दंगा हुआ है । स्टेशन पर भी लोग भाग रहे थे । कहीं दंगा हुआ है ।''

शहर में आग लगी थी । बात डिब्बे-भर के मुसाफिरों को पता चल गयी और वे लपक-लपककर खिड़कियों में से आग का दृश्य देखने लगे ।

जब गाड़ी शहर छोड़कर आगे बढ़ गयी तो डिब्बे में सन्नाटा छा गया । मैंने घूमकर डिब्बे के अन्दर देखा, दुबले बाबू का चेहरा पीला पड़ गया था और माथे पर पसीने की परत किसी मुर्दे के माथे की तरह चमक रही थी । मुझे लगा, जैसे अपनी-अपनी जगह बैठे सभी मुसाफिरों ने अपने आसपास बैठे लोगों का

जायजा ले लिया है । सरदारजी उठकर मेरी सीट पर आ बैठे । नीचेवाली सीट पर बैठा पठान उठा और अपने दो साथी पठानों के साथ ऊपरवाली बर्थ पर चढ़ गया । यही क्रिया शायद रेलगाड़ी के अन्य डिब्बों में भी चल रही थी। डिब्बे में तनाव आ गया । लोगों ने बतियाना बन्द कर दिया । तीनों के तीनों पठान ऊपरवाली बर्थ पर एक साथ बैठे चुपचाप नीचे की ओर देखे जा रहे थे । सभी मुसाफिरों की आँखें पहले से ज्यादा खुली-खुली, ज़्यादा शंकित-सी लगीं । यही स्थिति सम्भवतः गाड़ी के सभी डिब्बों में व्याप्त हो रही थी ।

''कौन-सा स्टेशन था यह ?'' डिब्बे में किसी ने पूछा ।

''वजीराबाद ।'' किसी ने उत्तर दिया ।

जवाब मिलने पर डिब्बे में एक और प्रतिक्रिया हुई । पठानों के मन का तनाव फौरन ढीला पड़ गया, जबकि हिन्दू-सिख मुसाफिरों की चुप्पी और ज़्यादा गहरी हो गयी । एक पठान ने अपनी बास्कट की जेब में से नसवार की डिबिया निकाली और नाक में नसवार चढ़ाने लगा । अन्य पठान भी अपनी-अपनी डिबिया निकालकर नसवार चढ़ाने लगे । बुढ़िया बराबर माला जपे जा रही थी । किसी-किसी वक़्त उसके बुदबुदाते होंठ नज़र आते, लगता, उनमें से कोई खोखली-सी आवाज़ निकल रही है ।

अगले स्टेशन पर जब गाड़ी रुकी तो वहाँ भी सन्नाटा था । कोई परिन्दा तक नहीं फड़क रहा था । हाँ, एक भिश्ती, पीठ पर पानी की मशक लादे, प्लेटफार्म लाँघकर आया और मुसाफिरों को पानी पिलाने लगा ।

''लो, पियो पानी, पानी पियो ।'' औरतों के डिब्बे में से औरतों और बच्चों के अनेक हाथ बाहर निकल आये थे ।

''बहुत मार-काट हुई है, बहुत लोग मरे हैं ।'' लगता था, वह इस मार-काट में अकेला पुण्य कमाने चला आया था ।

गाड़ी सरकी तो सहसा खिड़कियों के पल्ले चढ़ाये जाने लगे । दूर-दूर तक, पहियों की गड़गड़ाहट के साथ, खिड़कियों के पल्ले चढ़ाने की आवाज़ आने लगी ।

किसी अज्ञात आशंकावश दुबला बाबू मेरे पासवाली सीट पर से उठा और दो सीटों के बीच फर्श पर लेट गया । उसका चेहरा अभी भी मुर्दे-जैसा पीला हो रहा था । इस पर बर्थ पर बैठा पठान उसकी ठिठोली करने लगा —ओ बेगैरत, तुम मर्द ए कि औरत ए ? सीट पर से उठकर नीचे लेटता ए । तुम मर्द के नाम को बदनाम करता ए । ... वह बोल रहा था और बार-बार हँसे जा रहा था । फिर वह उससे पश्तो में कुछ कहने लगा । बाबू चुप बना लेटा रहा । अन्य

सभी मुसाफिर चुप थे । डिब्बे का वातावरण बोझिल बना हुआ था ।

"ऐसे आदमी को अम डिब्बे में बैठने नईं देगा । ओ बाबू, तुम अगले स्टेशन पर उतर जाओ, और जनाना डिब्बे में बैठो ।"

मगर बाबू की हाज़िर-जवाबी अपने कण्ठ में सूख चली थी । हकलाकर चुप हो रहा । पर थोड़ी देर बाद वह अपने-आप सीट पर जा बैठा और देर तक अपने कपड़ों की धूल झाड़ता रहा । वह क्यों उठकर फर्श पर लेट गया था । शायद उसे डर था कि बाहर से गाड़ी पर पथराव होगा या गोली चलेगी, शायद इसी कारण खिड़कियों के पल्ले चढ़ाये जा रहे थे ।

कुछ भी कहना कठिन था । मुमकिन है किसी एक मुसाफिर ने किसी कारण से खिड़की का पल्ला चढ़ाया हो और उसकी देखा-देखी, बिना सोचे-समझे, धड़ाधड़ खिड़कियों के पल्ले चढ़ाये जाने लगे हों ।

बोझिल अनिश्चित-से वातावरण में सफर कटने लगा । रात गहराने लगी थी । डिब्बे के मुसाफिर स्तब्ध और शंकित ज्यों-के-त्यों बैठे थे । कभी गाड़ी की रफ्तार सहसा टूटकर धीमी पड़ जाती तो लोग एक-दूसरे की ओर देखने लगते । कभी रास्ते में ही रुक जाती तो डिब्बे के अन्दर का सन्नाटा और भी गहरा हो उठता । केवल पठान निश्चिंत बैठे थे । हाँ, उन्होंने भी बतियाना छोड़ दिया था, क्योंकि उनकी बातचीत में कोई भी शामिल होनेवाला नहीं था ।

धीरे-धीरे पठान ऊँघने लगे, जबकि अन्य मुसाफिर फटी-फटी आँखों से शून्य में देखे जा रहे थे । बुढ़िया मुँह-सिर लपेटे, टाँगें सीट पर चढ़ाये, बैठी-बैठी सो गयी थी । ऊपरवाली बर्थ पर एक पठान ने, अधलेटे ही, कुर्ते की जेब में से काले मनकों की तसबीह निकाल ली और उसे धीरे-धीरे हाथ में चलाने लगा ।

खिड़की के बाहर आकाश में चाँद निकल आया और चाँदनी में बाहर की दुनिया और भी अनिश्चित, और भी अधिक रहस्यमयी हो उठी । किसी-किसी वक़्त दूर किसी ओर आग के शोले उठते नज़र आते, कोई नगर जल रहा था । गाड़ी किसी वक़्त चिंघाड़ती हुई आगे बढ़ने लगती, फिर किसी वक़्त उसकी रफ्तार धीमी पड़ जाती और मीलों तक धीमी रफ्तार से ही चलती रहती ।

सहसा दुबला बाबू खिड़की में से बाहर देखकर ऊँची आवाज़ में बोला, "हरबंसपुरा निकल गया है ! " उसकी आवाज़ में उत्तेजना थी, वह जैसे चीखकर बोला था । डिब्बे के सभी लोग उसकी आवाज़ सुनकर चौंक गये ।

उसी वक़्त डिब्बे के अधिकांश मुसाफिरों ने मानो उसकी आवाज़ को ही सुनकर करवट बदली ।

''खो बाबू, चिल्लाता क्यों ए ?'' तसबीहवाला पठान चौंककर बोला, ''इधर उतरेगा तुम ? जंजीर खींचूँ ?'' और खीं-खीं करके हँस दिया । ज़ाहिर है वह हरबंसपुरा की स्थिति से अथवा उसके नाम से अनभिज्ञ था ।

बाबू ने कोई उत्तर नहीं दिया, केवल सिर हिला दिया और एक-आध बार पठान की ओर देखकर फिर खिड़की के बाहर झाँकने लगा ।

डिब्बे में फिर मौन छा गया । तभी इंजन ने सीटी दी और एक-रस रफ्तार टूट गयी । थोड़ी ही देर बाद खटाक् का-सा शब्द भी हुआ, शायद गाड़ी ने लाइन बदली थी । बाबू ने झाँककर उस दिशा में देखा जिस ओर गाड़ी बढ़ी जा रही थी ।

''शहर आ गया है !'' वह फिर ऊँची आवाज़ में चिल्लाया, ''अमृतसर आ गया है !'' उसने फिर से कहा और उछलकर खड़ा हो गया, और ऊपरवाली बर्थ पर लेटे पठान को सम्बोधन करके चिल्लाया, ''ओ बे पठान के बच्चे ! नीचे उतर तेरी माँ की ··· नीचे उतर, तेरी उस पठान बनानेवाले की मैं ···''

बाबू चिल्लाने लगा था और चीख-चीखकर गालियाँ बकने लगा था । तसबीहवाले पठान ने करवट बदली और बाबू की ओर देखकर बोला, ''ओ क्या ए बाबू ? अम को कुछ बोला ?''

बाबू को उत्तेजित देखकर अन्य मुसाफिर भी उठ बैठे ।

''नीचे उतर, तेरी मैं ··· हिन्दू औरत को लात मारता है, हरामजादे, तेरी उस ···''

''ओ बाबू, बक-बक नईं करो । ओ खंजीर के तुख्म, गाली मत बको, अमने बोल दिया । अम तुम्हारा जबान खींच लेगा ।''

''गाली देता है मादर ···'' बाबू चिल्लाया और उछलकर सीट पर चढ़ गया । वह सिर से पाँव तक काँप रहा था ।

''बस-बस,'' सरदारजी बोले, ''यह लड़ने की जगह नहीं है । थोड़ी देर का सफर बाकी है, आराम से बैठो ।''

''तेरी मैं लात न तोड़ूँ तो कहना, गाड़ी तेरे बाप की है ?'' बाबू चिल्लाया ।

''ओ अमने क्या बोला । सभी लोग उसको निकालता था, अमने भी निकाला । ये इदर अमको गाली देता ए । अम इसका जबान खींच लेगा ।''

बुढ़िया बीच में फिर बोल उठी, ''वे जीण जोगयो, अराम नाल बैठो । वे रब्ब दियो बंदयो, कुज होश करो ।''

उसके होंठ किसी प्रेत के होंठों की तरह फड़फड़ाये जा रहे थे और उनमें से क्षीण-सी फुसफुसाहट सुनायी दे रही थी ।

बाबू चिल्लाये जा रहा था, "अपने घर में शेर बनता था । अब बोल, तेरी मैं उस पठान बनानेवाले की · · · "

तभी गाड़ी अमृतसर के प्लेटफार्म पर रुकी । प्लेटफार्म लोगों से खचाखच भरा था । प्लेटफार्म पर खड़े लोग झाँक-झाँककर डिब्बों के अन्दर देखने लगे । बार-बार लोग एक ही सवाल पूछ रहे थे—पीछे क्या हुआ है ? कहाँ पर दंगा हुआ है ?

खचाखच भरे प्लेटफार्म पर शायद इसी बात की चर्चा चल रही थी कि पीछे क्या हुआ है । प्लेटफार्म पर खड़े दो-तीन खोमचेवालों पर मुसाफिर टूटे पड़ रहे थे । सभी को सहसा भूख और प्यास परेशान करने लगी थी । इसी दौरान तीन-चार पठान हमारे डिब्बे के बाहर प्रकट हो गये और खिड़की में से झाँक-झाँककर अन्दर देखने लगे । अपने पठान साथियों पर नज़र पड़ते ही वे उनसे पश्तो में कुछ बोलने लगे । मैंने घूमकर देखा, बाबू डिब्बे में नहीं था । न जाने कब वह डिब्बे में से निकल गया था । मेरा माथा ठनका । गुस्से से वह पागल हुआ जा रहा था । न जाने क्या कर बैठे । पर इस बीच डिब्बे के तीनों पठान, अपनी-अपनी गठरी उठाकर बाहर निकल गये और अपने पठान साथियों के साथ गाड़ी के अगले किसी डिब्बे की ओर बढ़ गये । जो विभाजन पहले प्रत्येक डिब्बे के भीतर होता रहा था, अब सारी गाड़ी के स्तर पर होने लगा था ।

खोमचेवालों के इर्द-गिर्द भीड़ छँटने लगी । लोग अपने-अपने डिब्बों में लौटने लगे । तभी सहसा एक ओर से मुझे वह बाबू आता दिखायी दिया । उसका चेहरा अभी भी बहुत पीला था और माथे पर बालों की लट झूल रही थी । नज़दीक पहुँचा, तो मैंने देखा, उसने अपने दायें हाथ में लोहे की एक छड़ उठा रखी थी । जाने वह उसे कहाँ से मिल गयी थी । डिब्बे में घुसते समय उसने छड़ को अपनी पीठ-पीछे कर लिया और मेरे साथवाली सीट पर बैठने से पहले उसने हौले से छड़ को सीट के नीचे सरका दिया । सीट पर बैठते ही उसकी आँखें पठान को देख पाने के लिए ऊपर को उठीं । पर डिब्बे में पठानों को न पाकर वह हड़बड़ाकर चारों ओर देखने लगा ।

"निकल गये हरामी, मादर · · · सब-के-सब निकल गये !" फिर वह सिटपिटाकर उठ खड़ा हुआ और चिल्लाकर बोला, "तुमने उन्हें जाने क्यों दिया ? तुम सब नामर्द हो, बुज़दिल !"

पर गाड़ी में भीड़ बहुत थी । बहुत-से नये मुसाफिर आ गये थे । किसी ने उसकी ओर विशेष ध्यान नहीं दिया ।

गाड़ी सरकने लगी तो वह फिर मेरी बगलवाली सीट पर आ बैठा, पर वह बड़ा उत्तेजित था और बराबर बड़बड़ाये जा रहा था ।

धीरे-धीरे हिचकोले खाती गाड़ी आगे बढ़ने लगी । डिब्बे के पुराने मुसाफिरों ने भरपेट पूरियाँ खा ली थीं और पानी पी लिया था और गाड़ी उस इलाके से आगे बढ़ने लगी थी, जहाँ उनके जान-माल को खतरा नहीं था ।

नये मुसाफिर बतिया रहे थे । धीरे-धीरे गाड़ी फिर समतल गति से चलने लगी थी । कुछ ही देर बाद लोग ऊँघने भी लगे थे । मगर बाबू अभी भी फटी-फटी आँखों से सामने की ओर देखे जा रहा था । बार-बार मुझसे पूछता कि पठान डिब्बे में से निकलकर किस ओर गये हैं । उसके सिर पर जनून सवार था ।

गाड़ी के हिचकोलों में मैं खुद ऊँघने लगा था । डिब्बे में लेट पाने के लिए जगह नहीं थी । बैठे-बैठे ही नींद में मेरा सिर कभी एक ओर को लुढ़क जाता, कभी दूसरी ओर को । किसी-किसी वक़्त झटके से मेरी नींद टूटती, और मुझे सामने की सीट पर अस्त-व्यस्त-से पड़े सरदारजी के खर्राटे सुनायी देते—अमृतसर पहुँचने के बाद सरदारजी फिर से सामनेवाली सीट पर टाँगें पसारकर लेट गये थे । डिब्बे में तरह-तरह की आड़ी-तिरछी मुद्राओं में मुसाफिर पड़े थे । उनकी बीभत्स मुद्राओं को देखकर लगता, डिब्बा लाशों से भरा है । पास बैठे बाबू पर नज़र पड़ती तो कभी तो वह खिड़की के बाहर मुँह किये देख रहा होता, कभी दीवार से पीठ लगाये तनकर बैठा नज़र आता ।

किसी-किसी वक़्त गाड़ी किसी स्टेशन पर रुकती तो पहियों की गड़गड़ाहट बन्द होने पर निःस्तब्धता-सी छा जाती । तभी लगता, जैसे प्लेटफार्म पर कुछ गिरा है, या जैसे कोई मुसाफिर गाड़ी में से उतरा है और मैं झटके से उठकर बैठ जाता ।

इसी तरह एक बार जब मेरी नींद टूटी तो गाड़ी की रफ्तार धीमी पड़ गयी थी, और डिब्बे में अँधेरा था । मैंने उसी तरह अधलेटे खिड़की में से बाहर देखा । दूर, पीछे की ओर किसी स्टेशन के सिगनल के लाल कुमकुमे चमक रहे थे । स्पष्टतः गाड़ी कोई स्टेशन लाँघकर आयी थी । पर अभी तक उसने रफ्तार नहीं पकड़ी थी ।

डिब्बे के बाहर मुझे धीमे-से अस्फुट स्वर सुनायी दिये । दूर ही एक धूमिल-सा काला पुंज नज़र आया । नींद की खुमारी में मेरी आँखें कुछ देर तक उस पर लगी रहीं, फिर मैंने उसे समझ पाने का विचार छोड़ दिया । डिब्बे के अन्दर अँधेरा था, बत्तियाँ बुझी हुई थीं, लेकिन बाहर लगता था, पौ फटनेवाली है ।

मेरी पीठ-पीछे, डिब्बे के बाहर किसी चीज़ को खरोंचने की-सी आवाज़ आयी । मैंने दरवाज़े की ओर घूमकर देखा । डिब्बे का दरवाज़ा बन्द था । मुझे फिर से दरवाज़ा खरोंचने की आवाज़ सुनायी दी, फिर मैंने साफ-साफ सुना, लाठी से कोई व्यक्ति डिब्बे का दरवाज़ा पटपटा रहा था । मैंने झाँककर खिड़की के बाहर देखा । सचमुच एक आदमी डिब्बे की दो सीढ़ियाँ चढ़ आया था । उसके कन्धे पर एक गठरी झूल रही थी और हाथ में लाठी थी और उसने बदरंग-से कपड़े पहन रखे थे और उसके दाढ़ी थी । फिर मेरी नज़र बाहर नीचे की ओर गयी । गाड़ी के साथ-साथ एक औरत भागती चली आ रही थी, नंगे पाँव और उसने दो गठरियाँ उठा रखी थीं । बोझ के कारण उससे दौड़ा नहीं जा रहा था । डिब्बे के पायदान पर खड़ा आदमी बार-बार उसकी ओर मुड़कर देख रहा था और हाँफता हुआ कहे जा रहा था—आ जा, आ जा, तू भी चढ़ आ, आ जा !

दरवाज़े पर फिर से लाठी पटपटाने की आवाज़ आयी, "खोलो जी दरवाज़ा, खुदा के वास्ते दरवाज़ा खोलो ।"

वह आदमी हाँफ रहा था, "खुदा के लिए दरवाज़ा खोलो । मेरे साथ में औरत जात है । गाड़ी निकल जायेगी ..."

सहसा मैंने देखा, बाबू हड़बड़ाकर उठ खड़ा हुआ और दरवाज़े के पास जाकर दरवाज़े में लगी खिड़की में से मुँह बाहर निकालकर बोला, "कौन है ? इधर जगह नहीं है ।"

बाहर खड़ा आदमी फिर गिड़गिड़ाने लगा, "खुदा के वास्ते गाड़ी निकल जायेगी ..."

और वह आदमी खिड़की में से अपना हाथ अन्दर डालकर दरवाज़ा खोल पाने के लिए सिटकनी टटोलने लगा ।

"नहीं है जगह, बोल दिया, उतर जाओ गाड़ी पर से ।" बाबू चिल्लाया और उसी क्षण लपककर दरवाज़ा खोल दिया ।

"या अल्लाह !" उस आदमी के अस्फुट-से शब्द सुनायी दिये । दरवाज़ा खुलने पर जैसे उसने इत्मीनान की साँस ली हो ।

और उसी वक़्त मैंने बाबू के हाथ में छड़ को चमकते देखा । एक ही भरपूर वार बाबू ने उस मुसाफिर के सिर पर किया था । मैं देखते ही डर गया और मेरी टाँगें लरज गयीं । मुझे लगा, जैसे छड़ के वार का उस आदमी पर कोई असर नहीं हुआ । उसके दोनों हाथ अभी भी जोर से डण्डहरे को पकड़े हुए थे । कन्धे पर से लटकती गठरी खिसककर उसकी कोहनी पर आ गयी थी ।

तभी सहसा उसके चेहरे पर लहू की दो-तीन धारें एक साथ फूट पड़ीं । झुरमुटे में मुझे उसके खुले होंठ और चमकते दाँत नज़र आये । वह दो-एक बार 'या अल्लाह !' बुदबुदाया, फिर उसके पैर लड़खड़ा गये । उसकी आँखों ने बाबू की ओर देखा, अधमुँदी-सी आँखें, जो धीरे-धीरे सिकुड़ती जा रही थीं, मानो उसे पहचानने की कोशिश कर रही हों कि वह कौन है और उससे किस अदावत का बदला ले रहा है । इस बीच अँधेरा कुछ और छन गया था । उसके होंठ फिर से फड़फड़ाये और उनमें उसके सफेद दाँत फिर से झलक उठे । मुझे लगा, जैसे वह मुसकराया है पर वास्तव में केवल त्रास के ही कारण उसके होंठों में बल पड़ने लगे थे ।

नीचे पटरी के साथ-साथ भागती औरत बड़बड़ाये और कोसे जा रही थी । उसे अभी भी मालूम नहीं हो पाया था कि क्या हुआ है ! वह अभी भी शायद यही समझ रही थी कि गठरी के कारण उसका पति गाड़ी पर ठीक तरह से चढ़ नहीं पा रहा है, कि उसका पैर जम नहीं पा रहा है । वह गाड़ी के साथ-साथ भागती हुई, अपनी दो गठरियों के बावजूद अपने पति के पैर को पकड़-पकड़कर सीढ़ी पर टिकाने की कोशिश कर रही थी ।

तभी सहसा डण्डहरे पर से उस आदमी के दोनों हाथ छूट गये और वह कटे पेड़ की भाँति नीचे जा गिरा । और उसके गिरते ही औरत ने भागना बन्द कर दिया, मानो दोनों का सफर एक साथ ही खत्म हो गया हो ।

बाबू अभी भी मेरे निकट, डिब्बे के खुले दरवाज़े में बुत-का-बुत बना खड़ा था, लोहे की छड़ अभी भी उसके हाथ में थी । मुझे लगा, जैसे वह छड़ को फेंक देना चाहता है लेकिन उसे फेंक नहीं पा रहा, उसका हाथ जैसे उठ नहीं रहा था । मेरी साँस अभी भी फूली हुई थी और डिब्बे के अँधियारे कोने में मैं खिड़की के साथ सटकर बैठा उसकी ओर देखे जा रहा था ।

फिर वह आदमी खड़े-खड़े हिला । किसी अज्ञात प्रेरणावश वह एक कदम आगे बढ़ आया और दरवाज़े में से बाहर पीछे की ओर देखने लगा । गाड़ी आगे

निकलती जा रही थी । दूर, पटरी के किनारे अँधियारा पुंज-सा नज़र आ रहा था ।

बाबू का शरीर हरकत में आया । एक झटके में उसने छड़ को डिब्बे के बाहर फेंक दिया । फिर घूमकर डिब्बे के अन्दर दायें-बायें देखने लगा । सभी मुसाफिर सोये पड़े थे । मेरी ओर उसकी नज़र नहीं उठी ।

थोड़ी देर तक वह खड़ा डोलता रहा, फिर उसने घूमकर दरवाज़ा बन्द कर दिया । उसने ध्यान से अपने कपड़ों की ओर देखा, अपने दोनों हाथों की ओर देखा, फिर एक-एक करके अपने दोनों हाथों को नाक के पास ले जाकर उन्हें सूँघा, मानो जानना चाहता हो कि उसके हाथों से खून की बू तो नहीं आ रही है । फिर वह दबे पाँव चलता हुआ आया और मेरी बगलवाली सीट पर बैठ गया ।

धीरे-धीरे झुटपुटा छँटने लगा, दिन खुलने लगा । साफ-सुथरी-सी रोशनी चारों ओर फैलने लगी । किसी ने ज़ंजीर खींचकर गाड़ी को खड़ा नहीं किया था, छड़ खाकर गिरी उसकी देह मीलों पीछे छूट चुकी थी । सामने गेहूँ के खेतों में फिर से हल्की-हल्की लहरियाँ उठने लगी थीं ।

सरदारजी बदन खुजलाते उठ बैठे । मेरी बगल में बैठा बाबू, दोनों हाथ सिर के पीछे रखे सामने की ओर देखे जा रहा था । रात-भर में उसके चेहरे पर दाढ़ी के छोटे-छोटे बाल उग आये थे । अपने सामने बैठा देखकर सरदार उसके साथ बतियाने लगा—बड़े जीवटवाले हो बाबू, दुबले-पतले हो, पर बड़े गुर्देवाले हो । बड़ी हिम्मत दिखायी है । तुमसे डरकर ही वे पठान डिब्बे में से निकल गये । यहाँ बने रहते तो एक-न-एक की खोपड़ी तुम ज़रूर दुरुस्त कर देते... और सरदारजी हँसने लगे ।

बाबू जवाब में मुसकराया—एक बीभत्स-सी मुसकान, और देर तक सरदार के चेहरे की ओर देखता रहा ।

ओ हरामजादे

घुमक्कड़ी के दिनों में मुझे खुद मालूम न होता कि कब किस घाट जा लगूँगा । कभी भूमध्य सागर के तट पर भूली-बिसरी किसी सभ्यता के खण्डहर देख रहा होता, तो कभी यूरोप के किसी नगर की जनाकीर्ण सड़कों पर घूम रहा होता । दुनिया बड़ी विचित्र पर साथ ही अबोध और अगम्य लगती, जान पड़ता जैसे मेरी ही तरह वह भी बिना किसी धुरे के निरुद्देश्य घूम रही है ।

ऐसे ही एक बार मैं यूरोप के एक दूरवर्ती इलाके में जा पहुँचा था । एक दिन दोपहर के वक्त होटल के कमरे में से निकलकर मैं खाड़ी के किनारे बेंच पर बैठा आती-जाती नावों को देख रहा था, जब मेरे पास से गुजरते हुए अधेड़ उम्र की एक महिला ठिठककर खड़ी हो गयी । मैंने विशेष ध्यान नहीं दिया, मैंने समझा उसे किसी दूसरे चेहरे का मुगालता हुआ होगा । पर वह और भी निकट आ गयी ।

''भारत से आये हो ?'' उसने धीरे-से बड़ी शिष्ट मुस्कान के साथ पूछा ।

मैंने भी मुस्कराकर सिर हिला दिया ।

''मैं देखते ही समझ गयी थी कि तुम हिन्दुस्तानी होगे ।'' और वह अपना बड़ा-सा थैला बेंच पर रखकर मेरे पास बैठ गयी ।

नाटे कद की बोझिल-से शरीर की महिला बाजार से सौदा खरीदकर लौट रही थी । खाड़ी के नीले जल-जैसी ही उसकी आँखें थीं—इतनी साफ नीली आँखें केवल बच्चों की ही होती हैं । इस पर साफ गोरी त्वचा । पर बाल खिचड़ी हो रहे थे और चेहरे पर हल्की-हल्की रेखाएँ उतर आयी थीं, जिनके जाल से, खाड़ी हो या रेगिस्तान, कभी कोई बच नहीं सकता । अपना खरीदारी का थैला बेंच पर रखकर वह मेरे पास तनिक सुस्ताने के लिए बैठ गयी । वह अंग्रेज नहीं थी पर टूटी-फूटी अंग्रेजी में अपना मतलब अच्छी तरह से समझा लेती थी ।

''मेरा पति भी भारत का रहनेवाला है । इस वक्त घर पर है । तुमसे मिलकर बहुत खुश होगा ।''

मैं थोड़ा हैरान हुआ । इंग्लैण्ड और फ्रांस आदि देशों में तो हिन्दुस्तानी लोग बहुत मिल जाते हैं । वहीं पर सैकड़ों बस भी गये हैं, लेकिन यूरोप के इस दूर-दराज इलाके में कोई हिन्दुस्तानी क्यों आकर रहने लगा होगा ! कुछ कुतूहलवश, कुछ वक्त काटने की इच्छा से, मैं तैयार हो गया ।

''चलिए, जरूर मिलना चाहूँगा ।''

और हम दोनों उठ खड़े हुए ।

सड़क पर चलते हुए मेरी नज़र बार-बार उस महिला के गोल-मटोल शरीर पर जाती रही । उस हिन्दुस्तानी ने इस औरत में क्या देखा होगा, जो घर-बार छोड़कर यहाँ इसके साथ बस गया है । सम्भव है, जवानी में चुलबुली और नटखट रही होगी । इसकी नीली आँखों ने कहर ढाये होंगे । हिन्दुस्तानी मरता ही नीली आँखों और गोरी चमड़ी पर है । पर अब तो समय उस पर कहर ढाने लगा था । पचास-पचपन की रही होगी । थैला उठाये हुए साँस बार-बार

फूल रहा था, कभी उसे एक हाथ में उठाती, कभी दूसरे हाथ में । मैंने थैला उसके हाथ से ले लिया और हम बतियाते हुए उसके घर की ओर जाने लगे ।

''आप भी कभी भारत गयी हैं ?'' मैंने पूछा ।

''एक बार गयी थी । लाल ले गया था । पर इसे तो अब, लगता है बीसियों बरस बीत चुके हैं ।''

''लाल साहब तो जाते रहते होंगे ?''

महिला ने खिचड़ी बालोंवाला अपना सिर झटककर कहा, ''नहीं, वह भी कभी नहीं गया । इसीलिए वह तुमसे मिलकर बहुत खुश होगा । यहाँ हिन्दुस्तानी बहुत कम आते हैं ।''

तंग सीढ़ियाँ चढ़कर हम एक फ्लैट में पहुँचे । अन्दर रोशनी थी और एक खुला-सा कमरा जिसकी चारों दीवारों के साथ किताबों से ठसाठस भरी आलमारियाँ रखी थीं । दीवार का जहाँ कहीं कोई टुकड़ा खाली मिला था, वहाँ तरह-तरह के नक्शे और मानचित्र टाँग दिये गये थे । उसी कमरे में दूर, खिड़की के पासवाले कमरे में काले रंग का सूट पहने, साँवले रंग और उड़ते सफेद बालोंवाला एक हिन्दुस्तानी बैठा कोई पत्रिका बाँच रहा था ।

''लाल, देखो तो कौन आया है ? इनसे मिलो । तुम्हारे एक देशवासी को जबर्दस्ती खींच लायी हूँ ।'' महिला ने हँसकर कहा ।

वह उठ खड़ा हुआ और जिज्ञासा और कुतूहल से मेरी ओर देखता हुआ आगे बढ़ आया ।

''आइए-आइए ! बड़ी खुशी हुई । मुझे लाल कहते हैं, मैं यहाँ इंजीनियर हूँ । मेरी पत्नी ने मुझ पर बड़ा एहसान किया है जो आपको ले आयी हैं ।''

ऊँचे, लम्बे कद का आदमी निकला । यह कहना कठिन था कि भारत के किस हिस्से से आया है । शरीर का बोझिल और ढीला-ढाला था । दोनों कनपटियों के पास सफेद बालों के गुच्छे-से उग आये थे, जबकि सिर के ऊपर गिने-चुने सफेद बाल उड़-से रहे थे ।

दुआ-सलाम के बाद हम बैठे ही थे कि उसने सवालों की झड़ी लगा दी ।

''दिल्ली शहर तो अब बहुत कुछ बदल गया होगा ?'' उसने बच्चों के-से आग्रह के साथ पूछा ।

''हाँ । बदल गया है । आप कब थे दिल्ली में ?''

''मैं दिल्ली का रहनेवाला नहीं हूँ । यों लड़कपन में बहुत बार दिल्ली गया हूँ । रहनेवाला तो मैं पंजाब का हूँ, जालन्धर का । जालन्धर तो आपने कहाँ देखा होगा ।''

''ऐसा तो नहीं, मैं स्वयं पंजाब का रहनेवाला हूँ । किसी जमाने में जालन्धर में रह चुका हूँ ।''

मेरे कहने की देर थी कि वह आदमी उठ खड़ा हुआ और लपककर मुझे बाँहों में भर लिया ।

''ओ जालम ! तू बोलना नहीं एँ जे जलन्धर दा रहणवाले ?''

मैं सकुचा गया । ढीले-ढाले बुजुर्ग को यों उत्तेजित होता देख मुझे अटपटा-सा लगा । पर वह सिर से पाँव तक पुलक उठा था । इसी उत्तेजना में वह आदमी मुझे छोड़कर तेज-तेज चलता हुआ पिछले कमरे की ओर चला गया और थोड़ी देर बाद अपनी पत्नी को साथ लिये अन्दर दाखिल हुआ जो इस बीच थैला उठाये अन्दर चली गयी थी ।

''हेलेन, यह आदमी जालन्धर से आया है, मेरे शहर से, तुमने बताया ही नहीं ।''

उत्तेजना के कारण उसका चेहरा दमकने लगा था और बड़ी-बड़ी आँखों के नीचे गूमड़ों में नमी आ गयी थी ।

''मैंने ठीक ही किया ना,'' महिला कमरे में आते हुए बोली । उसने इस बीच एप्रन पहन लिया था और रसोईघर में काम करने लग गयी थी । बड़ी शालीन, स्निग्ध नज़र से उसने मेरी ओर देखा । उसके चेहरे पर वैसी ही शालीनता झलक रही थी जो दसियों वर्ष तक शिष्टाचार निभाने के बाद स्वभाव का अंग बन जाती है । वह मुस्कराती हुई मेरे पास आकर बैठ गयी ।

''लाल, मुझे भारत में जगह-जगह घुमाने ले गया था । आगरा, बनारस, कलकत्ता, हम बहुत घूमे थे ···''

वह बुजुर्ग इस बीच टिकटिकी बाँधे मेरी ओर देखे जा रहा था । उसकी आँखों में वही रूमानी किस्म का देशप्रेम झलकने लगा था जो देश के बाहर रहनेवाले हिन्दुस्तानी की आँखों में, अपने किसी देशवासी से मिलने पर चमकने लगता है । हिन्दुस्तानी पहले तो अपने देश से भागता है, और बाद में उसी हिन्दुस्तान के लिए तरसने लगता है ।

''भारत छोड़ने के बाद आप बहुत दिन से भारत नहीं गये, आपकी श्रीमती बता रही थीं । भारत के साथ आपका सम्पर्क तो रहता ही होगा ?''

और मेरी नज़र किताबों से ठसाठस भरी आलमारियों पर पड़ी । दीवारों पर अनेक मानचित्र भारत के ही मानचित्र थे ।

उसकी पत्नी अपनी भारत-यात्रा को याद करके कुछ अनमनी-सी हो गयी थी, एक छाया-सी मानो उसके चेहरे पर डोलने लगी हो ।

''लाल के कुछ मित्र-सम्बन्धी अभी भी जालन्धर में रहते हैं । कभी-कभी उनका खत आ जाता है ।'' फिर हँसकर बोली, ''उनके खत मुझे पढ़ने के लिए नहीं देता । कमरा अन्दर से बन्द करके उन्हें पढ़ता है ।''

''तुम क्या जानो उन खतों से मुझे क्या मिलता है !'' लाल ने भावुक होते हुए कहा ।

इस पर उसकी पत्नी उठ खड़ी हुई ।

''तुम लोग जालन्धर की गलियों में घूमो, मैं चाय का प्रबन्ध करती हूँ · · · '' उसने हँसकर कहा और उन्हीं कदमों रसोई की ओर घूम गयी ।

भारत के प्रति उस आदमी की अत्यधिक भावुकता को देखकर मुझे अचम्भा भी हो रहा था । देश के बाहर दशाब्दियों तक रह चुकने के बाद भी कोई आदमी बच्चों की तरह भावुक हो सकता है, मुझे अटपटा लग रहा था ।

''मेरे एक मित्र को भी आप की ही तरह भारत से बड़ा लगाव था,'' मैंने आवाज़ को हल्का करते हुए मजाक के-से लहजे में कहा, ''वह भी बरसों तक देश के बाहर रहता रहा था । उसके मन में ललक उठने लगी कि कब मैं फिर से अपने देश की धरती पर पाँव रख पाऊँगा, कब अपने वतन की जमीन को अपने हाथ से छू पाऊँगा ।''

कहते हुए मैं क्षण-भर के लिए ठिठका । मैं जो कहने जा रहा हूँ, शायद मुझे नहीं कहना चाहिए । लेकिन फिर भी धृष्टता से बोलता गया, ''चुनाँचे वर्षों बाद सचमुच वह एक दिन टिकट कटवाकर हवाई जहाज द्वारा दिल्ली जा पहुँचा । उसने खुद यह किस्सा बाद में मुझे सुनाया था । हवाई जहाज पर से उतरकर वह बाहर आया, हवाई अड्डे की भीड़ में खड़े-खड़े ही वह नीचे की ओर झुका और बड़े श्रद्धाभाव से भारत की धरती का स्पर्श किया । पर जब स्पर्श करने के बाद खड़ा हुआ तो देखा, बटुआ गायब था · · · ''

बुजुर्ग अभी भी मेरी ओर देखे जा रहा था । उसकी आँखों के भाव में एक तरह की दूरी आ गयी थी, जैसे अतीत की अँधियारी खोह में से दो आँखें मुझ पर लगी हों ।

''उसने झुककर स्पर्श तो किया, यही बड़ी बात है,'' उसने धीरे-से कहा, ''दिल की साध तो पूरी कर ली ।''

मैं सकुचा गया । मुझे अपना व्यवहार भौंड़ा-सा लगा, लेकिन उसकी सनक के प्रति मेरे दिल में गहरी सहानुभूति रही हो, ऐसा भी नहीं था ।

वह अभी भी मेरी ओर बड़े स्नेह से देखे जा रहा था । फिर वह सहसा उठ

खड़ा हुआ, ''ऐसे मौके तो रोज-रोज नही आते । इसे तो हम सेलिब्रेट करेंगे ।''

और पीछे जाकर एक आलमारी में से कोन्याक शराब की बोतल और दो शीशे के जाम उठा लाया ।

जाम में कोन्याक उँडेली गयी । वह मेरे साथ बगलगीर हुआ, और हमने 'इस अनमोल घड़ी' के नाम पर जाम टकराये ।

''आपको चाहिए कि आप हर तीसरे-चौथे साल भारत की यात्रा पर आया करें । इससे मन भरा रहता है ।'' मैंने कहा ।

उसने सिर हिलाया, ''एक बार गया था, लेकिन तभी निश्चिय कर लिया था कि अब कभी भारत नहीं आऊँगा ।'' शराब के दो-एक जामों के बाद ही वह खुलने लगा था, और उसकी भावुकता में एक प्रकार की आत्मीयता का पुट भी आने लगा था । मेरे घुटने पर हाथ रखकर बोला, ''मैं घर से भागकर आया था । तब मैं बहुत छोटा था । इस बात को अब लगभग चालीस साल होने को आये हैं,'' वह थोड़ी देर के लिए पुरानी यादों में खो गया, पर फिर, अपने को झटका-सा देकर वर्तमान में लौट आया, ''जिन्दगी में कभी कोई बड़ी घटना जिन्दगी का रुख नहीं बदलती, हमेशा छोटी, तुच्छ-सी घटनाएँ ही जिन्दगी का रुख बदलती हैं । मेरे भाई ने मुझे केवल डाँटा था कि तुम पढ़ते-लिखते नहीं हो, आवारा घूमते रहते हो, पिताजी का पैसा बर्बाद करते हो ... और मैं उसी रात घर से भाग गया था ।''

कहते हुए उसने फिर से मेरे घुटने पर हाथ रखा और बड़ी आत्मीयता से बोला, ''अब सोचता हूँ, वह एक बार नहीं, दस बार भी मुझे डाँटता तो मैं इसे अपना सौभाग्य समझता । कम-से-कम कोई डाँटनेवाला तो था ।''

कहते-कहते उसकी आवाज़ लड़खड़ा गयी, ''बाद में मुझे पता चला कि मेरी माँ जिन्दगी के आखिरी दिन तक मेरा इन्तजार करती रही थी । और मेरा बाप, हर रोज सुबह ग्यारह बजे, जब डाकिये के आने का वक्त होता तो वह घर के बाहर चबूतरे पर आकर खड़ा हो जाता था । और इधर मैंने यह दृढ़ निश्चय कर रखा था कि जब तक मैं कुछ बन न जाऊँ, घरवालों को खत नहीं लिखूँगा ।''

एक क्षीण-सी मुस्कान उसके होंठों पर आयी और बुझ गयी, ''फिर मैं भारत गया । यह लगभग पन्द्रह साल बाद की बात रही होगी । मैं बड़े मंसूबे बाँधकर गया था ...''

उसने फिर जाम भरे और अपना किस्सा सुनाने के लिए मुँह खोला ही था कि चाय आ गयी । नाटे कद की उसकी गोल-मटोल पत्नी चाय की ट्रे उठाये,

मुस्कराती हुई चली आ रही थी । उसे देखकर मन में फिर से सवाल उठा, क्या यह महिला जिन्दगी का रुख बदलने का कारण बन सकती है ?

चाय आ जाने पर वार्तालाप में औपचारिकता आ गयी ।

''जालन्धर में हम माई हीराँ के दरवाजे के पास रहते थे । तब तो जालन्धर बड़ा टूटा-फूटा सा शहर था । क्यों, हनी ? तुम्हें याद है, जालन्धर में हम कहाँ पर रहे थे ?''

''मुझे गलियों के नाम तो मालूम नहीं, लाल, लेकिन इतना याद है कि सड़कों पर कुत्ते बहुत घूमते थे, और नालियाँ बड़ी गन्दी थीं, मेरी बड़ी बेटी—तब वह डेढ़ साल की थी—मक्खी देखकर डर गयी थी । पहले कभी मक्खी नहीं देखी थी । वहीं पर उसने पहली बार गिलहरी को भी देखा था । गिलहरी उसके सामने से लपककर एक पेड़ पर चढ़ गयी थी तो वह भागती हुई मेरे पास दौड़ आयी थी । ··· और क्या था वहाँ ?''

''··· हम लाल के पुश्तैनी घर में रहे थे ···''

चाय पीते समय हम इधर-उधर की बातें करते रहे । भारत की अर्थव्यवस्था की, नये-नये उद्योग-धन्धों की, और मुझे लगा कि देश से दूर रहते हुए भी यह आदमी देश की गति-विधि से बहुत कुछ परिचित है ।

''मैं भारत में रहते हुए भी भारत के बारे में बहुत कम जानता हूँ, आप भारत से दूर हैं, पर भारत के बारे में बहुत कुछ जानते हैं ।''

उसने मेरी ओर देखा और हौले-से मुस्कराकर बोला, ''तुम भारत में रहते हो, यही बड़ी बात है ।''

मुझे लगा जैसे सबकुछ रहते हुए भी, एक अभाव-सा, इस आदमी के दिल को अन्दर-ही-अन्दर चाटता रहता है—एक खला जिसे जीवन की उपलब्धियाँ और आराम आसायश, कुछ भी नहीं पाट सकता, जैसे रह-रहकर कोई ज़ख्म सा रिसने लगता हो ।

सहसा उसकी पत्नी बोली, '' लाल ने अभी तक अपने को इस बात के लिए माफ नहीं किया कि उसने मेरे साथ शादी क्यों की ।''

''हेलेन ···''

मैं अटपटा महसूस करने लगा । मुझे लगा जैसे भारत को लेकर पति-पत्नी के बीच अक्सर झगड़ा उठ खड़ा होता होगा, और जैसे इस विषय पर झगड़ते हुए ही ये लोग बुढ़ापे की दहलीज़ तक आ पहुँचे थे । मन में आया कि मैं फिर से भारत की बुराई करूँ, ताकि यह सज्जन अपनी भावुक परिकल्पनाओं से छुटकारा पायें लेकिन यह कोशिश बेसूद थी ।

"सच कहती हूँ," उसकी पत्नी कहे जा रही थी, "इसे भारत में शादी करनी चाहिए थी । तब यह खुश रहता । मैं अब भी कहती हूँ कि यह भारत चला जाय, और मैं अलग यहाँ पर रहती रहूँगी । हमारी दोनों बेटियाँ बड़ी हो गयी हैं । मैं अपना ध्यान कर लूँगी ···"

वह बड़ी सन्तुलित, निर्लिप्त आवाज़ में कहे जा रही थी । उसकी आवाज़ में न शिकायत का स्वर था, न क्षोभ का । मानो अपने पति के ही हित की बात बड़े तर्कसंगत और सुचिन्तित ढंग से कह रही हो ।

"पर मैं जानती हूँ, यह वहाँ पर भी सुख से नहीं रह पायेगा । अब तो वहाँ की गर्मी भी बरदाश्त नहीं कर पायेगा । और वहाँ पर अब इसका कौन बैठा है ? माँ रही, न बाप । भाई ने मरने से पहले पुराना पुश्तैनी घर भी बेच दिया था ।"

"हेलेन, प्लीज ···" बुज़ुर्ग ने वास्ता डालने के-से लहजे में कहा ।

अबकी बार मैंने स्वयं इधर-उधर की बातें छेड़ दीं । पता चला कि उनकी दो बेटियाँ हैं, जो इस समय घर पर नहीं थीं । बड़ी बेटी बाप की ही तरह इन्जीनियर बनी थी, जबकि छोटी बेटी अभी यूनिवर्सिटी में पढ़ रही थी, कि दोनों बड़ी समझदार और प्रतिभासम्पन्न हैं । युवतियाँ हैं ।

क्षण-भर के लिए मुझे लगा जैसे मुझे इस भावुकता की ओर अधिक ध्यान नहीं देना चाहिए, इसे सनक से ज्यादा नहीं समझना चाहिए, जो इस आदमी को कभी-कभी परेशान करने लगती है, जब अपने वतन का कोई आदमी इससे मिलता है । मेरे चले जाने के बाद भावुकता का यह ज्वार उतर जायेगा और यह फिर से अपने दैनिक जीवन की पटरी पर आ जायेगा ।

आखिर चाय का दौर खत्म हुआ, और हमने सिगरेट सुलगाया । कोन्याक का दौर अभी भी थोड़े-थोड़े वक्त के बाद चल रहा था । कुछ देर सिगरेटों-सिगारों की चर्चा चली, इस बीच उसकी पत्नी चाय के बर्तन उठाकर किचन की ओर बढ़ गयी ।

"हाँ, आप कुछ बता रहे थे कि कोई छोटी-सी घटना घटी थी ···"

वह क्षण-भर के लिए ठिठका, फिर सिर टेढ़ा करके मुस्कराने लगा, "तुम अपने देश से ज्यादा देर बाहर नहीं रहे इसलिए नहीं जानते कि परदेस में दिल की क्या कैफियत होती है । पहले कुछ साल तो मैं सबकुछ भूले रहा पर भारत से निकले दस-बारह साल बाद भारत की याद रह-रहकर मुझे सताने लगी । मुझ पर एक जनून-सा तारी होने लगा । मेरे व्यवहार में भी अजीब बचपन-सा आने

लगा । कभी-कभी मैं कुर्ता-पाजामा पहनकर सड़कों पर घूमने लगता था, ताकि लोगों को पता चले कि मैं हिन्दुस्तानी हूँ, भारत का रहनेवाला हूँ । कभी जोधपुरी चप्पल पहन लेता, जो मैंने लन्दन से मँगवायी थी, लोग सचमुच बड़े कुतूहल से मेरी जोधपुरी चप्पल की ओर देखते, और मुझे बड़ा सुख मिलता । मेरा मन चाहता कि मैं सड़कों पर पान चबाता हुआ निकलूँ, धोती पहनकर चलूँ । मैं सचमुच दिखाना चाहता था कि मैं भीड़ में खोया अजनबी नहीं हूँ, मेरा भी कोई देश है, मैं भी कहीं का रहनेवाला हूँ । परदेस में रहनेवाले हिन्दुस्तानी के दिल को जो बात सबसे ज्यादा सालती है, वह यह कि वह परदेश में एक के बाद एक सड़क लाँघता चला जाय और उसे कोई जानता नहीं, कोई पहचानता नहीं, जबकि अपने वतन में हर तीसरा आदमी वाकिफ होता है । दीवाली के दिन मैं घर में मोमबत्तियाँ लाकर जला देता, हेलेन के माथे पर बिन्दी लगाता उसकी माँग में लाल रंग भरता । मैं इस बात के लिए तरस-तरस जाता कि रक्षाबन्धन का दिन हो और मेरी बहिन अपने हाथों से मुझे राखी बाँधे, और कहे, 'मेरा वीर जुग-जुग जिये !' मैं 'वीर' शब्द सुन पाने के लिए तरस-तरस जाता । आखिर मैंने भारत जाने का फैसला कर लिया । मैंने सोचा, मैं हेलेन को भी साथ ले चलूँगा और अपनी डेढ़ बरस की बच्ची को भी । हेलेन को भारत की सैर कराऊँगा और यदि उसे भारत पसन्द आया तो वहीं छोटी-मोटी नौकरी करके रह जाऊँगा ।

''पहले तो हम भारत में घूमते-घामते रहे । दिल्ली, आगरा, बनारस ... मैं एक-एक जगह बड़े चाव से इसे दिखाता और इसकी आँखों में इसकी प्रतिक्रिया ढूँढ़ता रहता । इसे कोई जगह पसन्द होती तो मेरा दिल गर्व से भर उठता ।

''फिर हम जालन्धर गये ।'' कहते ही वह आदमी फिर अनमना-सा होकर नीचे की ओर देखने लगा और चुप-सा हो गया, मुझे लगा जैसे वह मन-ही-मन दूर अतीत में खो गया है और खोता चला जा रहा है । पर सहसा उसने कन्धे झटक दिये और फर्श की ओर आँखें लगाये ही बोला, ''जालन्धर में पहुँचते ही मुझे घोर निराशा हुई । फटीचर-सा शहर, लोग जरूरत से ज्यादा काले और दुबले । सड़कें टूटी हुईं । सभी कुछ जाना-पहचाना था लेकिन बड़ा छोटा-छोटा और टूटा-फूटा । क्या यही मेरा शहर है जिसे मैं हेलेन को दिखाने लाया हूँ ? हमारा पुश्तैनी घर जो बचपन में मुझे इतना बड़ा-बड़ा और शानदार लगा करता था, अब खण्डहर-सा लग रहा था, पुराना और सिकुड़ा हुआ । माँ-बाप बरसों पहले मर चुके थे । भाई प्यार से मिला लेकिन उसे लगा जैसे मैं जायदाद बाँटने आया हूँ और वह पहले दिन से ही खिचा-खिचा रहने लगा ।

छोटी बहन की दस बरस पहले शादी हो चुकी थी और वह मुरादाबाद में जाकर रहने लगी थी । क्या मैं विदेश में बैठा इसी नगर के स्वप्न देखा करता था ? क्या मैं इसी शहर को देख पाने के लिए बरसों से तरसता रहा हूँ ? जान-पहचान के लोग बूढ़े हो चुके थे । गली के सिरे पर कुबड़ा हलवाई बैठा करता था । अब वह पहले से भी ज्यादा पिचक गया था, और दूकान में चौकी पर बैठने के बजाय, दूकान के बाहर खाट पर उकड़ूँ बैठा था । गलियाँ बोसीदा, सोयी हुईं । मैं हेलेन को क्या दिखाने लाया हूँ ? दो-तीन दिन इसी तरह बीत गये । कभी मैं शहर के बाहर खेतों में चला जाता, कभी गली-बाजार में घूमता । पर दिल में कोई स्फूर्ति नहीं थी, कोई उत्साह नहीं था । मुझे लगा जैसे मैं फिर किसी पराये नगर में पहुँच गया हूँ ।

''तभी एक दिन बाजार में जाते हुए मुझे अचानक ऊँची-सी आवाज सुनायी दी–'ओ हरामजादे !' मैंने विशेष ध्यान नहीं दिया । यह हमारे शहर की परम्परागत गाली थी जो चौबीस घण्टे हर शहरी की जबान पर रहती थी । केवल इतना-भर विचार मन में उठा कि शहर तो बुढ़ा गया है लेकिन उसकी तहजीब ज्यों-की-त्यों कायम है ।

'' 'ओ हरामजादे ! अब बाप की तरफ देखता भी नहीं ?'

''मुझे लगा जैसे कोई आदमी मुझे ही सम्बोधन कर रहा है । मैंने घूमकर देखा । सड़क के पार, साइकलों की एक दूकान के चबूतरे पर खड़ा एक आदमी मुझे ही बुला रहा था ।

''मैंने ध्यान से देखा । काली-काली फनियर मूँछों और सपाट गंजे सिर और आँखों पर लगे मोटे चश्मों के बीच से एक आकृति-सी उभरने लगी । फिर मैंने झट-से उसे पहचान लिया । वह तिलकराज था, मेरा पुराना सहपाठी ।

'' 'हरामजादे ! अब बाप को पहचानता भी नहीं है !' दूसरे क्षण हम दोनों एक-दूसरे की बाँहों में थे ।

'' 'ओ हराम दे ! बाहर की गया, साहब बन गया तूँ ? तेरी साहबी विच मैं····' और उसने मुझे जमीन पर से उठा लिया । मुझे डर था कि वह सचमुच ही सड़क पर मुझे पटक नहीं दे । दूसरे क्षण हम एक-दूसरे को गालियाँ निकाल रहे थे ।

''मुझे लड़कपन का मेरा दोस्त मिल गया था । तभी सहसा मुझे लगा जैसे जालन्धर मिल गया है, मुझे मेरा वतन मिल गया है । अभी तक मैं अपने ही शहर में अजनबी-सा घूम रहा था । तिलकराज से मिलने की देर थी कि मेरा सारा परायापन जाता रहा । मुझे लगा जैसे मैं यहीं का रहनेवाला हूँ । मैं सड़क

पर चलते किसी भी आदमी से बात कर सकता हूँ, झगड़ सकता हूँ । हर इन्सान कहीं का बनकर रहना चाहता है । अभी तक मैं अपने शहर में लौटकर भी परदेसी था, मुझे किसी ने पहचाना नहीं था । अपनाया नहीं था । यह गाली मेरे लिए वह तन्तु थी, सोने की वह कड़ी थी जिसने मुझे मेरे वतन से, मेरे लोगों से, मेरे बचपन और लड़कपन से, फिर से जोड़ दिया था ।

''तिलकराज की और मेरी हरकतों में बचपना था, बेवकूफी थी । पर उस वक्त वही सत्य था, और उसकी सत्यता से आज भी मैं इन्कार नहीं कर सकता । दिल-दुनिया के सच बड़े भौंड़े पर बड़े गहरे और सच्चे होते हैं ।

'' 'चल, कहीं बैठकर चाय पीते हैं,' तिलकराज ने फिर गाली देकर कहा । वह पंजाबी दोस्त क्या जो गाली देकर, 'पक्कड़' तोलकर बगलगीर न हो जाये ।

''हम दोनों, एक-दूसरे की कमर में हाथ डाले, खरामा-खरामा, माई हीराँ के दरवाजे की ओर जाने लगे । मेरी चाल में पुराना अलसाव आ गया । मैं जालन्धर की गलियों में यों घूमने लगा जैसे कोई जागीरदार अपनी जागीर में घूमता है । मैं पुलक-पुलक रहा था । किसी-किसी वक्त मन में से आवाज़ उठती थी, तुम यहाँ के नहीं हो, पराये हो, परदेसी हो, पर मैं अपने पैर और भी ज्यादा जोर से पटक-पटककर चलने लगता ।

'' 'चुच्चा हलवाई अभी भी वहाँ पर बैठता है ?'

'' 'और क्या तू हमें धोखा दे गया है, और लोगों ने तो धोखा नहीं दिया ।'

''इसी अल्हड़पन से, एक-दूसरे की कमर में हाथ डाले, हम किसी जमाने में इन्हीं सड़कों पर घूमा करते थे । तिलकराज के साथ मैं लड़कपन में पहुँच गया था, उन दिनों का अलबेलापन महसूस करने लगा था ।

''हम एक मल-कुचैल ढाबे में जा बैठे । वही मक्खियों और मैले से अटा गन्दा मेज, पर मुझे परवाह नहीं थी, यह मेरे जालन्धर के ढाबे का मेज था । उस वक्त मेरा मन करता कि हेलेन मुझे इस स्थिति में आकर देखे, तब वह मुझे देखकर जान लेगी कि मैं कौन हूँ, कहाँ का रहनेवाला हूँ, कि दुनिया में एक कोना ऐसा भी है जिसे मैं अपना कह सकता हूँ, यह गन्दा ढाबा, यह धुआँ-भरी फटीचर खोह ।

''ढाबे से निकलकर हम देर तक सड़कों पर मटरगश्ती करते रहे, यहाँ तक कि थककर चूर हो गये । वह उसी तरह मुझे अपने घर के सामने तक ले गया जैसे लड़कपन में मैं उसके साथ चलता हुआ, उसे उसके घर तक छोड़ने जाता था । फिर हम वहाँ से लौट पड़े, यह भी वैसा ही था जैसा लड़कपन में हुआ

करता था । पहले मैं उसे उसके घर तक छोड़ने जाता, फिर वह मुझे मेरे घर तक छोड़ने आता था ।

''तभी उसने कहा, 'कल रात तुम खाना मेरे घर पर खाओगे । अगर इन्कार किया तो साले, यहीं तुझे गले से पकड़कर नाली में घुसेड़ दूँगा ।'

'' 'आऊँगा,' मैंने झट-से कहा ।

'' 'अपनी मेम को भी लाना । आठ बजे मैं तेरी राह देखूँगा । अगर नहीं आया तो साले हराम दे…'

''और पुराने दिनों की ही तरह उसने पहले हाथ मिलाया और फिर घुटना उठाकर मेरी जाँघ पर दे मारा । यही हमारा विदा होने का ढंग हुआ करता था । जो पहले ऐसा कर जाये, कर जाये । मैंने भी उसे गले से पकड़ लिया और नीचे गिराने का अभिनय करने लगा ।

''यह स्वाँग था । मेरी जालन्धर की सारी यात्रा ही छलावा थी । कोई भावना मुझे हाँके लिये जा रही थी और मैं इस छलावे में ही खोया रहना चाहता था ।

''दूसरे रोज, आठ बजते न बजते, हेलेन और मैं उसके घर जा पहुँचे । बच्ची को हमने पहले ही खिलाकर सुला दिया था । हेलेन ने अपनी सबसे बढ़िया पोशाक पहनी, काले रंग का फ्रॉक, जिस पर सुनहरी कसीदाकारी हो रही थी, कन्धों पर नारंगी रंग का स्टोल डाला, और बार-बार कहे जाती : 'तुम्हारा पुराना दोस्त है तो मुझे बन-सँवरकर ही जाना चाहिए ना ।'

''मैं 'हाँ' कह देता पर उसके एक-एक प्रसाधन पर वह और भी ज्यादा दूर होती जा रही थी । न तो काला फ्रॉक और न बनाव-सिंगार और न स्टोल और इत्र-फुलेल ही जालन्धर में सही बैठते थे । सच पूछो तो मैं चाहता भी नहीं था कि हेलेन मेरे साथ जाये । मैंने एकाध बार उसे टालने की कोशिश भी की, जिस पर वह बिगड़कर बोली, 'वाह जी, तुम्हारा दोस्त हो और मैं उससे न मिलूँ ? फिर तुम मुझे यहाँ लाये ही क्यों हो ?'

''हम लोग तो ठीक आठ बजे उसके घर पर पहुँच गये लेकिन उल्लू के पट्ठे ने मेरे साथ धोखा किया । मैं समझे बैठा था कि मैं और मेरी पत्नी ही उसके परिवार के साथ खाना खायेंगे । पर जब हम उसके घर पहुँचे तो उसने सारा जालन्धर इकट्ठा कर रखा था, सारा घर मेहमानों से भरा था । तरह-तरह के लोग बुलाये गये थे । मुझे झेंप हुई । अपनी ओर से वह मेरा शानदार स्वागत

करना चाहता था । वह भी पंजाबी स्वभाव के अनुरूप ही था । दोस्त बाहर से आये और वह उसकी खातिरदारी न करे । अपनी जमीन-जायदाद बेचकर भी वह मेरी खातिरदारी करता । अगर उसका बस चलता तो वह बैण्ड-बाजा भी बुला लेता । पर मुझे बड़ी कोफ्त हुई । जब हम पहुँचे तो बैठकवाला कमरा मेहमानों से भरा था, उनमें से अनेक मेरे परिचित भी निकल आये और मेरे मन में फिर हिलोर-सी उठने लगी ।

''पत्नी से मेरा परिचय कराने के लिए मुझे बैठक में से रसोईघर की ओर ले गया । वह चूल्हे के पास बैठी कुछ तल रही थी । वह झट-से उठ खड़ी हुई और दुपट्टे के कोने से हाथ पोंछती हुई आगे बढ़ आयी । उसका चेहरा लाल हो रहा था और बालों की लट माथे पर झूल रही थी । ठेठ पंजाबिन, अपनत्व से भरी, मिलनसार, हँसमुख । उसे यों उठते देखकर मेरा सारा शरीर झनझना उठा । मेरी भावज भी चूल्हे पर से ऐसे ही उठ आया करती थी, दुपट्टे के कोने से हाथ पोंछती हुई, मेरी बड़ी बहिनें भी, मेरी माँ भी । पंजाबी महिला का सारा बाँकपन, सारी आत्मीयता उसमें जैसे निखर-निखर आयी थी । किसी पंजाबिन से मिलना हो तो रसोईघर की दहलीज़ पर ही मिलो । मैं सराबोर हो उठा । वह सिर पर पल्ला ठीक करती हुई, लजाती हुई-सी मेरे सामने आ खड़ी हुई ।

'' 'भाभी, यह तेरा घरवाला तो पल्ले दर्जे का बेवकूफ है, तुम इसकी बातों में क्यों आ गयीं ?'

'' 'इतना आडम्बर करने की क्या जरूरत थी ? हम लोग तो तुमसे मिलने आये हैं···'

''फिर मैंने तिलकराज की ओर मुखातिब होकर कहा, 'उल्लू के पट्ठे, तुझे मेहमाननवाजी करने को किसने कहा था ? हरामी, क्या मैं तेरा मेहमान हूँ ? ··· मैं तुझसे निबट लूँगा ।'

''उसकी पत्नी कभी मेरी ओर देखती, कभी अपने पति की ओर, फिर धीरे-से बोली, 'आप आयें और हम खाना भी न करें ? आपके पैरों से तो हमारा घर पवित्र हुआ है ।'

''वही वाक्य जो शताब्दियों से हमारी गृहिणियाँ मेहमानों से कहती आ रही हैं ।

''फिर वह हमें छोड़कर सीधा मेरी पत्नी से मिलने चली गयी और जाते ही उसका हाथ पकड़ लिया और बड़ी आत्मीयता से उसे खींचती हुई एक कुर्सी की ओर ले गयी । वह यों व्यवहार कर रही थी जैसे उसका भाग्य जागा हो । हेलेन

को कुर्सी पर बैठाने के बाद वह स्वयं नीचे फर्श पर बैठ गयी । वह टूटी-फूटी अंग्रेजी बोल लेती थी और बेधड़क बोले जा रही थी । हर बार उसकी आँखें मिलतीं तो वह हँस देती । उसके लिए हेलेन तक अपने विचार पहुँचाना कठिन था, लेकिन अपनी आत्मीयता और स्नेहभाव उस तक पहुँचाने में उसे कोई कठिनाई नहीं हुई ।

''उस शाम तिलकराज की पत्नी हेलेन के आगे-पीछे घूमती रही । कभी अन्दर से कढ़ाई के कपड़े उठा लाती और एक-एक करके हेलेन को दिखाने लगती । कभी उसका हाथ पकड़कर उसे रसोईघर में ले जाती, और उसे एक-एक व्यंजन दिखाती कि उसने क्या बनाया है और कैसे बनाया है । फिर वह अपनी कुल्लू की शाल उठा लायी और जब उसने देखा कि हेलेन को पसन्द आयी है, तो उसने उसके कन्धों पर डाल दी ।

''इस सारी आवभगत के बावजूद हेलेन थक गयी । भाषा की कठिनाई के बावजूद वह बड़ी शालीनता के साथ सभी से पेश आयी । पर अजनबी लोगों के साथ आखिर कोई कितनी देर तक शिष्टाचार निभाता रहे ? अभी ड्रिंक्स ही चल रहे थे, जब वह एक कुर्सी पर थककर बैठ गयी । जब कभी मेरी नज़र हेलेन की ओर उठती तो वह नज़र नीची कर लेती, जिसका मतलब था कि मैं चुपचाप इस इन्तजार में बैठी हूँ कि कब तुम मुझे यहाँ से ले चलो ।

''रात के बारह बजे के करीब पार्टी खत्म हुई और तिलकराज़ के दोस्त-यार नशे में झूमते हुए अपने-अपने घर जाने लगे । उस वक्त तक काफी शोरगुल होने लगा था, कुछ लोग बहकने भी लगे थे । एक आदमी के हाथ से शराब का गिलास गिरकर टूट गया था ।

''जब हम लोग भी जाने को हुए और हेलेन भी उठ खड़ी हुई तो तिलकराज ने पंजाबी दस्तूर के मुताबिक कहा—'बैठ जा, बैठ जा, कोई जाना-वाना नहीं है ।

'' 'नहीं यार, अब चलें । देर हो गयी है ।'

''उसने फिर से मुझे धक्का देकर कुर्सी पर फेंक दिया ।

''कुछ हल्का-हल्का सरूर, कुछ पुरानी याद, तिलकराज का प्यार और स्नेह और उसकी पत्नी का आत्मीयता से भरा व्यवहार, मुझे भला लग रहा था । सलवार-कमीज पहने, बालों का जूड़ा बनाये, चूड़ियाँ खनकाती एक कमरे से दूसरे कमरे में जाती हुई तिलकराज की पत्नी मेरे लिए मेरे वतन का मुजस्समा बन गयी थी, मेरे देश की समूची संस्कृति उसमें सिमट आयी थी । मेरे दिल में, कहीं गहरे में, एक टीस-सी उठी कि मेरे घर में भी कोई मेरे ही देश

की महिला एक कमरे से दूसरे कमरे में घूमा करती, उसी की हँसी गूँजती, मेरे ही देश के गीत गुनगुनाती । वर्षों से मैंने कभी यों चूड़ियाँ खनकने की आवाज़ नहीं सुनी थी । वर्षों से मैं उन बोलों के लिए तरस गया था जो बचपन में अपने घर में सुना करता था ।

''हेलेन से मुझे कोई शिकायत नहीं थी । मेरे लिए उसने क्या नहीं किया था । उसने चपाती बनाना सीख लिया था । दाल छौंकना सीख लिया था । शादी के कुछ समय बाद ही वह मेरे मुँह से सुने गीत-टप्पे भी गुनगुनाने लगी थी । कभी-कभी सलवार-कमीज पहनकर मेरे साथ घूमने निकल पड़ती । रसोईघर की दीवार पर उसने भारत का एक मानचित्र टाँग दिया था जिस पर अनेक स्थानों पर लाल पेंसिल से निशान लगा रखे थे कि जालन्धर कहाँ पर है और दिल्ली कहाँ है और अमृतसर कहाँ है, जहाँ मेरी बड़ी बहिन रहती थी । भारत सम्बन्धी जो किताब मिलती, उठा लाती । जब कभी कोई हिन्दुस्तानी मिल जाता उसे आग्रह-अनुरोध करके घर ले आती । पर उस समय मेरी नज़र में यह सब बनावट था, नकल थी, मुलम्मा था—इन्सान क्यों नहीं विवेक और समझदारी के बल पर अपना जीवन व्यतीत कर सकता ? क्यों सारा वक्त तरह-तरह के अरमान उसके दिल को मथते रहते हैं ?''

''फिर?'' मैंने आग्रह से पूछा ।

उसने मेरी ओर देखा और उसके चेहरे की मांसपेशियों में हल्का-सा कम्पन हुआ । वह मुस्कराकर कहने लगा, ''तुम्हें क्या बताऊँ । तभी मैं एक भूल कर बैठा । हर इन्सान कहीं-न-कहीं पागल होता है और पागल बना रहना चाहता है ··· जब मैं विदा लेने लगा और तिलकराज कभी मुझे गलबहियाँ देकर और कभी धक्का देकर बिठा रहा था और हेलेन भी पहले से दरवाजे पर जा खड़ी हुई थी, तभी तिलकराज की पत्नी लपककर रसोईघर की ओर से आयी और बोली, 'हाय, आप लोग जा रहे हैं ? यह कैसे हो सकता है ? मैंने तो खास आपके लिए सरसों का साग और मक्की की रोटियाँ बनायी हैं ।'

''मैं ठिठक गया । सरसों का साग और मक्की की रोटियाँ पंजाबियों का चहेता भोजन है ।

'' 'भाभी, तुम भी अब कह रही हो ? पहले अण्टसण्ट खिलाती रही हो और जब घर जाने लगे हैं तो ···'

'' 'मैं इतने लोगों के लिए कैसे मक्की की रोटियाँ बना सकती थी ? अकेली बनानेवाली जो थी । मैंने आपके लिए थोड़ी-सी बना दी । यह कहते थे कि आपको सरसों का साग और मक्की की रोटी बहुत पसन्द है ···'

''सरसों का साग और मक्की की रोटी । मैं चहक उठा, और तिलकराज को सम्बोधन करके कहा, 'ओ हरामी, मुझे बताया क्यों नहीं ?' और उसी हिलोर में हेलेन से कहा, 'आओ हेलेन, भाभी ने सरसों का साग बनाया है । यह तो तुम्हें चखना ही होगा ।'

''हेलेन खीज उठी । पर अपने को संयत कर मुसकराती हुई बोली, 'मुझे नहीं, तुम्हें चखना होगा ।' फिर धीरे-से कहने लगी, 'मैं बहुत थक गयी हूँ। क्या यह साग कल नहीं खाया जा सकता ?'

''सरसों का साग, नाम से ही मैं बावला हो उठा था । उधर शराब का हल्का-हल्का नशा भी तो था ।

'' 'भाभी ने खास हमारे लिए बनाया है । तुम्हें जरूर अच्छा लगेगा ।' फिर बिना हेलेन के उत्तर का इन्तजार किये, 'साग है तो मैं तो रसोईघर के अन्दर बैठकर खाऊँगा,' मैंने बच्चों की तरह लाड़ से कहा, 'चल बे, उल्लू के पट्ठे, उतार जूते, धो हाथ और बैठ जा थाली के पास ! एक ही थाली में से खायेंगे ।'

''छोटा-सा रसोईघर था । हमारे अपने घर में भी ऐसा ही रसोईघर हुआ करता था जहाँ माँ अँगीठी के पास रोटियाँ सेंका करती थी और हम घर के बच्चे, साझी थालियों पर झुके लुकमे तोड़ा करते थे ।

''फिर एक बार एक चिरपरिचित दृश्य मानो अतीत में से उभरकर मेरी आँखों के सामने घूमने लगा था और मैं आत्मविभोर होकर उसे देखे जा रहा था । चूल्हे की आग की लौ में तिलकराज की पत्नी के कान का झूमर चमक-चमक जाता था । सोने के काँटे में लाल नगीना पंजाबियों को बहुत फबता है । इस पर, हर बार तवे पर रोटी सेंकने पर उसकी चूड़ियाँ खनक उठतीं और वह दोनों हाथों से गरम-गरम रोटी तवे पर से उतारकर हँसती हुई हमारी थाली में डाल देती । यह दृश्य मैं बरसों के बाद देख रहा था और यह मेरे लिए किसी स्वप्न से भी अधिक सुन्दर और हृदयग्राही था । मुझे हेलेन की सुध ही नहीं रही । मैं बिल्कुल भूले हुए था कि बैठक में हेलेन अकेली बैठी मेरा इन्तजार कर रही है । मुझे डर था कि अगर मैं रसोईघर में से उठ गया तो स्वप्न भंग हो जायेगा । यह सुन्दरतम चित्र टुकड़े-टुकड़े हो जायेगा । लेकिन तिलकराज की पत्नी उसे नहीं भूली थी । वह सबसे पहले एक तश्तरी में मक्की की रोटी और थोड़ा-सा साग और उस पर थोड़ा-सा मक्खन रखकर हेलेन के लिए ले गयी थी । बाद में भी, दो-एक बार बीच-बीच में उठकर उसके पास कुछ-न-कुछ ले जाती रही थी ।

''खाना खा चुकने पर, जब हम लोग रसोईघर में से निकलकर बैठक मे आये तो हेलेन कुर्सी में बैठी-बैठी सो गयी थी और तिपाई पर मक्की की रोटी ज्यों-की-त्यों अछूती रखी थी । हमारे कदमों की आहट पाकर उसने आँखें खोलीं और उसी शालीन शिष्ट मुस्कान के साथ उठ खड़ी हुई ।

''विदा लेकर ज़ब हम लोग बाहर निकले तो चारों ओर सन्नाटा छाया था । नुक्कड़ पर हमें एक ताँगा मिल गया । ताँगे में घूमे बरसों बीत चुके थे, मैंने सोचा हेलेन को भी इसकी सवारी अच्छी लगेगी । पर जब हम लोग ताँगे में बैठकर घर की ओर जाने लगे तो रास्ते में हेलेन बोली, 'कितने दिन और तुम्हारा विचार जालन्धर में रहने का है ?'

'' 'क्यों ? अभी से ऊब गयीं क्या ? आज तुम्हें बहुत परेशान किया ना, आई ऐम सारी ।'

''हेलेन चुप रही, न हूँ, न हाँ ।

'' 'हम पंजाबी लोग सरसों के साग के लिए पागल हुए रहते हैं । आज मिला तो मैंने सोचा जी भरकर खाओ । तुम्हें कैसा लगा ?'

'' 'सुनो, मैं सोचती हूँ मैं यहाँ से लौट जाऊँ, तुम्हारा जब मन आये, चले आना ।'

'' 'यह क्या कह रही हो हेलेन, क्या तुम्हें मेरे लोग पसन्द नहीं हैं ?'

''भारत में आने पर मुझे मन-ही-मन कई बार यह ख्याल आया था कि अगर हेलेन और बच्ची साथ में नहीं आतीं तो मैं खुलकर घूम-फिर सकता था । छुट्टी मना सकता था । पर मैं स्वयं ही बड़े आग्रह से उसे अपने साथ लाया था । मैं चाहता था कि हेलेन मेरा देश देखे, मेरे लोगों से मिले, हमारी नन्हीं बच्ची के संस्कारों में भारत के संस्कार भी जुड़ें और यदि हो सके तो मैं भारत में ही छोटी-मोटी नौकरी कर लूँ ।

''हेलेन की शिष्ट, सन्तुलित आवाज़ में मुझे रुखाई का भास हुआ । मैंने दुलार से उसे आलिंगन में भरने की कोशिश की । उसने धीरे-से मेरी बाँह को परे हटा दिया । मुझे दूसरी बार उसके इर्द-गिर्द अपनी बाँह डाल देनी चाहिए थी, लेकिन मैं स्वयं तुनक उठा ।

'' 'तुम तो बड़ी डींग मारा करती हो कि तुम्हें कुछ भी बुरा नहीं लगता और अभी एक घण्टे में ही कलई खुल गयी ।'

''ताँगे में हिचकोले आ रहे थे । पुराना फटीचर-सा ताँगा था, जिसके सब चूल ढीले थे । हेलेन को ताँगे के हिचकोले परेशान कर रहे थे । ऊबड़-खाबड़

गड्ढों से भरी सड़क पर हेलेन बार-बार सँभलकर बैठने की कोशिश कर रही थी ।

'' 'मैं सोचती हूँ, मैं बच्ची को लेकर लौट जाऊँगी । मेरे यहाँ रहते तुम लोगों से खुलकर नहीं मिल सकते ।' उसकी आवाज़ में औपचारिकता का वैसा ही पुट था जैसा सरसों के साग की तारीफ करते समय रहा होगा, झूठी तारीफ और यहाँ झूठी सद्भावना ।

'' 'तुम खुद सारा वक्त गुमसुम बैठी रही हो । मैं इतने चाव से तुम्हें अपना देश दिखाने लाया हूँ ।'

'' 'तुम अपने दिल की भूख मिटाने आये हो, मुझे अपना देश दिखाने नहीं लाये,' उसने स्थिर, समतल, ठण्डी आवाज़ में कहा, 'और अब मैंने तुम्हारा देश देख लिया है ।'

''मुझे चाबुक-सी लगी ।

'' 'इतना बुरा क्या है मेरे देश में जो तुम इतनी नफरत से उसके बारे में बोल रही हो ? हमारा देश गरीब है तो क्या, है तो हमारा अपना ।'

'' 'मैंने तुम्हारे देश के बारे में कुछ नहीं कहा ।'

'' 'तुम्हारी चुप्पी ही बहुत-कुछ कह देती है । जितनी ज्यादा चुप रहती हो, उतना ही ज्यादा विष घोलती हो ।'

''वह चुप हो गयी । अन्दर-ही-अन्दर मेरा हीनभाव, जिससे उन दिनों हम सब हिन्दुस्तानी ग्रस्त हुआ करते थे, छटपटाने लगा था । आक्रोश और तिलमिलाहट के उन क्षणों में भी मुझे अन्दर-ही-अन्दर कोई रोकने की कोशिश कर रहा था । अब बात और आगे नहीं बढ़ाओ, बाद में तुम्हें अफसोस होगा, लेकिन मैं बेकाबू हुआ जा रहा था । अँधेरे में मैं यह भी नहीं देख पाया कि हेलेन की आँखें भर आयी हैं और वह उन्हें बार-बार पोंछ रही है । ताँगा हिचकोले खाता बढ़ा जा रहा था और साथ-साथ मेरी बौखलाहट भी बढ़ रही थी । आखिर ताँगा हमारे घर के सामने जा खड़ा हुआ । हमारे घर की बत्ती जलती छोड़कर घर के लोग अपने-अपने कमरों में आराम से सो रहे थे । कमरे में पहुँचकर हेलेन ने फिर एक बार कहा, 'तुम्हें किसी हिन्दुस्तानी लड़की से शादी करनी चाहिए थी । उसके साथ तुम खुश रहते । मेरे साथ तुम बँधे-बँधे महसूस करते हो ।'

''उसने वैसी समतल भावनाशून्य आवाज़ में ये शब्द कहे जैसे अन्य बातों के बारे में टिप्पणी किया करती थी ।

''हेलेन ने आँख उठाकर मेरी ओर देखा । उसकी नीली आँखें मुझे काँच की

बनी लगीं, ठण्डी, कठोर भावनाहीन, 'तुम सीधा क्यों नहीं कहती हो कि तुम्हें एक हिन्दुस्तानी के साथ ब्याह नहीं करना चाहिए था । मुझ पर इस बात का दोष क्यों लगाती हो ?'

'' 'मैंने ऐसा कुछ नहीं कहा,' वह बोली और पार्टीशन के पीछे कपड़े बदलने चली गयी ।

''दीवार के साथ एक ओर हमारी बच्ची पालने में सो रही थी । मेरी आवाज़ सुनकर वह कुनमुनायी । इस पर हेलेन झट-से पार्टीशन के पीछे से लौट आयी और बच्ची को थपथपाकर सुलाने लगी । बच्ची फिर से गहरी नींद सो गयी और हेलेन पार्टीशन की ओर बढ़ गयी । तभी मैंने पार्टीशन की ओर जाकर गुस्से से कहा, 'जब से भारत आये हैं, आज पहले दिन कुछ दोस्तों से मिलने का मौका मिला है, तुम्हें वह भी बुरा लगा है । लानत है ऐसी शादी पर !'

''मैं जानता था, पार्टीशन के पीछे से कोई उत्तर नहीं आयेगा । बच्ची सो रही हो तो हेलेन कमरे में चलती भी दबे पाँव थी । बोलने का तो सवाल ही नहीं उठता ।

''पर वह उसी समतल आवाज़ में धीरे-से बोली, 'तुम्हें मेरी क्या परवाह । तुम तो मजे से अपने दोस्त की बीवी के साथ फ्लर्ट कर रहे थे ।'

'' 'हेलेन !' मुझे आग लग गयी, 'क्या बक रही हो ।'

''मुझे लगा जैसे उसने एक अत्यन्त पवित्र, अत्यन्त कोमल और सुन्दर चीज को एक झटके से तोड़ दिया हो ।

'' 'तुम समझती हो मैं अपने मित्र की पत्नी के साथ फ्लर्ट कर रहा था ?'

'' 'मैं क्या जानूँ तुम क्या कर रहे थे । जिस ढंग से तुम सारा वक्त उसकी ओर देख रहे थे...'

''दूसरे क्षण मैं लपककर पार्टीशन के पीछे जा पहुँचा और हेलेन के मुँह पर सीधा थप्पड़ दे मारा ।

''उसने दोनों हाथों से अपना मुँह ढाँप लिया । एक बार उसकी आँखें टेढ़ी होकर मेरी ओर उठीं । पर वह चिल्लायी नहीं । थप्पड़ पड़ने पर उसका सिर पार्टीशन से टकराया था, जिससे उसकी कनपटी पर चोट आयी थी ।

'' 'मार लो, अपने देश में लाकर तुम मेरे साथ ऐसा व्यवहार करोगे, मैं नहीं जानती थी ।'

''उसके मुँह से यह वाक्य निकलने की देर थी कि मेरी टाँगें लरज गयीं और सारा शरीर जैसे ठण्डा पड़ गया । हेलेन ने चेहरे पर से हाथ हटा लिये थे

उसके गाल पर थप्पड़ का गहरा निशान पड़ गया था । पार्टीशन के पीछे वह केवल शमीज पहने सिर झुकाये खड़ी थी, क्योंकि उसने फ्राक उतार दिया था । उसके सुनहरे बाल छितराकर उसके माथे पर फैले हुए थे ।

''यह मैं क्या कर बैठा था ? यह मुझे क्या हो गया था ? मैं आँखें फाड़े उसकी ओर देखे जा रहा था और मेरा शरीर निरुद्ध हुआ जा रहा था । मेरे मुँह से फटी-फटी-सी एक हुंकार निकली, मानो दिल का सारा क्षोभ और दर्द अनुकूल शब्द न पाकर मात्र क्रन्दन में ही छटपटाकर व्यक्त हो पाया हो । मैं पार्टीशन के पीछे से निकलकर बाहर आँगन में चला गया । यह मुझसे क्या हो गया है ? यही एक वाक्य मेरे मन में बार-बार चक्कर काट रहा था…

''इस घटना के तीन दिन बाद हमने भारत छोड़ दिया । मैंने मन-ही-मन निश्चय कर लिया कि अब लौटकर नहीं आऊँगा । उस दिन जो जालन्धर छोड़ा तो फिर लौटकर नहीं गया…''

सीढ़ियों पर कदमों की आवाज़ आयी । उसी वक्त रसोईघर की ओर से हेलेन भी एप्रन पहने चली आयी । सीढ़ियों की ओर से हँसने-चहकने और तेज-तेज सीढ़ियाँ चढ़ने की आवाज़ आयी । जोर से दरवाजा खुला और हँसती-हाँफती दो युवतियाँ—लाल साहिब की बेटियाँ—अन्दर दाखिल हुईं । बड़ी बेटी ऊँची लम्बी थी, उसके बाल काले थे और आँखें किरमिची रंग की । छोटी के हाथ में किताबें थीं, उसका रंग कुछ-कुछ साँवला था, और आँखों में नीली-नीली झाइयाँ थीं । दोनों ने बारी-बारी से माँ और बाप के गाल चूमे, फिर झट-से चाय की तिपाई पर से केक के टुकड़े उठा-उठाकर हड़पने लगीं । उनकी माँ भी कुर्सी पर बैठ गयी और दोनों बेटियाँ अपने माँ-बाप को दिन-भर की छोटी-मोटी घटनाएँ अपनी भाषा में सुनाने लगीं । सारा घर उनकी चहकती आवाज़ों से गूँजने लगा । मैंने लाल की ओर देखा । उसकी आँखों में भावुकता के स्थान पर स्नेह उतर आया था ।

''यह सज्जन भारत से आये हैं । यह भी जालन्धर के रहनेवाले हैं ।''

बड़ी बेटी ने मुस्कराकर मेरा अभिवादन किया । फिर चहककर बोली, ''जालन्धर तो अब बहुत-कुछ बदल गया होगा । जब मैं वहाँ गयी थी, तब तो वह बड़ा पुराना-पुराना-सा शहर था । क्यों माँ ?'' और खिलखिलाकर हँसने लगी ।

लाल का अतीत भले ही कैसा रहा हो, उसका वर्तमान बड़ा समृद्ध और सुन्दर था ।

वह मुझे मेरे होटल तक छोड़ने आया । खाड़ी के किनारे ढलती शाम के सायों में देर तक हम दोनों टहलते, बतियाते रहे । वह मुझे अपने नगर के बारे में बताता रहा, अपने व्यवसाय के बारे में, इस नगर में अपनी उपलब्धियों के बारे में । वह बड़ा समझदार और प्रतिभासम्पन्न व्यक्ति निकला । आते-जाते अनेक लोगों के साथ उसकी दुआ-सलाम हुई । मुझे लगा, शहर में उसकी इज्जत है । और मैं फिर उसी उधेड़बुन में खो गया कि इस आदमी का वास्तविक रूप कौन-सा है ? जब वह यादों में खोया अपने देश के लिए छटपटाता है, या एक लब्धप्रतिष्ठ और सफल इन्जीनियर जो कहाँ से आया और कहाँ आकर बस गया और अपनी मेहनत से अनेक उपलब्धियाँ हासिल कीं ?

विदा होते समय उसने मुझे फिर बाँहों में भींच लिया और देर तक भींचे रहा, और मैंने महसूस किया कि भावना का ज्वार उसके अन्दर फिर से उठने लगा है, और उसका शरीर फिर से पुलकने लगा है ।

''यह मत समझना कि मुझे कोई शिकायत है । जिन्दगी मुझ पर बड़ी मेहरबान रही है । मुझे कोई शिकायत नहीं है, अगर शिकायत है तो अपने आपसे ··· '' फिर थोड़ी देर चुप रहने के बाद वह हँसकर बोला, ''हाँ, एक बात की चाह मन में अभी तक मरी नहीं है, इस बुढ़ापे में भी नहीं मरी है कि सड़क पर चलते हुए कभी अचानक कहीं से आवाज़ आये 'ओ हरामजादे !' और मैं लपककर उस आदमी को छाती से लगा लूँ,'' कहते हुए उसकी आवाज़ फिर से लड़खड़ा गयी ।

साग-मीट

साग-मीट बनाना क्या मुश्किल काम है । आज शाम खाना यहीं खाकर जाओ, मैं तुम्हारे सामने बनवाऊँगी, सीख भी लेना और खा भी लेना । रुकोगी न ? इन्हें साग-मीट बहुत पसन्द है । जब कभी दोस्तों का खाना करते हैं, तो साग-मीट जरूर बनवाते हैं । हाय, साग-मीट तो जग्गा बनाता था । वह होता, तो मैं उससे साग-मीट बनवाकर तुम्हें खिलाती । उसके हाथ में बड़ा रस था । वह उसमें दही डालता, लहसुन डालता, जाने क्या-क्या डालता । बड़े शौक से बनाता था । मेरे तो तीन-तीन डिब्बे घी के महीने में निकल जाते हैं । नौकरों के लिए डालडा रखा हुआ है, पर कौन जाने, मुए हमें डालडा खिलाते हों और खुद

अच्छा घी हड़प जाते हों। आज के जमाने में किसी का एतबार नहीं किया जा सकता। मैं ताले तो नहीं लगा सकती। मुझसे ताले नहीं लगते। मैं कहती हूँ, खाते हैं तो खायें। कितना खा लेंगे! मुझसे अपनी जान नहीं सँभाली जाती, अब ताले कौन लगाये? यह मथरा सात रोटियाँ सवेरे और सात रोटियाँ गिनकर शाम को खाता है। बीच में इसे दो बार चाय भी चाहिए, और घर में जो मिठाई हो, वह भी इसे दो। पर मैं कहती हूँ, 'टिका हुआ तो है, आजकल किसी नौकर का भरोसा थोड़े ही है। किसी वक्त भी उठकर कह देते हैं—मैं जा रहा हूँ।'

ये भी मुझे यही कहते हैं, 'कुत्ते के मुँह में हड्डी दिये रहो तो नहीं भूँकेगा। सत्तर रुपये पर इसे रखा था, अब सौ लेता है। फिर भी इसके तेवर चढ़े रहते हैं।' पर जग्गा बड़ा नेक आदमी था। बड़ा नमकहलाल। वह नौकर थोड़े ही था, वह तो घर का आदमी था। वह इन्हें बहुत मानता था। एक बार ये कुछ कह दें, तो मजाल है, वह पूरा न करे। बड़ा वफादार था। ये भी तो नौकर को नौकर नहीं समझते। घर का आदमी समझते हैं। जब कभी सौ-पचास की उसे जरूरत होती, झट-से निकालकर दे देते। कहीं कोई लिखत नहीं, कोई हिसाब नहीं।

जग्गा बीवी ब्याह कर लाया, तो दो जोड़े और एक गर्म कोट सिलवाकर दिया। मैं इनसे कहूँ, 'जी, क्यों पैसे लुटाते हो। नौकर किसी के अपने नहीं होते। इसी को पाँच रुपये कहीं से ज्यादा मिल गये, तो यह पीठ फेर लेगा।' ये कहते, 'तू अपना काम देख, पानी निकालने से कुएँ खाली नहीं होते। यह हमें साग-मीट खिलाता रहे, मुझसे जो माँगेगा, दूँगा। इस-जैसा बावर्ची तो शहर-भर में नहीं होगा।'

मुझे वह दिन याद है, जब जग्गे को लेकर आये थे। बाहर से ही आवाज़ लगायी, 'ले सुमित्रा, तेरे लिए नौकर ले आया हूँ। तब भी ये मुझसे कहें, इसे चाय के साथ खाने के लिए जरूर कुछ दे दिया कर। एक मठरी ज्यादा दे देने से तेरा नुकसान नहीं होगा। इसे घर से मोह पड़ गया, तो वर्षों तक तेरे साथ बना रहेगा। तेरा सारा काम कर दिया करेगा।'

और जग्गा भी ऐसा, जैसे जंगल से हिरन पकड़ लाये हों। बड़ी-बड़ी उसकी आँखें, हिरन की तरह हैरान-सा देखता रहता। वही बात हुई। जग्गे को मोह हो गया। पर यह छोटी उम्र में होता है। बड़े-बड़े मुस्टण्डे नौकर, जो सड़कों पर घूमते हैं, इन्हें क्या मोह होगा। बच्चे कोमल होते हैं, जैसा सिखाओ, सीख जाते हैं। जानवर सीख जाते हैं, तो ये क्यों न सीखेंगे? इन्हें बस में करने के बड़े ढंग आते हैं।

तुम्हें जैकी याद है ना ? हाय, तुम्हें जैकी भूल गया है ? जैकी कुत्ता, जिसे ये एक दोस्त के घर से उठा लाये थे । सभी को भूँकता फिरता था । पर इन्होंने उसे ऐसा हाथ में किया, इन्हीं के कदमों में चक्कर काटता फिरता था । उसे भी ऐसा ही मोह पड़ गया था इनके साथ । मैं तुम्हें क्या बताऊँ । दफ्तर से इनके लौटने का वक्त होता, तो जैकी के कान खड़े हो जाते । बाहर सारा वक्त दसियों मोटरें दौड़ती रहती हैं, पर जिस वक्त इनकी मोटर आती, तो इसे झट-से पता चल जाता और भागकर बाहर पहुँच जाता । सीधा गेट पर जा पहुँचता । वहीं पर एक दिन अपनी ही गाड़ी के नीचे कुचल गया । यह मोह बहुत बुरी चीज़ है ।

ये काँटे कहाँ से बनवाये हैं ? बड़े खूबसूरत हैं । हीरे कितने के आये ? सच्चे हैं ना ? आजकल हर चीज़ को आग लगी हुई है । मैंने यह नाक की लौंग बनवायी, इतना छोटा-सा हीरा इसमें लगा है, पर पूरे सात सौ खुल गये । अब तो मुझे पहनते भी डर लगता है । जब जग्गा था, तो मेरी जेवरों की पिटारी भी बाहर पड़ी रहती थी । कभी दो पैसे भी इधर-उधर नहीं हुए । ऐसी भुलक्कड़ हूँ, कभी चेन गुसलखाने में रह जाती, कभी तिपाई पर रह जाती, जग्गा उठाकर दे देता । पर अब तो ऐसे नौकर आये हैं, हरे राम, मैंने सारे जेवर उठाकर बैंक में रख दिये हैं ।

मथरा से पहले एक नौकर था, मंसा नाम का । ऊपर से बड़ा शरीफ। लगता, उसके मुँह में जबान ही नहीं है । पर एक दिन मैं पिछवाड़े की तरफ से घर आ रही थी, तो क्या देखती हूँ, मंसा छत पर खड़ा है और गली में खड़े आदमी को ऊपर से एक-एक करके कपड़े फेंक रहा है । मुझे देखते ही दोनों चम्पत हो गये । मंसा गली में कूद गया और वहीं से भाग गया । आजकल नौकर रखने का जमाना नहीं है । मैं तो घर के बाहर भी जाऊँ, तो डर लगा रहता है कि पीछे नौकर कहीं घर की सफाई ही न कर जायें । जग्गा था, तो मुझे कोई भी चिन्ता नहीं होती थी । वह हाथ का बड़ा साफ था ।

तू कुछ खा भी ना । तू तो कुछ भी नहीं खाती । गर्म चाय मँगवाऊँ ? इसे छोड़ दे, यह ठण्डी पड़ गयी होगी, यह केक का टुकड़ा ले । बाजारी है पर बहुत अच्छा है । केक तो बनाती है, कमला की सास, एक-से-एक बढ़िया । कभी उसमें चाकलेट डालती है, कभी कुछ, कभी कुछ । 'वेंगर' से लेने जाओ, तो जो केक मुए अठारह रुपये में बेचते हैं, कमला की सास पाँच रुपये में बना लेती है । बीच में अण्डे भी, दूध-चीनी भी, किशमिश और बादाम भी, जाने क्या-क्या । मुझसे अपनी जान नहीं सँभाली जाती, मैं क्या करूँगी । केक जग्गा भी बहुत अच्छे बनाता था । पर उसकी किस्मत खोटी थी, नहीं तो आज तुम्हें उसी के

हाथ का बना केक खिलाती। हर तीसरे-चौथे दिन केक बनाता था, पर खुद कभी नहीं खाता था। मैं उससे कहूँ, 'तू भी एक टुकड़ा खा ले, पर नहीं।' वह कहता, 'बीबीजी, यहाँ केक खाऊँगा, तो बाहर मुझे केक कौन देगा ?'

किसे मालूम था कि यों चला जायेगा। मैं तो अब भी कहती हूँ, बक देता, तो बच जाता। पर अपनी-अपनी किस्मत है, कोई क्या करे ! इनके सामने उसने मुँह ही नहीं खोला। इन्हें बहुत मानता था। बोला इसलिए नहीं कि इनके दिल को ठेस पहुँचेगी। और क्या बात हो सकती थी ? अब अन्दर की बात इन्हें क्या मालूम ? वह बताये, तो पता चले। वह तो मैं जानती थी। उसके मन में क्या था, उसने हवा तक नहीं लगने दी।

धीरे बोल...दोपहर के वक्त किसी को क्या मालूम, सोया आदमी तो मोये बराबर होता है, हमारे घर में तो उस वक्त चिड़ी नहीं फड़कती। किसी को क्या खबर, घर के पिछवाड़े में क्या हो रहा है ? मुझसे अपनी जान नहीं सँभाली जाती। भगवान झूठ न बुलवाये, एक दिन दोपहर को मैं उठी। गुसलखाने की तरफ जा रही थी, जब मुझे खटका-सा हुआ। मुझे लगा, जैसे कोई जग्गे की कोठरी की तरफ जा रहा है। मुझे क्या खबर, कौन है, कौन नहीं है। फिर भी मेरे अन्दर से फुरनी फुरी--इस वक्त यहाँ कौन हो सकता है ? जग्गे को तो इस वक्त ये अपने दफ्तर में बुला लेते हैं। जग्गा तो इस वक्त दफ्तर में काम करता है, इनके लिए चाय-पानी बनाता है, चपरासगीरी करता है। ये कहते थे कि घर के लिए कोई दूसरा नौकर मिल जाये, तो जग्गे को मैं दफ्तर में रख लूँगा। फिर इस वक्त यहाँ कौन हो सकता है ?

मैंने खिड़की में से झाँककर देखा। हाय, यह तो बिक्की है, मेरा देवर। काला सूट पहने, दबे पाँव चला जा रहा था, और सीधा जग्गे की कोठरी के अन्दर चला गया। मेरा दिल धक्-से रह गया। हाय मना, यह जग्गे की कोठरी में क्या करने गया है ? फिर मैंने सोचा, किसी काम से आया होगा। पर जग्गे की कोठरी में उसका क्या काम ? और यह इतना दबे पाँव क्यों जा रहा है ? मन में आया, इसी से जाकर पूछूँ। पर मुझसे मेरी जान नहीं सँभाली जाती। मैं लौटकर फिर पलँग पर पड़ रही, पर ध्यान मेरा बार-बार उसी ओर जाये। भलेमानस घरों में ऐसे काम नहीं करते। जो ऐसे काम करने हैं, तो शादी क्यों नहीं कर लेता। किसी का घर क्यों खराब करता है ?

तुमने जग्गे की घरवाली देखी थी ना ? बड़ी भोली-सी लड़की थी, गोरी इतनी, हाथ लगाये मैली होती थी। यह कलमुँहा किसी बहाने दफ्तर से भाग आता था और उसकी कोठरी में जा घुसता था। उस दिन मेरी नज़र पड़ गयी।

असील-सी गाँव की लड़की, सहमी-सहमी-सी, इस चंट के आगे क्या बोलती ?

धीरे बोल ··· इनके घर में बदचलनी बहुत है । ये ही एक शरीफ हैं । इनके चाचा ने भी दो-दो रखैल रखी हुई थीं । इनकी चाची, बुढ़िया, दोपहर को अपने एक नौकर से पाँव दबवाती थी । मैंने खुद देखा है । खाना खाने के बाद अपने कमरे में घुस जाती और पीछे-पीछे मुस्टण्डा शंकर पहुँच जाता ।

अब ऐसी बातें छिपी तो नहीं रह सकतीं ना । एक दिन जग्गे ने ही देख लिया । इन्होंने थर्मस मँगवाने के लिए जग्गे को घर पर भेजा । मैंने उसे थर्मस दी और वह अपनी कोठरी की तरफ चला गया । अचानक मैंने खिड़की के बाहर झाँककर देखा । बिक्की, वही काला सूट पहने, जग्गे की कोठरी में से बाहर निकल रहा था । 'बिक्की बाबू ··· !' जग्गे ने कहा । फिर उसका मुँह जैसे बन्द हो गया । फटी-फटी आँखों से उसे देखता रह गया । उधर बिक्की, बिना उसकी ओर देखे, चुपचाप वहाँ से निकल गया । मेरा दिल धक-धक करने लगा । मैंने कहा, 'अब इसकी घरवाली की खैर नहीं । यह उसे धुन देगा । क्या मालूम, जान से ही मार डाले । इन लोगों का कुछ पता थोड़े ही लगता है । पर कोठरी के अन्दर से न हूँ, न हाँ ।'

मैं नहीं जानती, जग्गा कितनी देर तक अन्दर रहा । उसने अपनी बीवी से कुछ कहा, या नहीं कहा । मैं तो जाकर लेट गयी, पर मैंने मन-ही-मन कहा कि आज रात मैं इनसे बात करूँगी । या तो जग्गे को चलता करें, या उससे कहें कि अपनी घरवाली को गाँव छोड़ आये । यहाँ इसका रहना ठीक नहीं ।

लेटे-लेटे भी मेरे कान कोठरी की ओर लगे रहे । अभी वहाँ से रोने-चिल्लाने, पीटने-रोने की आवाज़ आयेगी । पर वहाँ बिल्कुल चुप ! मैंने मन-ही-मन कहा, ऐसा शरीफ आदमी भी किस काम का, जो अपनी घरवाली को काबू में नहीं रख सकता । दो लप्पड़ उसके मुँह पर लगाता, वह अपने-आप सीधे रास्ते पर आ जाती । दस तरीके हैं, औरत को सीधे रास्ते पर लाने के । पर यहाँ न हूँ, न हाँ ।

पलँग पर लेटे-लेटे ही मुझे ऐसी घबराहट हुई, कि मुझे बाथरूम जाने की हाजत हो आयी । मुझे मुई कब्जी भी तो रहती है ना । रोज रात को ईसबगोल की भूसी दूध में डालकर लेती हूँ, तब जाकर सुबह पेट साफ होता है । कभी-कभी तो जान इतनी घबराती है कि क्या बताऊँ । एक बार पूरे पाँच दिन तक कब्ज रही । ये मजाक करते थे । कहते थे अब बाथरूम जाओगी, तो बाथरूम साफ करना मुश्किल हो जायेगा । हाय, अब तो हँसा भी नहीं जाता । हँसती हूँ, तो साँस फूलने लगती है । मुझे बवासीर की शिकायत भी तो रहती है

ना। यहाँ एक मुसीबत थोड़े है। एक नहीं, बीस दवाइयाँ खा चुकी हूँ।

डाक्टर कहता है, 'चला-फिरा करो।' अब इस शरीर के साथ कौन चल-फिर सकता है? थोड़ा-सा भी चलूँ, तो साँस फूलने लगती है। डाक्टर कहता है, 'मिठाई मत खाया करो,' पर मुझसे हाथ रोका ही नहीं जाता। घर में दो-तीन डिब्बे मिठाई के हर वक्त मौजूद रहते हैं, पर बर्फी का टुकड़ा मुँह में डालने की देर है कि पेट में गुड़-गुड़ होने लगती है। डाक्टर मुआ बार-बार कहता है, 'मिठाई खाना छोड़ दो।' पर एक टुकड़ा भी मुँह में न डालूँ, तो फिर जंगलों में जा बैठूँ, दुनिया से फिर क्या लेना है? मैं डाक्टर से कहती हूँ, डाक्टरजी मुझे बैठे-बैठे ही ठीक कर दो। न मेरी मिठाई बन्द करो, न मुझे घूमने को कहो। अगर मुझे सैर करके ही दुरुस्त होना है, तो मुझे तुम्हारी क्या जरूरंत है? जब आते हो, पच्चास-पच्चास रुपये ले जाते हो। हम तुम्हें इतने पैसे भी दें, फिर भी तुम ठीक नहीं कर सको, तो फिर फीस किस बात की लेते हो? हम पांडी-मजूर थोड़े हैं कि घूमते फिरें।

मैंने डाँटकर कहा, तो डाक्टर अपने-आप सीधा हो गया। कहने लगा, 'कोई बात नहीं, खाना खाने के बाद दो बड़े चम्मच इस दवाई के पी लिया करो।' मैंने कहा, अब आया न सीधे रास्ते पर! अब दो चम्मच रोज पी लेती हूँ। डकार आनी तो बन्द हो गयी है, पर कोई बात इधर-उधर की हो जाये और मन घबराने लगे, तो बाथरूम की हाजत होने लगती है।

उस दिन क्लब में गयी, तो हरचरन की बीवी औरतों पर बड़ा रोआब गाँठ रही थी। कह रही थी, 'मैं सात गोलियाँ रोज खाती हूँ।' मैंने सुना, पर चुप रही। मन में कहा, यह भी कोई ऐंठने की बात है? भगवान अहंकार न बुलवाये, पन्द्रह-पन्द्रह गोलियाँ भी रोज खायी हैं, पर बाहर जाकर ढिंढोरा नहीं पीटा कि दवाई की पन्द्रह गोलियाँ रोज खाते हैं। डाक्टर घर का पक्का रखा हुआ है, तीन सौ रुपया बँधा-बँधाया उसे हर महीने देते हैं, घर में कोई बीमार हो या नहीं हो, अभी भी खानेवाले मेज पर जाकर देखो, कुछ नहीं तो दस दवाइयों की शीशियाँ वहाँ पर रखी होंगी, कुछ ताकत की गोलियाँ, कुछ हाजमे की, और तरह-तरह की। जग्गे को सब मालूम था कि कौन-सी गोली मुझे किस वक्त चाहिए। अपने-आप लाकर दे दिया करता था। वह गया, तो दवाइयों का सारा सिलसिला ही खराब हो गया।...तुम कुछ लो ना, तुम तो कुछ भी नहीं खा रही हो।

उस दिन जो शाम को ये घर आये, तो आते ही कहने लगे, 'कहाँ है जग्गा? उससे कहो, पाँच आदमी रात को खाना खाने आयेंगे, बढ़िया तरकारियाँ बनाये

और साग-मीट बनाये।' जग्गा आया, तो गुमसुम इनके सामने आकर खड़ा हो गया। चेहरा ऐसा पीला, जैसा मुर्दे का होता है। इन्होंने बड़े लाड़ से पूछा, 'क्यों जग्गे क्या बात है, इतना चुप क्यों है? क्या गाँव से कोई बुरी खबर आयी है?' पर जग्गा चुप, न हूँ, न हाँ। इन्हें कहता भी तो क्या? इनसे कैसे कहता कि आपका भाई मेरी घरवाली से मुँह काला कर रहा है। कोई गैरत भी तो होती है। इनके आगे तो वह आँख उठाकर भी नहीं देखता था। पर इनकी तबीयत को तो तुम जानती हो, बिगड़ जायें, तो सख्त बिगड़ते हैं, आगा-पीछा नहीं देखते। और-तो-और, मुझे भी नौकरों के सामने बेइज्जत कर देते हैं।

जब जग्गा कुछ नहीं बोला, तो इन्हें गुस्सा आ गया। जग्गा पत्थर की मूरत बना खड़ा था। जाने उसके मन में क्या था। बोल देता, तो अपने दिल का गुबार तो निकाल लेता। मगर वह चुप!

ये उसे डाँटने लगे, तो मैंने रोक दिया। मैंने कहा—जी, मेहमान आनेवाले हैं, अभी सारा काम पड़ा है, जा जग्गा, तू रसोईघर में चल। वह उसी तरह गुमसुम रसोईघर में चला गया। थोड़ी देर बाद मैं रसोईघर में गयी कि खाने-वाने का देखूँ, तो यह वैसे-का-वैसा गुमसुम खड़ा था। रसोईघर के बीचोंबीच, पत्थर की मूरत बना हुआ। मैंने कहा, इसकी बुद्धि पथरा गयी है, यह कोई काम नहीं कर पायेगा। मैं उन्हीं कदमों से लौट आयी। मैंने इनसे कहा—जी, इसे तो कुछ हो गया है। यह बोलता नहीं, मुझे तो डर लगता है। तुम बाहर से खाना मँगवा लो, और इसे आज के दिन छुट्टी दे दो।

मैंने इनसे कहा, तो ये खुद उठकर रसोईघर की तरफ चले गये। और बजाय उसे छुट्टी देने के, उसे फटकारने लगे। मैं थर-थर काँपने लगी। क्या मालूम, जग्गे ने कोई छुरा नेफे में छिपा रखा हो। इन लोगों का क्या भरोसा? 'बदजात बोलता क्यों नहीं?' ये ऐसे चिल्लाये, जैसा मैंने इन्हें कभी चिल्लाते नहीं सुना। मेरा तो ऊपर का साँस ऊपर और नीचे का साँस नीचे मैं करूँ तो क्या करूँ? मैं भागकर इनके पास गयी। मैंने सोचा, इन्हें खींचकर बाहर ले आऊँगी, पर इन्होंने मेरा हाथ झटक दिया। 'कमीने, मैं बार-बार पूछ रहा हूँ, बता क्या बात है, और तू बोलता तक नहीं। तेरी जबान घिसती है, मुझे जवाब देने में? निकल जा यहाँ से, अभी चला जा, मेरी आँखों से दूर हो जा।' और जग्गे को कान से पकड़कर रसोईघर के बाहर ले आये। मैं इन्हें समझाने लगी—कुछ न कहो जी, घण्टे-दो घण्टे में मेहमान आनेवाले हैं, और अभी तक कुछ भी नहीं बना। यह चला जायेगा, तो खाना कौन बनायेगा। जा जग्गा, जा, तू रसोईघर में जा। और मैं इन्हें जैसे-तैसे खींच लायी।

रात को जब मेहमान चले गये…हाँ जी, बनाया जग्गे ने, सारा खाना बनाया। बड़ा अच्छा खाना बनाया, पर रहा गुमसुम, मुँह से एक लफ्ज नहीं बोला, खाना खाते-खाते इनका दिल भी पसीज गया ! मेहमानों के सामने ही उससे कहने लगे, 'जग्गे ! जा तेरी दस रुपये तरक्की ! राय साहब कहते हैं, साग-मीट बहुत अच्छा बना है, शाबाश ! जा तेरा कसूर माफ किया।' ये देने पर आयें, तो मुँहमाँगी मुराद पूरी करते हैं। इनका दिल तो समन्दर है।

रात को मुझसे नहीं रहा गया। मैंने कहा—जी, बिक्की बड़ा हो गया है, अब इसकी शादी की फिक्र करो। तो कहने लगे, 'तुम्हें इसकी शादी की क्या पड़ी है, अभी इसकी उम्र ही क्या है, अभी तो इसके मुँह पर से दूध भी नहीं सूखा।' मैंने कहा—जी, शादी नहीं करोगे तो खूँटा तुड़ाये साँड की तरह जगह-जगह मुँह मारेगा। मैंने गोल-मोल शब्दों में कहा। पर बिक्की से उन्हें बहुत प्यार है, इसे अपने बच्चे की तरह इन्होंने पाला है। उसकी बुराई ये नहीं सुन सकते। मैंने फिर से उसकी शादी की बात चलायी, तो कहने लगे, 'मार ले जितना मुँह मारता है, अभी उसकी उम्र ही क्या है, दो दिन हँस-खेल ले, ब्याह के बन्धन में तो एक दिन बँध ही जायेगा।'

मैंने कहा—जी, जवान लड़का है, गलत रास्ते पर भी पड़ सकता है। इसका तो जितनी जल्दी हो, ब्याह कर दो। इस पर कहने लगे, 'अभी तो इसने पढ़ाई भी पूरी नहीं की। कुछ नहीं तो तीस-चालीस हजार इसकी पढ़ाई पर खर्च कर चुका हूँ। इसकी शादी करूँ, तो कम-से-कम यह रकम तो वसूल हो। और अभी इसने बी. ए. पास भी नहीं किया।'

मर्द लोग बड़े समझदार होते हैं, इन्हें तो दस बातों का ध्यान रहता है। अब मैं और आगे क्या कहती। मैंने इतना-भर कहा, आप इसके कान खींचते रहा कीजिए, जवानी बड़ी मस्तानी होती है। इस पर ये बिगड़ उठे, 'तुम्हें कुछ मालूम है क्या ? बोलती क्यों नहीं हो ?' ये इतनी रुखाई से बोले कि मैं चुप हो गयी। मैंने सोचा, फिर कभी मौका मिलेगा, तो बात करूँगी, इन्हें आराम से समझाऊँगी, पर मुझे क्या मालूम था कि दूसरे ही दिन गुल खिलनेवाला है।

दूसरे दिन सुबह, यही आठ-साढ़े आठ का वक्त होगा, मैं पिछले बरामदे में बैठी बाल सुखा रही थी। वहाँ धूप अच्छी पड़ती है। मैंने सोचा, बाल सूख जायें, तो उन्हें काला करूँ। जग्गे की घरवाली बड़े सँवारकर मेरे बाल बनाती थी। मैंने सोचा, बाल सूख जायें, तो उसे बुला लूँगी। यही आठ-साढ़े आठ का वक्त होगा। उसी वक्त फ्रण्टियर मेल आती है। घर के पिछवाड़े थोड़ी दूर पर ही तो रेलवे लाइन है। अगर गाड़ियों को सिगनल नहीं मिले, तो यहीं पर रुक जाती हैं,

फिर धीरे-धीरे आगे बढ़ती हैं। पर फ्रण्टियर मेल यहाँ नहीं रुकती। वही एक गाड़ी है, जो यहाँ खड़ी नहीं होती।

जग्गे ने पहले से ही सबकुछ सोच रखा होगा। उधर से गाड़ी आयी, तो जग्गा अपनी कोठरी में से निकला। मैंने कहा, जग्गे, सुरस्ताँ को मेरे पास भेज दे। पर मुझे लगा, जैसे उसने सुना ही नहीं। वह भागकर पिछवाड़े की दीवार फाँद गया और रेलवे लाइन की ढलान चढ़ने लगा। यह सब पलक मारते हो गया। उसने मुड़कर पीछे देखा ही नहीं, मेरी भी अक्कल मारी गयी, मुझे सूझा ही नहीं कि वह क्यों भागा जा रहा है। मैंने सोचा, किसी काम से जा रहा होगा। गाड़ी का तो मुझे खयाल ही नहीं आया। वरना मैं उसे रोक नहीं देती? ढलान चढ़ने के बाद मैंने नहीं देखा कि वह कहाँ गया है, किस तरह गया है!

झूठ क्यों बोलूँ, शाम का वक्त है। बस, फिर मुझे नज़र नहीं आया। मुझे तो खटका तब भी नहीं हुआ, जब गाड़ी धम-धम करती आयी और कुछ ही देर बाद पहिए घसीटती रुक गयी। पहिए घिसटने की आवाज़ आती है ना, जैसे किसी ने चेन खींची हो। पर मैंने खयाल नहीं किया, यहाँ रोज गाड़ियाँ रुकती हैं। मैंने सोचा किसी ने चेन खींची होगी। थोड़ी देर में माली भागा-भागा आया। कहने लगा, कोई हादसा हो गया है, और वह भी पिछवाड़े की दीवार फाँदकर ढलान चढ़ने लगा। मुझे फिर भी शक नहीं हुआ। थोड़ी देर बाद पड़ोसवाले नौकर ने चिल्लाकर कहा, 'जग्गा मारा गया है। जग्गा गाड़ी के नीचे कुचल गया है।'

मेरा दिल बुरी तरह से धक-धक करने लगा। उसके साथ उन्स थी ना। वह तो जैसे घर का आदमी था, कोई पराया थोड़े ही था। ये तो उसके साथ बेटे-जैसा सुलूक करते थे। वह भी इन्हें बाप की तरह मानता था। यही चीज़ उसे अन्दर-ही-अन्दर खा गयी। मैं तो अब भी कहती हूँ, अगर जग्गा बोल पड़ता, तो बच जाता। ये जरूर कोई-न-कोई रास्ता ढूँढ़ निकालते। ये सब तरकीबें जानते हैं। बड़े समझदार हैं। पर वह बोला ही नहीं।

वह दिन तो ऐसा बुरा बीता, ऐसा बुरा कि तुम्हें क्या बताऊँ! बार-बार टेलिफोन आयें, तीन बार तो पुलिस का इन्स्पेक्टर आया। बार-बार इन्हें बुलाता, बार-बार कोठरी में झाँककर देखता। अन्दर बैठी थी, वह कुलच्छणी! मौका देखने के बहाने इन्स्पेक्टर बार-बार अन्दर जाये। मर्द तो भेड़िये की तरह औरत को घूरते हैं ना। और वह अन्दर बेहोश पड़ी थी। उसे बार-बार गश आ रहे थे। अब मैं किस काम की! मुझसे अपनी जान नहीं सँभाली जाती। दो-एक बार मन में आया भी कि जाऊँ, सुरस्ताँ को देख आऊँ। पर इन्होंने मना कर दिया. ये कहने लगे, फौजदारी का मामला है, इससे दूर ही रहो। जब तक

पुलिस अपनी कार्रवाई न कर ले, कोठरी में कदम नहीं रखना। मर्द समझदार होते हैं ना, उन्होंने दुनिया देखी होती है। पुलिस ने इनसे पूछा, तो इन्होंने कहा 'वह पिछले दिन से ही पगलाया-पगलाया-सा लग रहा था। मियाँ-बीवी की आपस में कोई बात हुई हो, तो हम नहीं जानते। नौकरों की अन्दर की बातों से मालिकों का क्या काम ?' एक बार अन्दर आये, तो मैंने इनसे कहा, 'जी, तुम बिक्की को कहीं बाहर भेज दो।' मैं कहूँ, इन्हें मालूम नहीं, पर आस-पास के किसी आदमी को मालूम हुआ, तो बखेड़ा उठ खड़ा होगा। पर इन्होंने समझदारी की। बिक्की को बाहर नहीं भेजा। मर्द लोग समझदार होते हैं, बिक्की लापता हो जाता, तो पुलिस को शक पड़ सकता था, ना।

एक मठरी और लो! लो ना! तुमने तो कुछ खाया ही नहीं। खाओगी तो सेहत बनी रहेगी, बस मुटियाना नहीं। मेरी तरह मोटी नहीं होना, मोटी देह किस काम की। तुम आ गयीं, तो घण्टा, आध घण्टा, मन बहल गया। कभी-कभी आ जाया करो ना। तुम दूर तो नहीं रहती हो। कहो तो मोटर भेज दिया करूँ ? अकेले में तो घर भाँय-भाँय करता है। ये तो दफ्तर से आते हैं, तो सीधे ब्रिज खेलने चले जाते हैं। जब तक तीन-चार घण्टे ब्रिज न खेल लें, इन्हें चैन नहीं मिलता। यह ताश तो मेरी सौकन आयी है, इस घर में जब से ब्याही आयी हूँ, यह मेरा पीछा नहीं छोड़ती। रोज शाम को इन्हें उड़ा ले जाती है। हाय, अब तो हँस भी नहीं सकती हूँ। हँसती हूँ, तो साँस फूलने लगता है। छाती में शाँ-शाँ होती है। मैं इनसे कहूँ, तुम ताश बहुत न खेला करो जी। अपनी सेहत का भी कुछ खयाल किया करो। जानती हो, क्या कहते हैं ? कहने लगे, 'इसी ताश के तुफैल ही से तो मेरे दस काम सँवरते हैं। पुलिस का बड़ा अफसर ताश का साथी था, तभी जग्गेवाला मामला रफा-दफा हो गया, वरना घर में से कोई खुदकुशी करे, तो पुलिसवाले क्या घरवालों को परेशान नहीं करेंगे ?' मैंने कहा, 'ठीक है, मर्द लोग जानें, हम क्या जानें।' बस, वही दिन हमारा बुरा गुजरा। इनको दिन के वक्त सोने की आदत है, थोड़ा सो न लें, तो बदन भारी-भारी महसूस करने लगता है, पर कोई सोने दे तो! उस दिन वह भी नहीं हुआ। सोने के लिए लेटें, तो कभी टेलीफोन की घण्टी बजने लगे, तो कभी कोई सरकारी आदमी आ जाये। पर दूसरे दिन से चैन हो गया। फिर कोई नहीं आया।

जब मामला रफा-दफा हो गया, तो एक दिन मैंने बिक्की की सारी करतूत इन्हें बता दी। ये कहने लगे, 'मुझे तो पहले दिन से मालूम था।' मैं हक्की-बक्की इनके मुँह की ओर देखने लगी। 'जवानी में सभी बेवकूफियाँ करते

हैं, इसने कर ली, तो क्या हुआ।' मैंने कहा, 'जी, बिक्की को समझा तो दिया होता।' कहने लगे, 'कोई बेसवा के पास तो नहीं गया, कोई बीमारी तो नहीं ले आया, हो गयी बात जो होनी थी, आगे के लिए इसे खुद कान हो जायेंगे।' मैंने कहा—'जी, पर बात तो अच्छी नहीं ना, ऐसा बिक्की को करना तो नहीं चाहिए था ना। बिक्की ने ऐसा नहीं किया होता, तो जग्गा जान पर तो नहीं खेल जाता ना।' तो कहने लगे, 'तुम क्या चाहती हो, भाई को पुलिस में दे देता?' 'पर जी, उसने जुर्म तो बहुत बड़ा किया है, ना।' ये और भी बिगड़ उठे, 'उसका जुर्म देखता या उसकी जान बचाता? तुम क्या चाहती हो, उसे काल-कोठरी में भिजवा देता?'

फिर थोड़ी देर बाद धीमे-से बोले, मुझे समझाने लगे, 'औव्वल तो कौन जाने, बिक्की अपने-आप अन्दर गया था या जग्गे की घरवाली उसे इशारे करती रही थी। ताली एक हाथ से तो नहीं बजती। औरत बढ़ावा देती है, तभी मर्द बहकता है। लड़की इशारा भी कर दे, तो आदमी बौरा जाता है। कोठरी के बाहर पर्दा लगा रहता है। क्या मालूम पर्दे की ओट में उसे इशारे करती रही हो। औरत खुद न चाहती, तो क्या मजाल थी कि बिक्की उसके कमरे में जाता। ऐसे ही कोई किसी के कमरे में घुस जाता है? इतनी ही शरीफजादी थी, तो अन्दर से कमरा बन्द करके क्यों नहीं बैठती थी? अन्दर से साँकल लगाकर बैठती। तेरा मर्द बाहर काम पर गया है, तू कोठरी में अकेली है, तू अन्दर से कोठरी बन्द करके बैठ। दरवाजा खोलकर बैठने का तेरा क्या मतलब है? दिन के वक्त तेरे पास आ सकती थी। उसे किसी ने मना किया था?'

मैं सुनती रही, मैं भी सोचूँ, किसी के दिल की कौन जानता है, लड़की के दिल में चोर था, या बिक्की के दिल में, भगवान जाने।

आखिर में जी, इन्होंने सारा मामला सँभाल लिया, इनसे सब सन्तुष्ट हो गये। इन्हें भगवान ने ऐसी समझदारी दी है, इनकी कोई कसम तक नहीं खाता। सभी इनके सामने हाथ जोड़ते हैं। ये जल्दी घबरा नहीं जाते ना, यही इनकी सबसे बड़ी खूबी है। कोई दूसरा होता, तो घबरा जाता। जग्गे का भाई गाँव से आया, बहुत रोया-धोया, उसे इन्होंने दो सौ रुपये निकालकर दे दिये। जग्गे की घरवाली का बाप आया। उसे भी इन्होंने पैसे दिये। मैंने इनसे कहा, 'जी, मामला रफा-दफा हो गया है, अब ये हमारे क्या लगते हैं, तुम पैसे लुटा रहे हो।' पर नहीं, ये कहने लगे, 'जग्गे ने दस साल तक हमारी सेवा की है। इसे हम कैसे भूल सकते हैं।' कहने लगे, 'सौ-पच्चास दे दो, तो गरीब का मुँह बन्द हो जाता है।' ये सबका भला सोचते हैं, किसी का बुरा नहीं सोचते। हर किसी की मदद

ही करेंगे।

यह ज़रा घण्टी तो बजाना। मुए जानते भी हैं, रात पड़ गयी है, मगर मजाल है, जो अपने-आप आकर बत्ती जलायें। बार-बार घण्टी बजानी पड़ती है। कानों में तेल डाले पड़े रहते हैं। अब आयी हो, तो खाना खाकर जाना। ये जाने कब लौटेंगे। कभी दस बजे आते हैं, कभी खाना खाकर आते हैं। मैं दिन-भर अकेली बैठी कौव्वे उड़ाती रहती हूँ। अब खाना खाये बिना तो मैं तुम्हें जाने ही नहीं दूँगी। तुम आ गयीं, तो घड़ी-भर दिल बहल गया। हमने अपनी बातें तो अभी तक की ही नहीं। दोनों बैठी बातें करेंगी। तुमने साग-मीट का पूछा तो बीच में मुए जग्गे की बात चल पड़ी। मैं तुम्हें खाना खाये बिना तो जाने नहीं दूँगी...

वाङ्चू

तभी दूर से वाङ्चू आता दिखायी दिया।

नदी के किनारे, लालमण्डी की सड़क पर धीरे-धीरे डोलता-सा चला आ रहा था। धूसर रंग का चोगा पहने था और दूर से लगता था कि बौद्ध भिक्षुओं की ही भाँति उसका सिर भी घुटा हुआ है। पीछे शंकराचार्य की ऊँची पहाड़ी थी और ऊपर स्वच्छ नीला आकाश। सड़क के दोनों ओर ऊँचे-ऊँचे सफेदे के पेड़ों की कतारें। क्षण-भर के लिए मुझे लगा, जैसे वाङ्चू इतिहास के पन्नों पर से उतरकर आ गया है। प्राचीन काल में इसी भाँति देश-विदेश से आनेवाले चीवरधारी भिक्षु पहाड़ों और घाटियों को लाँघकर भारत में आया करते होंगे। अतीत के ऐसे ही रोमांचकारी धुँधलके में मुझे वाङ्चू भी चलता हुआ नज़र आया। जब से वह श्रीनगर में आया था, बौद्ध विहारों के खण्डहरों और संग्रहालयों में घूम रहा था। इस समय भी वह लालमण्डी के संग्रहालय में से निकलकर आ रहा था, जहाँ बौद्धकाल के अनेक अवशेष रखे हैं। उसकी मन:स्थिति को देखते हुए वह सचमुच ही वर्तमान से कटकर अतीत के ही किसी कालखण्ड में विचर रहा था।

"बोधिसत्वों से भेंट हो गयी?" पास आने पर मैंने चुटकी ली।

वह मुस्करा दिया, हल्की टेढ़ी-सी मुस्कान, जिसे मेरी मौसेरी बहन डेढ़ दाँत की मुस्कान कहा करती थी, क्योंकि मुस्कराते वक्त वाङ्चू का ऊपर का होंठ केवल एक ओर से थोड़ा-सा ऊपर को उठता था।

''संग्रहालय के बाहर बहुत-सी मूर्तियाँ रखी हैं। मैं वही देखता रहा।'' उसने धीमे-से कहा, फिर वह सहसा भावुक होकर बोला, ''एक मूर्ति के केवल पैर-ही-पैर बचे हैं...''

मैंने सोचा, आगे कुछ कहेगा, परन्तु वह इतना भावविह्वल हो उठा था कि उसका गला रुँध गया और उसके लिए बोलना असम्भव हो गया।

हम एक साथ घर की ओर लौटने लगे।

''महाप्राण के भी पैर ही पहले दिखाये जाते थे।'' उसने काँपती-सी आवाज़ में कहा और अपना हाथ मेरी कोहनी पर रख दिया। उसके हाथ का हल्का-सा कम्पन, धड़कते दिल की तरह महसूस हो रहा था।

''आरम्भ में महाप्राण की मूर्तियाँ नहीं बनायी जाती थीं ना! तुम तो जानते हो, पहले स्तूप के नीचे केवल पैर ही दिखाये जाते थे। मूर्तियाँ तो बाद में बनायी जाने लगी थीं।''

जाहिर है, बोधिसत्व के पैर देखकर उसे महाप्राण के पैर याद हो आये थे और वह भावुक हो उठा था। कुछ पता नहीं चलता था, कौन-सी बात किस वक्त वाङ्चू को पुलकाने लगे, किस वक्त वह गद्गद होने लगे।

''तुमने बहुत देर कर दी। सभी लोग तुम्हारा इन्तजार कर रहे हैं। मैं चिनारों के नीचे भी तुम्हें खोज आया हूँ।'' मैंने कहा।

''मैं संग्रहालय में था...''

''वह तो ठीक है, पर दो बजे तक हमें हब्बाकदल पहुँच जाना चाहिए, वरना जाने का कोई लाभ नहीं।''

उसने छोटे-छोटे झटकों के साथ तीन बार सिर हिलाया और कदम बढ़ा दिये।

वाङ्चू भारत में मतवाला बना घूम रहा था। वह महाप्राण के जन्म-स्थान लुम्बिनी की यात्रा नंगे पाँव कर चुका था, सारा रास्ता हाथ जोड़े हुए। जिस-जिस दिशा में महाप्राण के चरण उठे थे, वाङ्चू मन्त्रमुग्ध-सा उसी-उसी दिशा में घूम आया था। सारनाथ में, जहाँ महाप्राण ने अपना पहला प्रवचन किया था और दो मृगशावक मन्त्रमुग्ध-से झाड़ियों में से निकलकर उनकी ओर देखते रह गये थे, वाङ्चू एक पीपल के पेड़ के नीचे घण्टों नतमस्तक बैठा रहा था, यहाँ तक कि उसके कथनानुसार उसके मस्तक में अस्फुट-से वाक्य गूँजने लगे थे और उसे लगा था, जैसे महाप्राण का पहला प्रवचन सुन रहा है। वह इस भक्तिपूर्ण कल्पना में इतना गहरा डूब गया था कि सारनाथ में ही रहने लगा था। गंगा की धारा को वह दसियों शताब्दियों के धुँधलके में पावन जलप्रवाह के

रूप में देखता। जब से श्रीनगर में आया था, बर्फ से ढके पहाड़ों की चोटियों की ओर देखते हुए अक्सर मुझसे कहता—वह रास्ता ल्हासा को जाता है ना, उसी रास्ते बौद्धग्रन्थ तिब्बत में भेजे गये थे। वह उस पर्वतमाला को भी पुण्य-पावन मानता था, क्योंकि उस पर बिछी पगडण्डियों के रास्ते बौद्ध भिक्षु तिब्बत की ओर गये थे।

वाङ्चू कुछ वर्षों पहले वृद्ध प्रोफेसर तान-शान के साथ भारत आया था। कुछ दिनों तक तो वह उन्हीं के साथ रहा और हिन्दी और अंग्रेजी भाषाओं का अध्ययन करता रहा, फिर प्रोफेसर शान चीन लौट गये और वह यहीं बना रहा और किसी बौद्ध सोसाइटी से अनुदान प्राप्त कर सारनाथ में आकर बैठ गया। भावुक, काव्यमयी प्रकृति का जीव, जो प्राचीनता के मनमोहक वातावरण में विचरते रहना चाहता था। वह यहाँ तथ्यों की खोज करने नहीं आया था। वह तो बोधिसत्वों की मूर्तियों को देखकर गद्गद होने आया था। महीने-भर से संग्रहालयों के चक्कर काट रहा था, लेकिन उसने कभी नहीं बताया कि बौद्ध धर्म की किस शिक्षा से उसे सबसे अधिक प्रेरणा मिलती है। न तो वह किसी तथ्य को पाकर उत्साह से खिल उठता, न उसे कोई संशय परेशान करता। वह भक्त अधिक और जिज्ञासु कम था।

मुझे याद नहीं कि उसने हमारे साथ कभी खुलकर बात की हो, या किसी विषय पर अपना मत पेश किया हो। उन दिनों मेरे और मेरे दोस्तों के बीच घण्टों बहसें चला करतीं, कभी देश की राजनीति के बारे में, कभी धर्म के बारे में, लेकिन वाङ्चू इनमें कभी भाग नहीं लेता था। वह सारा वक्त धीमे-धीमे मुस्कराता रहता और कमरे के एक कोने में दबककर बैठा रहता। उन दिनों देश में वलवलों का सैलाब-सा उठ रहा था। स्वतन्त्रता-आन्दोलन जोरों पर था और हमारे बीच उसी की चर्चा रहती—कांग्रेस कौन-सी नीति अपनायेगी आन्दोलन कौन-सा रुख पकड़ेगा। क्रियात्मक स्तर पर तो हम लोग कुछ करते-कराते नहीं थे, लेकिन भावनात्मक स्तर पर उसके साथ बहुत-कुछ जुड़े हुए थे। इस पर वाङ्चू की तटस्थता कभी हमें अखरने लगती, तो कभी अचम्भे में डाल देती। वह हमारे देश की ही गतिविधि के बारे में नहीं, अपने देश की गतिविधि में भी कोई विशेष दिलचस्पी नहीं लेता था। उसके अपने देश के बारे में भी पूछो, तो मुस्कराता सिर हिलाता रहता था।

कुछ दिनों से श्रीनगर की हवा भी बदली हुई थी। कुछ मास पहले यहाँ

गोली चली थी। कश्मीर के लोग महाराजा के खिलाफ उठ खड़े हुए थे और अब कुछ दिनों से शहर में एक नयी उत्तेजना पायी जाती थी। नेहरूजी श्रीनगर आनेवाले थे और उनका स्वागत करने के लिए नगर को दुल्हन की तरह सजाया जा रहा था। आज ही दोपहर को नेहरूजी श्रीनगर पहुँच रहे थे। नदी के रास्ते नावों के जुलूस की शक्ल में उन्हें लाने की योजना थी और इसी कारण मैं वाङ्चू को खोजता हुआ उस ओर आ निकला था।

हम घर की ओर बढ़े जा रहे थे, जब सहसा वाङ्चू ठिठककर खड़ा हो गया।

''क्या मेरा जाना बहुत जरूरी है ? जैसा तुम कहो...''

मुझे धक्का-सा लगा। ऐसे समय में, जब लाखों लोग नेहरूजी के स्वागत के लिए इकट्ठे हो रहे थे, वाङ्चू का यह कहना कि अगर वह साथ में न जाये, तो कैसा रहे, मुझे सचमुच बुरा लगा। लेकिन फिर स्वयं ही कुछ सोचकर उसने अपने आग्रह को दोहराया नहीं और हम घर की ओर साथ-साथ जाने लगे।

कुछ देर बाद हब्बाकदल के पुल के निकट लाखों की भीड़ में हम लोग खड़े थे—मैं, वाङ्चू तथा मेरे दो-तीन मित्र। चारों ओर, जहाँ तक नजर जाती, लोग-ही-लोग थे—मकानों की छतों पर, पुल पर, नदी के ढालवाँ किनारों पर। मैं बार-बार कनखियों से वाङ्चू के चेहरे की ओर देख रहा था कि उसकी क्या प्रतिक्रिया हुई है, कि हमारे दिल में उठनेवाले वलवलों का उस पर क्या असर हुआ है। यों भी यह मेरी आदत-सी बन गयी है। जब भी कोई विदेशी साथ में हो, मैं उसके चेहरे का भाव पढ़ने की कोशिश करता रहता हूँ कि हमारे रीति-रिवाज, हमारे जीवन-यापन के बारे में उसकी क्या प्रतिक्रिया होती है। वाङ्चू अधमुँदी आँखों से सामने का दृश्य देखे जा रहा था। जिस समय नेहरूजी की नाव सामने आयी, तो जैसे मकानों की छतें भी हिल उठीं। राजहंस की शक्ल की सफेद नाव में नेहरूजी स्थानीय नेताओं के साथ खड़े हाथ हिला-हिलाकर लोगों का अभिवादन कर रहे थे। और हवा में फूल-ही-फूल बिखर गये। मैंने पलटकर वाङ्चू के चेहरे की ओर देखा। वह पहले ही की तरह निश्चेष्ट-सा सामने का दृश्य देखे जा रहा था।

''आपको नेहरूजी कैसे लगे ?'' मेरे एक साथी ने वाङ्चू से पूछा।

वाङ्चू ने अपनी टेढ़ी-सी आँखें उठाकर उसके चेहरे की ओर देखा, फिर अपनी डेढ़ दाँत की मुस्कान के साथ कहा, ''अच्छा, बहुत अच्छा!''

वाङ्चू मामूली-सी हिन्दी और अंग्रेजी जानता था। अगर तेज बोलो, तो उसके पल्ले कुछ नहीं पड़ता था।

नेहरूजी की नाव दूर जा चुकी थी, लेकिन नावों का जुलूस अभी भी चलता

जा रहा था, जब वाङ्चू सहसा मुझसे बोला, ''मैं थोड़ी देर के लिए संग्रहालय में जाना चाहूँगा। इधर से रास्ता जाता है, मैं स्वयं चला जाऊँगा।'' और वह बिना कुछ कहे, एक बार अधमिंची आँखों से मुस्कराया और हल्के से हाथ हिलाकर मुड़ गया।

हम सभी हैरान रह गये। इसे सचमुच जुलूस में रुचि नहीं रही होगी, जो इतनी जल्दी संग्रहालय की ओर अकेला चल दिया है।

''यार, किस बूदम को उठा लाये हो? यह क्या चीज़ है? कहाँ से पकड़ लाये हो इसे?'' मेरे एक मित्र ने कहा।

''बाहर का रहनेवाला है, इसे हमारी बातों में कैसे रुचि हो सकती है!'' मैंने सफाई देते हुए कहा।

''वाह, देश में इतना कुछ हो रहा हो और इसे रुचि ही न हो!''

वाङ्चू अब तक दूर जा चुका था और भीड़ में से निकलकर पेड़ों की कतार के नीचे आँखों से ओझल होता जा रहा था।

''मगर यह है कौन?'' दूसरा एक मित्र बोला, ''न यह बोलता है, न चहकता है। कुछ पता नहीं चलता, हँस रहा है, या रो रहा है! सारा वक्त एक कोने में दबककर बैठा रहता है!''

''नहीं, नहीं, बड़ा समझदार आदमी है। पिछले पाँच साल से यहाँ पर रह रहा है। बड़ा पढ़ा-लिखा आदमी है। बौद्ध धर्म के बारे में बहुत-कुछ जानता है।'' मैंने फिर उसकी सफाई देते हुए कहा।

मेरी नज़र में इस बात का बड़ा महत्त्व था कि वह बौद्ध ग्रन्थ बाँचता है और उन्हें बाँचने के लिए इतनी दूर से आया है।

''अरे भाड़ में जाये ऐसी पढ़ायी! वाह जी, जुलूस को छोड़कर म्युजियम की ओर चल दिया है!''

''सीधी-सी बात है, यार!'' मैंने जोड़ा, ''इसे यहाँ भारत का वर्तमान खींचकर नहीं लाया, भारत का अतीत लाया है। ह्यूनत्सांग भी तो यहाँ बौद्ध ग्रन्थ ही बाँचने आया था। यह भी शिक्षार्थी है। बौद्ध मत में इसकी रुचि है।'

घर लौटते हुए हम लोग सारा रास्ता वाङ्चू की ही चर्चा करते रहे। अजय का मत था अगर वह पाँच साल भारत में काट गया है, तो अब वह जिन्दगी-भर यहीं पर रहेगा।

''अब आ गया है, तो लौटकर नहीं जायेगा। भारत में एक बार परदेशी आ जाये, तो लौटने का नाम नहीं लेता।''

"भारत देश वह दलदल है कि जिसमें एक बार बाहर के आदमी का पाँव पड़ जाय, तो वह धँसता ही चला जाता है, निकलना चाहे भी, तो नहीं निकल सकता !" दिलीप ने मजाक में कहा, "न जाने कौन-से कमलफूल तोड़ने के लिए इस दलदल में घुसा है !"

"हमारा देश हम हिन्दुस्तानियों को पसन्द नहीं, बाहर के लोगों को तो बहुत पसन्द है !" मैंने कहा।

"पसन्द क्यों न होगा ! यहाँ थोड़े में गुजर हो जाती है, सारा वक्त धूप खिली रहती है, फिर बाहर के आदमी को लोग परेशान नहीं करते, जहाँ बैठा है वहीं बैठा रहने देते हैं। इस पर उन्हें तुम-जैसे झुड्डू भी मिल जाते हैं, जो उनका गुणगान करते रहते हैं और उनकी आवभगत करते रहते हैं ! तुम्हारा वाङ्चू भी यहीं पर मरेगा··· !"

हमारे यहाँ उन दिनों मेरी छोटी मौसेरी बहन ठहरी हुई थी, वही जो वाङ्चू की मुस्कान को डेढ़ दाँत की मुस्कान कहा करती थी। चुलबुली-सी लड़की, बात-बात पर ठिठोली क-ती रहती थी। मैंने दो-एक बार वाङ्चू को कनखियों से उसकी ओर देखते पाया था, लेकिन कोई विशेष ध्यान नहीं दिया, क्योंकि वह सभी को कनखियों से ही देखता था। पर उस शाम नीलम मेरे पास आयी और बोली, "आपके दोस्त ने मुझे उपहार दिया है। प्रेमोपहार !"

मेरे कान खड़े हो गये, "क्या दिया है ?"

"झूमरों का जोड़ा !"

और उसने दोनों मुट्ठियाँ खोल दीं, जिनमें चाँदी के कश्मीरी चलन के दो सफेद झूमर चमक रहे थे। और फिर वह दोनों झूमर अपने कानों के पास ले जाकर बोली, "कैसे लगते हैं ?"

मैं हत्बुद्धि-सा नीलम की ओर देख रहा था।

"उसके अपने कान कैसे भूरे-भूरे हैं !" नीलम ने हँसकर कहा।

"किसके ?"

"मेरे इस प्रेमी के !"

"तुम्हें उसके भूरे कान पसन्द हैं ?"

"बहुत ज्यादा ! जब शर्माता है, तो ब्राउन हो जाते हैं, गहरे ब्राउन !" और नीलम खिलखिलाकर हँस पड़ी।

लड़कियाँ कैसे उस आदमी के प्रेम का मजाक उड़ा सकती हैं, जो उन्हें पसन्द न हो ! या कहीं नीलम मुझे बना तो नहीं रही है ?

पर मैं इस सूचना से बहुत विचलित नहीं हुआ था। नीलम लाहौर में पढती

थी और वाङ्चू सारनाथ में रहता था और अब वह हफ्ते-भर में श्रीनगर से वापस जानेवाला था। इस प्रेम का अंकुर अपने-आप ही जल-भुन जायेगा।

''नीलम, ये झूमर तो तुमने उससे ले लिये हैं, पर इस प्रकार की दोस्ती अन्त में उसके लिए दुखदायी होगी। बने-बनायेगा कुछ नहीं!''

''वाह भैया, तुम भी कैसे दकियानूस हो! मैंने भी चमड़े का एक राइटिंग पैड उसे उपहार में दिया है। मेरे पास पहले से पड़ा था, मैंने उसे दे दिया। जब लौटेगा, तो प्रेम-पत्र लिखने में उसे आसानी होगी!''

''वह क्या कहता था?''

''कहता क्या था, सारा वक्त उसके हाथ काँपते रहे और चेहरा कभी लाल होता रहा, कभी पीला। कहता था, मुझे पत्र लिखना, मेरे पत्रों का जवाब देना। और क्या कहेगा, बेचारा, भूरे कानोंवाला!''

मैंने ध्यान से नीलम की ओर देखा, पर उसकी आँखों में मुझे हँसी के अतिरिक्त कुछ दिखायी नहीं दिया। लड़कियाँ दिल की बात छिपाना खूब जानती हैं। मुझे लगा, नीलम उसे बढ़ावा दे रही है। उसके लिए यह खिलवाड़ था, लेकिन वाङ्चू जरूर इसका दूसरा ही अर्थ निकालेगा।

इसके बाद मुझे लगा कि वाङ्चू अपना सन्तुलन खो रहा है। उसी रात मैं अपने कमरे की खिड़की के पास खड़ा बाहर मैदान में चिनारों की पाँत की ओर देख रहा था, जब चाँदनी में, कुछ दूरी पर पेड़ों के नीचे मुझे वाङ्चू टहलता दिखायी दिया। वह अक्सर रात को देर तक पेड़ों के नीचे टहलता रहता था। पर आज वह अकेला नहीं था। नीलम भी उसके साथ ठुमक-ठुमककर चलती जा रही थी। मुझे नीलम पर गुस्सा आया। लड़कियाँ कितनी जालिम होती हैं! यह जानते हुए भी कि इस खिलवाड़ से वाङ्चू की बेचैनी बढ़ेगी, वह उसे बढ़ावा दिये जा रही थी।

दूसरे रोज खाने की मेज पर नीलम फिर उसके साथ ठिठोली करने लगी। किचन में से एक चौड़ा-सा एलुमीनियम का डिब्बा उठा लायी। उसका चेहरा तपे ताँबे-ज़ैसा लाल हो रहा था।

''आपके लिए रोटियाँ और आलू बना लायी हूँ। आम के अचार की फाँक भी रखी है। आप जानते हैं, फाँक किसे कहते हैं? एक बार कहो तो, 'फाँक'! कहो वाङ्चूजी, 'फाँक'!''

उसने नीलम की ओर खोयी-खोयी आँखों से देखा और बोला, 'बाँक!' हम सभी खिलखिलाकर हँस पड़े।

''बाँक नहीं, फाँक!''

''बाँक ! '' फिर हँसी का फव्वारा फूट पड़ा ।

नीलम ने डिब्बा खोला । उसमें से आम के अचार का टुकड़ा निकालकर उसे दिखाते हुए बोली, ''यह है फाँक, फाँक इसे कहते हैं ! '' और उसे वाङ्चू की नाक के पास ले जाकर बोली, ''इसे सूँघने पर मुँह में पानी भर आता है । आया मुँह में पानी ? अब कहो, 'फाँक' ! ''

''नीलम, क्या फिजूल बातें कर रही हो ! बैठो आराम से ! '' मैंने डाँटते हुए कहा ।

नीलम बैठ गयी, पर उसकी हरकतें बन्द नहीं हुईं । बड़े आग्रह से वाङ्चू से कहने लगी, ''बनारस जाकर हमें भूल नहीं जाइयेगा ! हमें खत जरूर लिखियेगा । और अगर किसी चीज़ की जरूरत हो, तो संकोच नहीं कीजियेगा । ''

वाङ्चू शब्दों के अर्थ तो समझ लेता था, लेकिन उनके पीछे व्यंग्य की ध्वनि वह नहीं पकड़ पाता था । वह अधिकाधिक विचलित महसूस कर रहा था ।

''भेड़ की खाल की जरूरत हो, या कोई नमदा, या अखरोट…''

''नीलम ! ''

''क्यों भैया, भेड़ की खाल पर बैठकर ग्रन्थ बाँचेंगे ! ''

वाङ्चू के कान लाल होने लगे । शायद पहली बार उसे भास होने लगा था कि नीलम ठिठोली कर रही है । उसके कान सचमुच भूरे रंग के हो रहे थे, जिनका नीलम मजाक उड़ाया करती थी ।

''नीलमजी, आप लोगों ने मेरा बड़ा अतिथि-सत्कार किया है । मैं बड़ा कृतज्ञ हूँ । ''

हम सब चुप हो गये । नीलम भी झेंप-सी गयी । वाङ्चू ने जरूर ही उसकी ठिठोली को समझ लिया होगा । उसके मन को जरूर ठेस लगी होगी । पर मेरे मन में यह विचार भी उठा कि एक तरह से यह अच्छा ही है कि नीलम के प्रति उसकी भावना बदले, वरना उसे ही सबसे अधिक परेशानी होगी ।

शायद वाङ्चू अपनी स्थिति को जानते-समझते हुए भी एक स्वाभाविक आकर्षण की चपेट में आ गया था । भावुक व्यक्ति का अपने पर कोई काबू नहीं होता । वह पछाड़ खाकर गिरता है, तभी अपनी भूल को समझ पाता है ।

सप्ताह के अन्तिम दिनों में वह रोज कोई-न-कोई उपहार लेकर आने लगा । एक बार मेरे लिए भी एक चोगा ले आया और बच्चों की तरह जिद करने लगा कि मैं और वह अपना-अपना चोगा पहनकर एक साथ घूमने जायें । संग्रहालय में वह अब भी जाता था, दो-एक बार नीलम को भी अपने साथ ले

गया था और लौटने पर सारी शाम नीलम बोधिसत्वों की खिल्ली उड़ाती रही थी। मैं मन-ही-मन नीलम के इस व्यवहार का स्वागत ही करता रहा, क्योंकि मैं नहीं चाहता था कि वाङ्चू की कोई भावना हमारे घर में जड़ जमा पाये। सप्ताह बीत गया और वाङ्चू सारनाथ वापस लौट गया।

वाङ्चू के चले जाने के बाद उसके साथ मेरा सम्पर्क वैसा ही रहा, जैसा आमतौर पर एक परिचित व्यक्ति के साथ रहता है। गाहे-ब-गाहे कभी खत आ जाता, कभी किसी आते-जाते व्यक्ति से उसकी सूचना मिल जाती। वह उन लोगों में से था, जो बरसों तक औपचारिक परिचय की परिधि पर ही डोलते रहते हैं, न परिधि लाँघकर अन्दर आते हैं और न ही पीछे हटकर आँखों से ओझल होते हैं। मुझे इतनी ही जानकारी रही कि उसकी समतल और बँधी-बँधाई दिनचर्या में कोई अन्तर नहीं आया। कुछ देर तक मुझे कुतूहल-सा बना रहा कि नीलम और वाङ्चू के बीच की बात आगे बढ़ी या नहीं, लेकिन लगा कि वह प्रेम भी वाङ्चू के जीवन पर हावी नहीं हो पाया।

बरस और साल बीतते गये। हमारे देश में उन दिनों बहुत कुछ घट रहा था। आये दिन सत्याग्रह होते, बंगाल में दुर्भिक्ष फूटा, 'भारत छोड़ो' का आन्दोलन हुआ, सड़कों पर गोलियाँ चलीं, बम्बई में नाविकों का विद्रोह हुआ, देश में खूँरेजी हुई, फ़िर देश का बँटवारा हुआ, और सारा वक्त वाङ्चू सारनाथ में ही बना रहा। वह अपने में सन्तुष्ट जान पड़ता था। कभी लिखता कि तन्त्रज्ञान का अध्ययन कर रहा है, कभी पता चलता कि कोई पुस्तक लिखने की योजना बना रहा है।

इसके बाद मेरी मुलाकात वाङ्चू से दिल्ली में हुई। यह उन दिनों की बात हैं, जब चीन के प्रधानमन्त्री चू-एन-लाई भारत-यात्रा पर आनेवाले थे। वाङ्चू अचानक सड़क पर मुझे मिल गया और मैं उसे अपने घर ले आया। मुझे अच्छा लगा कि चीन के प्रधानमन्त्री के आगमन पर वह सारनाथ से दिल्ली चला आया है। पर जब उसने मुझे बताया कि वह अपने अनुदान के सिलसिले में आया है और यहीं पहुँचने पर उसे चू-एन-लाई के आगमन की सूचना मिली है, तो मुझे उसकी मनोवृत्ति पर अचम्भा हुआ। उसका स्वभाव वैसा-का-वैसा ही था। पहले की ही तरह हौले-हौले अपनी डेढ़ दाँत की मुस्कान मुस्कराता रहा। वैसा ही निश्चेष्ट, असम्पृक्त। इस बीच उसने कोई पुस्तक अथवा लेखादि भी नहीं लिखे थे। मेरे पूछने पर इस काम में उसने कोई विशेष रुचि भी नहीं दिखायी

तन्त्रज्ञान की चर्चा करते समय भी वह बहुत चहका नहीं । दो-एक ग्रन्थों के बारे में बताता रहा, जिनमें से वह कुछ टिप्पणियाँ लेता रहा था । अपने किसी लेख की भी चर्चा उसने की, जिस पर वह अभी काम कर रहा था । नीलम के साथ उसकी चिट्ठी-पत्री चलती रही, उसने बताया, हालाँकि नीलम कब की ब्याही जा चुकी थी और दो बच्चों की माँ बन चुकी थी । समय की गति के साथ हमारी मूल धारणाएँ भले ही न बदलें, पर उनके आग्रह में परिवर्तन होता रहता है । अपने अध्ययन आदि की भी उसने चर्चा की, वहाँ भी आग्रह और उत्सुकता में स्थिरता-सी आ गयी थी । पहले-जैसी भावविह्वलता नहीं थी । बोधिसत्वों के पैरों पर अपने प्राण निछावर नहीं करता फिरता था । लेकिन अपने जीवन से सन्तुष्ट था । पहले की ही भाँति थोड़ा खाता, थोड़ा पढ़ता, थोड़ा भ्रमण करता और थोड़ा सोता था । और दूर लड़कपन के झुटपुटे में किसी भावावेश में चुने गये अपने जीवन-पथ पर कछुए की चाल मजे से चलता आ रहा था ।

खाना खाने के बाद हमारे बीच बहस छिड़ गयी—"सामाजिक शक्तियों को समझे बिना तुम बौद्ध धर्म को भी कैसे समझ पाओगे ? ज्ञान का प्रत्येक क्षेत्र एक-दूसरे से जुड़ा है, जीवन से जुड़ा है । कोई चीज़ जीवन से अलग नहीं है । तुम जीवन से अलग होकर धर्म को भी कैसे समझ सकते हो ?"

कभी वह मुस्कराता, कभी सिर हिलाता और सारा वक्त दार्शनिकों की तरह मेरे चेहरे की ओर देखता रहा । मुझे लग रहा था कि मेरे कहे का उस पर कोई असर नहीं हो रहा, कि चिकने घड़े पर मैं पानी उँडेले जा रहा हूँ ।

"हमारे देश में न सही, तुम अपने देश के जीवन में तो रुचि लो ! इतना तो जानो-समझो कि वहाँ पर क्या हो रहा है ! "

इस पर भी वह सिर हिलाता और मुस्कराता रहा । मैं जानता था कि एक भाई को छोड़कर चीन में उसका कोई नहीं है । 1929 में वहाँ पर कोई राजनीतिक उथल-पुथल हुई थी, उसमें उसका गाँव जला डाला गया था और सब सगे-सम्बन्धी मर गये थे, या भाग गये थे । ले-देकर एक भाई बचा था और वह पेकिंग के निकट किसी गाँव में रहता था । बरसों से वाङ्चू का सम्पर्क उसके साथ टूट चुका था । वाङ्चू पहले अपने गाँव के स्कूल में पढ़ता रहा था, बाद में पेकिंग के एक विद्यालय में पढ़ने लगा था । वहीं से वह प्रोफेसर शान के साथ भारत चला आया था ।

"सुनो, वाङ्चू, भारत और चीन के बीच बन्द दरवाजे अब खुल रहे हैं । अब दोनों देशों के बीच सम्पर्क स्थापित हो रहे हैं और इसका बड़ा महत्त्व है । अध्ययन का यही काम जो तुम अभी तक अलग-थलग करते रहे हो, वही अब

तुम अपने देश के मान्य प्रतिनिधि के रूप में कर सकते हो। तुम्हारी सरकार तुम्हारे अनुदान का प्रबन्ध करेगी। अब तुम्हें अलग-थलग पड़े नहीं रहना पड़ेगा। तुम पन्द्रह साल से अधिक समय से भारत में रह रहे हो, अंग्रेजी और हिन्दी भाषाएँ जानते हो, बौद्ध ग्रन्थों का अध्ययन करते रहे हो, तुम दोनों देशों के सांस्कृतिक सम्पर्क में एक बहुमूल्य कड़ी बन सकते हो ...''

उसकी आँखों में हल्की-सी चमक आयी। सचमुच उसे कुछ सुविधाएँ मिल सकती थीं। क्यों न उनसे लाभ उठाया जाये! दोनों देशों के बीच पायी जानेवाली सद्भावना से वह भी प्रभावित हुआ था। उसने बताया कि कुछ ही दिनों पहले अनुदान की रकम लेने जब वह बनारस में गया, तो सड़कों पर राह चलते लोग उससे गले मिल रहे थे। मैंने उसे मशिवरा दिया कि कुछ समय के लिए जरूर अपने देश लौट जाये और वहाँ होनेवाले विराट परिवर्तनों को देखे और समझे, कि सारनाथ में अलग-थलग बैठे रहने से उसे कुछ लाभ नहीं होगा, आदि-आदि।

वह सुनता रहा, सिर हिलाता और मुस्कराता रहा, लेकिन मुझे कुछ मालूम नहीं हो पाया कि उस पर कोई असर हुआ है, या नहीं।

लगभग छह महीने बाद उसका पत्र आया कि वह चीन जा रहा है। मुझे बड़ा सन्तोष हुआ। अपने देश में जायेगा, तो धोबी के कुत्तेवाली उसकी स्थिति खत्म होगी, कहीं का होकर तो रहेगा। उसके जीवन में नयी स्फूर्ति आयेगी। उसने लिखा कि वह अपनी एक ट्रंक सारनाथ में छोड़े जा रहा है, जिसमें उसकी कुछ किताबें और शोध के कागज आदि रखे हैं, कि बरसों तक भारत में रह चुकने के बाद वह अपने को भारत का ही निवासी मानता है, कि वह शीघ्र ही लौट आयेगा और फिर अपना अध्ययनकार्य करने लगेगा। मैं मन-ही-मन हँस दिया, एक बार अपने देश में गया, तो लौटकर यहाँ नहीं आने का।

चीन में वह लगभग दो वर्षों तक रहा। वहाँ से उसने मुझे पेकिंग के प्राचीन राजमहल का चित्र-कार्ड भेजा, दो-एक पत्र भी लिखे। पर उनसे उसकी मनःस्थिति के बारे में कोई विशेष जानकारी नहीं मिली।

उन दिनों चीन में भी बड़े वलवले उठ रहे थे, बड़ा जोश था और उस जोश की लपेट में लगभग सभी लोग थे। जीवन नयी करवट ले रहा था। लोग काम करने जाते, तो टोलियाँ बनाकर, गाते हुए, लाल ध्वज हाथ में उठाये हुए। वाङ्चू सड़क के किनारे खड़ा उन्हें देखता रह जाता। अपने संकोची स्वभाव के कारण वह टोलियों के साथ गाते हुए जा तो नहीं सकता था, लेकिन उन्हें जाते

देखकर हैरान-सा खड़ा रहता, मानो किसी दूसरी दुनिया में पहुँच गया हो।

उसे अपना भाई तो नहीं मिला, लेकिन एक पुराना अध्यापक, दूर-पार की उसकी मौसी और दो-एक परिचित मिल गये थे। वह अपने गाँव गया। गाँव में बहुत-कुछ बदल गया था। स्टेशन से घर की ओर जाते हुए उसका एक सहयात्री उसे बताने लगा—वहाँ, उस पेड़ के नीचे, जमींदार के सभी कागज, सभी दस्तावेज जला डाले गये थे और जमींदार हाथ बाँधे खड़ा रहा था।

वाङ्चू ने बचपन में जमींदार का बड़ा घर देखा था, उसकी रंगीन खिड़कियाँ उसे अभी भी याद थीं। दो-एक बार जमींदार की बग्घी को भी कस्बे की सड़कों पर जाते देखा था। अब वह घर ग्राम-प्रशासन-केन्द्र बना हुआ था और भी बहुत-कुछ बदला था। पर यहाँ पर भी उसके लिए वैसी ही स्थिति थी, जैसी भारत में रही थी। उसके मन में उछाह नहीं उठता था। दूसरों का उत्साह उसके दिल पर से फिसल-फिसल जाता था। वह यहाँ भी दर्शक ही बना घूमता था। शुरू-शुरू के दिनों में उसकी आवभगत भी हुई। उसके पुराने अध्यापक की पहलकदमी पर उसे स्कूल में आमन्त्रित किया गया। भारत-चीन सांस्कृतिक सम्बन्धों की महत्त्वपूर्ण कड़ी के रूप में उसे सम्मानित भी किया गया। वहाँ वाङ्चू देर तक लोगों को भारत के बारे में बताता रहा। लोगों ने तरह-तरह के सवाल पूछे, रीति-रिवाज के बारे में, तीर्थों, मेलों-पर्वों के बारे में, वाङ्चू केवल उन्हीं प्रश्नों का सन्तोषप्रद उत्तर दे पाता, जिनके बारे में वह अपने अनुभव के आधार पर कुछ जानता था। लेकिन बहुत-कुछ ऐसा था, जिसके बारे में भारत में रहते हुए भी वह कुछ नहीं जानता था।

कुछ दिनों बाद चीन में 'बडी छलाँग' की मुहिम जोर पकड़ने लगी। उसके गाँव में भी लोग लोहा इकट्ठा कर रहे थे। एक दिन सुबह उसे भी रद्दी लोहा बटोरने के लिए एक टोली के साथ भेज दिया गया था। दिन-भर वह लोगों के साथ रहा था। एक नया उत्साह चारों ओर व्याप रहा था। एक-एक लोहे का टुकड़ा लोग बड़े गर्व से दिखा-दिखाकर ला रहे थे और साझे ढेर पर डाल रहे थे। रात के वक्त आग के लपलपाते शोलों के बीच उस ढेर को पिघलाया जाने लगा। आग के इर्द-गिर्द बैठे लोग क्रान्तिकारी गीत गा रहे थे। सभी लोग एक स्वर में सहगान में भाग ले रहे थे। अकेला वाङ्चू मुँह बाये बैठा था।

चीन में रहते, धीरे-धीरे वातावरण में तनाव-सा आने लगा और एक झुटपुटा-सा घिरने लगा। एक रोज एक आदमी नीले रंग का कोट और नीले ही रंग की पतलून पहने उसके पास आया और उसे अपने साथ ग्राम-प्रशासन-केन्द्र में लिवा ले गया। रास्ते-भर वह आदमी चुप बना रहा। केन्द्र में पहुँचने

पर उसने पाया कि एक बड़े-से कमरे में पाँच व्यक्तियों का एक दल मेज के पीछे बैठा उसकी राह देख रहा है।

जब वाङ्चू उनके सामने बैठ गया, तो वे बारी-बारी से उसके भारत-निवास के बारे में सवाल पूछने लगे—'तुम भारत में कितने वर्षों तक रहे ?'...'वहाँ पर क्या करते थे ?'...'कहाँ-कहाँ घूमे ?' आदि-आदि। फिर बौद्ध धर्म के प्रति वाङ्चू की जिज्ञासा के बारे में जानकर उनमें से एक व्यक्ति बोला, "तुम क्या सोचते हो, बौद्ध धर्म का भौतिक आधार क्या है ?"

सवाल वाङ्चू की समझ में नहीं आया। उसने आँखें मिचमिचायीं।

"द्वन्द्वात्मक भौतिकवादी की दृष्टि से तुम बौद्ध धर्म को कैसे आँकते हो ?"

सवाल फिर भी वाङ्चू की समझ में नहीं आया, लेकिन उसने बुदबुदाते हुए उत्तर दिया, "मनुष्य के आध्यात्मिक विकास में उसके सुख और शान्ति के लिए बौद्ध धर्म का पथ-प्रदर्शन बहुत ही महत्त्वपूर्ण है। महाप्राण के उपदेश..."

और वाङ्चू बौद्ध धर्म के आठ उपदेशों की व्याख्या करने लगा। वह अपना कथन अभी समाप्त नहीं कर पाया था जब प्रधान की कुर्सी पर बैठे पैनी तिरछी आँखोंवाले एक व्यक्ति ने बात काटकर कहा, "भारत की विदेशनीति के बारे में तुम क्या सोचते हो ?"

वाङ्चू मुस्कराया, अपनी डेढ़ दाँत की मुस्कान, फिर बोला, "आप भद्रजन इस सम्बन्ध में ज्यादा जानते हैं। मैं तो साधारण बौद्ध जिज्ञासु हूँ। पर भारत बड़ा प्राचीन देश है। उसकी संस्कृति शान्ति और मानवीय सद्भावना की संस्कृति है..."

"नेहरू के बारे में तुम क्या सोचते हो ?"

"नेहरू को मैंने तीन बार देखा है। एक बार तो उनसे बातें भी की हैं। उन पर कुछ-कुछ पश्चिमी विज्ञान का प्रभाव अधिक है, परन्तु प्राचीन संस्कृति के वह भी बड़े प्रशंसक हैं।"

उसके उत्तर सुनते हुए कुछ सदस्य तो सिर हिलाने लगे, कुछ का चेहरा तमतमाने लगा। फिर तरह-तरह के पैने सवाल पूछे जाने लगे। उन्होंने पाया कि जहाँ तक तथ्यों का और भारत के वर्तमान जीवन का सवाल है वाङ्चू की जानकारी अधूरी और हास्यास्पद है।

"राजनीतिक दृष्टि से तो तुम शून्य हो ! बौद्ध धर्म की अवधारणाओं को भी समाजशास्त्र की दृष्टि से तुम आँक नहीं सकते ! न जाने वहाँ बैठे क्या करते रहे हो ! पर हम तुम्हारी मदद करेंगे।"

पूछताछ घण्टों तक चलती रही। पार्टी-अधिकारियों ने उसे हिन्दी पढाने-

का काम दे दिया, साथ ही पेकिंग के संग्रहालय में सप्ताह में दो दिन काम करने की भी इजाजत दे दी।

जब वाङ्‌चू पार्टी-दफ्तर से लौटा, तो थका हुआ था। उसका सिर भन्ना रहा था। अपने देश में उसका दिल जमी नहीं पाया था। आज वह और भी ज्यादा उखड़ा-उखड़ा महसूस कर रहा था। छप्पर के नीचे लेटा तो उसे सहसा ही भारत की याद सताने लगी। उसे सारनाथ की अपनी कोठरी याद आयी, जिसमें दिन-भर बैठा पोथी बाँचा करता था। नीम का घना पेड़ याद आया, जिसके नीचे कभी-कभी सुस्ताया करता था। स्मृतियों की श्रृंखला लम्बी होती गयी। सारनाथ की कैंटीन का रसोइया याद आया, जो सदा प्यार से मिलता था, सदा हाथ जोड़कर 'कहो भगवन' कहकर अभिवादन करता था।

एक बार वाङ्‌चू बीमार पड़ गया था, तो दूसरे रोज कैंटीन का रसोइया अपने-आप उसकी कोठरी में चला आया था···"मैं भी कहूँ, चीनी बाबू चाय पीने नहीं आये, दो दिन हो गये! पहले आते थे, तो दर्शन हो जाते थे। हमें खबर की होती, भगवन, तो हम डाक्टर बाबू को बुला लाते···मैं भी कहूँ, बात क्या है।" फिर उसकी आँखों के सामने गंगा का तट आया, जिस पर वह घण्टों घूमा करता था। फिर सहसा दृश्य बदल गया और कश्मीर की झील आँखों के सामने आ गयी और पीछे हिमाच्छादित पर्वत, फिर नीलम सामने आयी, उसकी खुली-खुली आँखें, मोतियों-सी झिलमिलाती दन्त पंक्ति···उसका दिल बेचैन हो उठा।

ज्यों-ज्यों दिन बीतने लगे, भारत की याद उसे ज्यादा परेशान करने लगी। वह जल में से बाहर फेंकी हुई मछली की तरह तड़पने लगा। सारनाथ के विहार में सवाल-जवाब नहीं होते थे। जहाँ पड़े रहो, पड़े रहो। रहने के लिए कोठरी और भोजन का प्रबन्ध विहार की ओर से था। यहाँ पर नयी दृष्टि से धर्मग्रन्थों को पढ़ने और समझने के लिए उसमें धैर्य नहीं था, जिज्ञासा भी नहीं थी। बरसों तक एक ही ढर्रे पर चलते रहने के कारण वह परिवर्तन से कतराता था। इस बैठक के बाद वह फिर से सकुचाने-सिमटने लगा था। कहीं-कहीं पर उसे भारत-सरकार-विरोधी वाक्य भी सुनने को मिलते। सहसा वाङ्‌चू बेहद अकेला महसूस करने लगा और उसे लगा कि जिन्दा रह पाने के लिए उसे अपने लड़कपन के उस 'दिवा-स्वप्न' में फिर से लौट जाना होगा, जब वह बौद्ध भिक्षु बनकर भारत में विचरने की कल्पना किया करता था।

उसने सहसा भारत लौटने की ठान ली। लौटना आसान नहीं था। भारतीय दूतावास से तो वीसा मिलने में कठिनाई नहीं हुई, लेकिन चीन की सरकार ने

बहुत-से ऐतराज उठाये। वाङ्चू की नागरिकता का सवाल था, और अनेक सवाल थे। पर भारत और चीन के सम्बन्ध अभी तक बहुत बिगड़े नहीं थे, इसलिए अन्त में वाङ्चू को भारत लौटने की इजाजत मिल गयी। उसने मन-ही-मन निश्चय कर लिया कि वह भारत में ही अब जिन्दगी के दिन काटेगा। बौद्ध भिक्षु ही बने रहना उसकी नियति था।

जिस रोज वह कलकत्ता पहुँचा, उसी रोज सीमा पर चीनी और भारतीय सैनिकों के बीच मुठभेड़ हुई थी और दस भारतीय सैनिक मारे गये थे। उसने पाया कि लोग घूर-घूरकर उसकी ओर देख रहे हैं। वह स्टेशन के बाहर अभी निकला ही था, जब दो सिपाही आकर उसे पुलिस के दफ्तर में ले गये और वहाँ घण्टे-भर एक अधिकारी उसके पासपोर्ट और कागजों की छानबीन करता रहा।

''दो बरस पहले आप चीन गये थे। वहाँ जाने का क्या प्रयोजन था?''

''मैं बहुत बरस तक यहाँ रहता रहा था, कुछ समय के लिए अपने देश जाना चाहता था।'' पुलिस-अधिकारी ने उसे सिर से पैर तक देखा। वाङ्चू आश्वस्त था और मुस्करा रहा था—वही टेढ़ी-सी मुस्कान।

''आप वहाँ पर क्या करते रहे?''

''वहाँ एक कम्यून में मैं खेती-बारी की टोली में काम करता था।''

''मगर आप तो कहते हैं कि आप बौद्ध ग्रन्थ पढ़ते हैं?''

''हाँ, पेकिंग में मैं एक संस्था में हिन्दी पढ़ाने लगा था और पेकिंग म्युजियम में मुझे काम करने की इजाजत मिल गयी थी।''

''अगर इजाजत मिल गयी थी, तो आप अपने देश से भाग क्यों आये?'' पुलिस-अधिकारी ने गुस्से में कहा।

वाङ्चू क्या जवाब दे? क्या कहे?

''मैं कुछ समय के लिए ही वहाँ गया था, अब लौट आया हूँ...''

पुलिस-अधिकारी ने फिर से सिर से पाँव तक उसे घूरकर देखा। उसकी आँखों में संशय उतर आया था। वाङ्चू अटपटा-सा महसूस करने लगा। भारत में पुलिस-अधिकारियों के सामने खड़े होने का उसका पहला अनुभव था। उससे जामिनी के लिए पूछा गया, तो उसने प्रोफेसर तान-शान का नाम लिया, फिर गुरुदेव का, पर दोनों मर चुके थे। उसने सारनाथ की संस्था के मन्त्री का नाम लिया, शान्तिनिकेतन के पुराने दो-एक सहयोगियों के नाम लिये, जो उसे याद थे। सुपरिंटेण्डेण्ट ने सभी नाम और पते नोट कर लिये। उसके

कपड़ों की तीन बार तलाशी ली गयी। उसकी डायरी को रख लिया गया, जिसमें उसने अनेक उद्धरण और टिप्पणियाँ लिख रखे थे। और सुपरिंटेण्डेण्ट ने उसके नाम के आगे टिप्पणी लिख दी कि इस आदमी पर नजर रखने की जरूरत है।

रेल के डिब्बे में बैठा, तो मुसाफिर गोली-काण्ड की चर्चा कर रहे थे। उसे बैठते देख सब चुप हो गये और उसकी ओर घूरने लगे।

कुछ देर बाद जब मुसाफिरों ने देखा कि वह थोड़ी-बहुत बंगाली और हिन्दी बोल लेता है, तो एक बंगाली बाबू उचककर उठ खड़े हुए और हाथ झटक-झटककर कहने लगे, "या तो कहो कि तुम्हारे देशवालों ने विश्वासघात किया है, नहीं तो हमारे देश से निकल जाओ... निकल जाओ... निकल जाओ!"

डेढ़ दाँत की मुस्कान जाने कहाँ ओझल हो चुकी थी। उसकी जगह चेहरे पर त्रास उतर आया था। भयाकुल और मौन, वाङ्चू चुपचाप बैठा रहा। कहे भी तो क्या कहे? गोली-काण्ड के बारे में जानकर उसे भी गहरा धक्का लगा था। उस झगड़े के कारण के बारे में उसे कुछ भी स्पष्टतः मालूम नहीं था। और वह जानना चाहता भी नहीं था।

हाँ, सारनाथ में पहुँचकर वह सचमुच भावविह्वल हो उठा। अपना थैला रिक्शा में रखे जब वह आश्रम के निकट पहुँचा, तो कैंटीन का रसोइया सचमुच लपककर बाहर निकल आया—"आ गये भगवन? आ गये मेरे चीनी बाबू! बहुत दिनों बाद दर्शन दिये! हम भी कहें, इतना अरसा हो गया, चीनी बाबू नहीं लौटे! और कहिए, सब कुशल-मंगल है? आप यहाँ नहीं थे, हम कहें, जाने कब लौटेंगे! यहाँ पर थे, दिन में दो बातें हो जाती थीं, भले आदमी के दर्शन हो जाते थे। इसमें बड़ा पुण्य होता है।" और उसने हाथ बढ़ाकर थैला उठा लिया, "हम दें पैसे, चीनी बाबू?"

वाङ्चू को लगा, जैसे वह अपने घर पहुँच गया है।

"आपकी ट्रंक, चीनी बाबू, हमारे पास रखी है। मन्त्रीजी से हमने ले ली। आपकी कोठरी में एक दूसरे सज्जन रहने आये, तो हमने कहा, कोई चिन्ता नहीं, यह ट्रंक हमारे पास रख जाइए, और चीनी बाबू, आप अपना लोटा बाहर ही भूल गये थे? हमने मन्त्रीजी से कहा, यह लोटा चीनी बाबू का है, हम जानते हैं, हमारे पास छोड़ जाइए।"

वाङ्चू का दिल भर-भर आया। उसे लगा, जैसे उसकी डावाँडोल जिन्दगी में सन्तुलन आ गया है। डगमगाती जीवन-नौका फिर से स्थिर गति से चलने लगी है।

मन्त्रीजी भी स्नेह से मिले, पुरानी जान-पहचान के आदमी थे। उन्होंने एक कोठरी भी खोलकर दे दी, परन्तु अनुदान के बारे में कहा कि उसके लिए फिर से कोशिश करनी होगी। वाङ्चू ने फिर से कोठरी के बीचोंबीच चटाई बिछा ली, खिड़की के बाहर वही दृश्य फिर से उभर आया। खोया हुआ जीव अपने स्थान पर लौट आया।

तभी मुझे उसका पत्र मिला कि वह भारत लौट आया है और फिर से जमकर बौद्ध ग्रन्थों का अध्ययन करने लगा है। उसने यह भी लिखा कि उसे मासिक अनुदान के बारे में थोड़ी चिन्ता है और इस सिलसिले में मैं बनारस में यदि अमुक सज्जन को पत्र लिख दूँ, तो अनुदान मिलने में सहायता होगी।

पत्र पाकर मुझे खटका हुआ। कौन-सी मृगतृष्णा इसे फिर से वापस खींच लायी है? यह लौट क्यों आया है? अगर कुछ दिन और वहाँ बना रहता, तो अपने लोगों के बीच इसका मन लगने लगता। पर किसी की सनक का कोई इलाज नहीं। अब जो लौट आया है, तो क्या चारा है। मैंने 'अमुक' जी को पत्र लिख दिया और वाङ्चू के अनुदान का छोटा-मोटा प्रबन्ध हो गया।

पर लौटने के दसेक दिन बाद वाङ्चू एक दिन प्रातः चटाई पर बैठा एक ग्रन्थ पढ़ रहा था और बार-बार पुलक रहा था, जब उसकी किताब पर किसी का साया पड़ा। उसने नजर उठाकर देखा, तो पुलिस का थानेदार खड़ा था, हाथ में एक पर्चा उठाये हुए था। वाङ्चू का दिल बैठ गया। अब यह कौन-सी नयी परेशानी उठनेवाली है? वाङ्चू को बनारस के बड़े पुलिस स्टेशन में बुलाया गया था। वाङ्चू का मन आशंका से भर उठा था।

तीन दिनों बाद वाङ्चू बनारस के पुलिस स्टेशन के बरामदे में बैठा था। उसी के साथ बेंच पर बड़ी उम्र का एक और चीनी व्यक्ति बैठा था, जो जूते बनाने का काम करता था। आखिर बुलावा आया और वाङ्चू चिक उठाकर बड़े अधिकारी की मेज के सामने जा खड़ा हुआ।

"तुम चीन से कब लौटे?"

वाङ्चू ने बता दिया।

"कलकत्ता में तुमने अपने बयान में कहा कि तुम शान्तिनिकेतन जा रहे हो, फिर तुम यहाँ क्यों चले आये? पुलिस को पता लगाने में बड़ी परेशानी उठानी पड़ी है।"

"मैंने दोनों स्थानों के बारे में कहा था। शान्तिनिकेतन तो मैं केवल दो दिन के लिए जाना चाहता था।"

"तुम चीन से क्यों लौट आये ?"

"मैं भारत में रहना चाहता हूँ···!" उसने पहले का जवाब दोहरा दिया।

"जो लौट आना था, तो गये क्यों थे ?"

यह सवाल वह बहुत बार पहले भी सुन चुका था। जवाब में बौद्ध ग्रन्थों का हवाला देने के अतिरिक्त उसे कोई और उत्तर नहीं सूझ पाता था।

बहुत लम्बी इण्टरव्यू नहीं हुई। वाङ्चू को हिदायत की गयी कि हर महीने के पहले सोमवार को बनारस के बड़े पुलिस स्टेशन में उसे आना होगा और अपनी हाजिरी लिखानी होगी।

वाङ्चू बाहर आ गया, पर खिन्न-सा महसूस करने लगा। महीने में एक बार आना कोई बड़ी बात नहीं थी, लेकिन वह उसके समतल जीवन में बाधा थी, व्यवधान था!

वाङ्चू मन-ही-मन इतना खिन्न महसूस कर रहा था कि बनारस से लौटने के बाद कोठरी में जाने की बजाय वह सबसे पहले उस नीरव पुण्य-स्थान पर जाकर बैठ गया, जहाँ शताब्दियों पहले महाप्राण ने अपना पहला प्रवचन किया था, और देर तक बैठा मनन करता रहा। बहुत देर बाद उसका मन फिर से ठिकाने पर आने लगा और दिल में फिर से भावना की तरंगें उठने लगीं।

पर वाङ्चू को चैन नसीब नहीं हुआ। कुछ ही दिन बाद सहसा चीन और भारत के बीच जंग छिड़ गयी। देश-भर में जैसे तूफान उठ खड़ा हुआ। उसी रोज शाम को पुलिस के कुछ अधिकारी एक जीप में आये और वाङ्चू को हिरासत मे लेकर बनारस चले गये। सरकार यह न करती, तो और क्या करती ? शासन करनेवालों को इतनी फुरसत कहाँ कि संकट के समय संवेदना और सद्भावना के साथ दुश्मन के एक-एक नागरिक की स्थिति की जाँच करते फिरें ?

दो दिनों तक दोनों चीनियों को पुलिस स्टेशन की एक कोठरी में रखा गया। दोनों के बीच किसी बात में भी समानता नहीं थी। जूते बनानेवाला चीनी सारा वक्त सिगरेट फूँकता रहता और घुटनों पर कोहनियाँ टिकाये बड़बड़ाता रहता, जबकि वाङ्चू उद्भ्रान्त और निढाल-सा दीवार के साथ पीठ लगाये बैठा शून्य में देखता रहता।

जिस समय वाङ्चू अपनी स्थिति को समझने की कोशिश कर रहा था, उसी समय दो-तीन कमरे छोड़कर पुलिस सुपरिंटेण्डेण्ट की मेज पर उसकी छोटी-सी पोटली की तलाशी ली जा रही थी। उसकी गैर-मौजूदगी में पुलिस के सिपाही,

कोठरी में से उसकी ट्रंक उठा लाये थे। सुपरिंटेण्डेण्ट के सामने कागजों का पुलिन्दा रखा था, जिस पर कहीं पाली में तो कहीं संस्कृत भाषा में उद्धरण लिखे थे, लेकिन बहुत-सा हिस्सा चीनी भाषा में था। साहब कुछ देर तक तो कागजों को उलटते-पलटते रहे, रोशनी के सामने रखकर उनमें लिखी किसी गुप्त भाषा को ढूँढ़ते भी रहे, अन्त में उन्होंने हुक्म दिया कि कागजों के पुलिन्दे को बाँधकर दिल्ली के अधिकारियों के पास भेज दिया जाये, क्योंकि बनारस में कोई आदमी चीनी भाषा नहीं जानता था।

पाँचवें दिन लड़ाई बन्द हो गयी, लेकिन वाङ्चू को सारनाथ लौटने की इजाजत एक महीने के बाद मिली। चलते समय जब उसे उसकी ट्रंक दी गयी और उसने उसे खोलकर देखा, तो सकते में आ गया। उसके कागज उसमें नहीं थे, जिन पर वह बरसों से अपनी टिप्पणियाँ और लेखादि लिखता रहा था और जो एक तरह से उसके सर्वस्व थे। पुलिस-अधिकारी के कहने पर कि उन्हें दिल्ली भेज दिया गया है, वह सिर से पैर तक काँप उठा था।

"वे मेरे कागज आप मुझे दे दीजिए। उन पर मैंने बहुत कुछ लिखा है, वे बहुत जरूरी हैं।"

इस पर अधिकारी रुखाई से बोला, "मुझे उन कागजों का क्या करना है, आपके हैं, आपको मिल जायेंगे।" और उसने वाङ्चू को चलता किया। वाङ्चू अपनी कोठरी में लौट आया। अपने कागजों के बिना वह अधमरा-सा हो रहा था। न पढ़ने में मन लगता, न कागजों पर नये उद्धरण उतारने में। और फिर उस पर कड़ी निगरानी रखी जाने लगी थी। खिड़की से थोड़ा हटकर नीम के पेड़ के नीचे एक आदमी रोज बैठा नजर आने लगा। डण्डा हाथ में लिये वह कभी एक करवट बैठता, कभी दूसरी करवट। कभी उठकर डोलने लगता, कभी कुएँ की जगत पर जा बैठता, कभी कैंटीन की बेंच पर आ बैठता, कभी गेट पर जा खड़ा होता। इसके अतिरिक्त अब वाङ्चू को महीने में एक बार के स्थान पर सप्ताह में एक बार बनारस में हाजिरी लगवाने जाना पड़ता था।

तभी मुझे वाङ्चू की चिट्ठी मिली। सारा ब्यौरा देने के बाद उसने लिखा कि बौद्ध विहार का मन्त्री बदल गया है और नये मन्त्री को चीन से नफरत है और वाङ्चू को डर है कि अनुदान मिलना बन्द हो जायेगा। दूसरे, कि मैं जैसे भी हो, उसके कागजों को बचा लूँ। जैसे भी बन पड़े, उन्हें पुलिस के हाथों से निकलवाकर सारनाथ में उसके पास भिजवा दूँ। और अगर बनारस के पुलिस स्टेशन में प्रति सप्ताह पेश होने की बजाय उसे महीने में एक बार जाना पड़े, तो उसके लिए सुविधाजनक होगा, क्योंकि इस तरह महीने में लगभग दस रुपये

आने-जाने में लग जाते हैं और फिर काम में मन ही नहीं लगता, सिर पर तलवार टँगी रहती है ।

वाङ्चू ने पत्र तो लिख दिया, लेकिन उसने यह नहीं सोचा कि मुझ-जैसे आदमी से यह काम नहीं हो पायेगा । हमारे यहाँ कोई काम बिना जान-पहचान और सिफारिश के नहीं हो सकता । और मेरे परिचय का बड़े-से-बड़ा आदमी मेरे कालेज का प्रिंसिपल था । फिर भी मैं कुछेक संसद-सदस्यों के पास गया, एक ने दूसरे की ओर भेजा, दूसरे ने तीसरे की ओर । मैं भटक-भटककर लौट आया । आश्वासन तो बहुत मिले, पर सब यही पूछते–"वह चीन जो गया था, वहाँ से लौट क्यों आया ?" या फिर पूछते–"पिछले बीस साल से अध्ययन ही कर रहा है ?"

पर जब मैं उसकी पाण्डुलिपियों का जिक्र करता, तो सभी यही कहते, "हाँ, यह तो कठिन नहीं होना चाहिए ।" और सामने रखे कागज पर कुछ नोट कर लेते । इस तरह के आश्वासन मुझे बहुत मिले, सभी सामने रखे कागज पर मेरा आग्रह नोट कर लेते । पर सरकारी काम के रास्ते चक्रव्यूह के रास्तों के समान होते हैं और हर मोड़ पर कोई-न-कोई आदमी तुम्हें तुम्हारी हैसियत का बोध कराता रहता है । मैंने जवाब में उसे अपनी कोशिशों का पूरा ब्यौरा दिया, यह भी आश्वासन दिया कि मैं फिर लोगों से मिलूँगा, पर साथ ही मैंने यह भी सुझाव दिया कि जब स्थिति बेहतर हो जाये, तो वह अपने देश वापस लौट जाये, कि उसके लिए यही बेहतर है ।

खत से उसके दिल की क्या प्रतिक्रिया हुई, मैं नहीं जानता । उसने क्या सोचा होगा ? पर उन तनाव के दिनों में जब मुझे स्वयं चीन के व्यवहार पर गुस्सा आ रहा था, मैं वाङ्चू की स्थिति को बहुत सहानुभूति के साथ नहीं देख सकता था ।

उसका फिर एक खत आया । उसमें चीन लौट जाने का कोई जिक्र नहीं था । उसमें केवल अनुदान की चर्चा की गयी थी । अनुदान की रकम अभी भी चालीस रुपये ही थी, लेकिन उसे पूर्वसूचना दे दी गयी थी कि साल खत्म होने पर उस पर फिर से विचार किया जायेगा कि वह मिलती रहेगी, या बन्द कर दी जायेगी ।

लगभग साल-भर बाद वाङ्चू को एक पुर्जा मिला कि तुम्हारे कागज वापस किये जा सकते हैं, कि तुम पुलिस स्टेशन आकर उन्हें ले जा सकते हो । उन दिनों वह बीमार पड़ा था, लेकिन बीमारी की हालत में भी वह गिरता-पड़ता बनारस पहुँचा । लेकिन उसके हाथ एक-तिहाई कागज लगे । पोटली अभी भी

अधखुली थी। वाङ्चू को पहले तो यकीन नहीं आया, फिर उसका चेहरा जर्द पड़ गया और हाथ-पैर काँपने लगे। इस पर थानेदार रुखाई के साथ बोला, "हम कुछ नहीं जानते ! इन्हें उठाओ और यहाँ से ले जाओ, वरना इधर लिख दो कि हम लेने से इनकार करते हैं।"

काँपती टाँगों से वाङ्चू पुलिन्दा बगल में दबाये लौट आया। कागजों में केवल एक पूरा निबन्ध और कुछ टिप्पणियाँ बची थीं।

उसी दिन से वाङ्चू की आँखों के सामने धूल उड़ने लगी थी।

वाङ्चू की मौत की खबर मुझे महीने-भर बाद मिली, वह भी बौद्ध विहार के मन्त्री की ओर से कि मरने के पहले वाङ्चू ने आग्रह किया था कि उसकी छोटी-सी ट्रंक और उसकी गिनी-चुनी किताबें मुझे पहुँचा दी जायें।

उम्र के इस हिस्से में पहुँचकर इन्सान बुरी खबरें सुनने का आदी हो जाता है और वे दिल पर गहरा आघात नहीं करतीं।

मैं फौरन तो सारनाथ नहीं जा पाया, जाने में कोई तुक भी नहीं थी, क्योंकि वहाँ वाङ्चू का कौन बैठा था, जिसके सामने अफसोस करता, वहाँ तो केवल ट्रंक ही रखी थी। पर कुछ दिनों बाद मौका मिलने पर मैं गया। मन्त्रीजी ने वाङ्चू के प्रति सद्भावना के शब्द कहे—'बड़ा नेकदिल आदमी था, सच्चे अर्थों में बौद्ध भिक्षु था,' आदि-आदि। मेरे दस्तखत लेकर उन्होंने ट्रंक मेरे हवाले की। ट्रंक में वाङ्चू के कपड़े थे, वह फटा-पुराना चोगा था, जो किसी जमाने में उसने श्रीनगर में खरीदा था। छोटा-सा कामदार चमड़े का पैड था, जो नीलम ने उसे उपहारस्वरूप दिया था। तीन-चार किताबें थीं, पाली की और संस्कृत की। चिट्ठियाँ थीं, जिनमें कुछ चिट्ठियाँ मेरी, कुछ नीलम की रही होंगी, कुछ और लोगों की।

ट्रंक उठाये मैं बाहर की ओर जा रहा था, जब मुझे अपने पीछे कदमों की आहट मिली। मैंने मुड़कर देखा, कैंटीन का रसोइया भागता चला आ रहा था। अपने पत्रों में अक्सर वाङ्चू उसका जिक्र किया करता था...

"बाबू आपकी बहुत याद करते थे। मेरे साथ आपकी चर्चा बहुत करते थे। बहुत भले आदमी थे..."

और उसकी आँखें डबडबा गयीं। सारे संसार में शायद यही अकेला जीव था, जिसने वाङ्चू की मौत पर दो आँसू बहाये थे।

"बड़ी भोली तबीयत थी। बेचारे को पुलिसवालों ने बहुत परेशान किया।

शुरू-शुरू में तो चौबीस घण्टे की निगरानी रहती थी। मैं उस हवलदार से कहूँ, भैया, तू क्यों इस बेचारे को परेशान करता है? वह कहे, मैं तो ड्यूटी कर रहा हूँ···!"

मैं ट्रंक और कागजों का पुलिन्दा ले आया हूँ। इस पुलिन्दे का क्या करूँ? कभी सोचता हूँ, इसे छपवा डालूँ। पर अधूरी पाण्डुलिपि को कौन छापेगा? पत्नी रोज बिगड़ती है कि मैं घर में कचरा भरता जा रहा हूँ! दो-तीन बार वह फेंकने की धमकी भी दे चुकी है, पर मैं इसे छिपाता रहता हूँ। कभी किसी तख्ते पर रख देता हूँ, कभी पलँग के नीचे छिपा देता हूँ। पर मैं जानता हूँ, किसी दिन ये भी गली में फेंक दिये जायेंगे।

त्रास

ऐक्सिडेण्ट पलक मारते हो गया। और ऐक्सिडेण्ट की जमीन भी पलक मारते तैयार हुई। पर मैं गलत कह रहा हूँ। उसकी जमीन मेरे मन में वर्षों से तैयार हो रही थी। हाँ, जो कुछ हुआ वह जरूर पलक मारते हो गया।

दिल्ली में प्रत्येक मोटर चलानेवाला आदमी साइकिल चलानेवालों से नफरत करता है। दिल्ली के हर आदमी के मस्तिष्क में घृणा पलती रहती है और एक-न-एक दिन किसी-न-किसी रूप में फट पड़ती है। दिल्ली की सड़कों पर सारे वक्त घृणा का व्यापार चलता रहता है। बसों में धक्के खाकर चढ़नेवाले, भाग-भागकर सड़कें लाँघनेवाले, भोंपू बजाती मोटरों में सफर करनेवाले सभी किसी-न-किसी पर चिल्लाते; गालियाँ बकते, मुड़-मुड़कर एक-दूसरे को दाँत दिखाते जाते हैं। घृणा एक धुन्ध की तरह सड़कों पर तैरती रहती है।

पिछले जमाने की घृणा कितनी सरल हुआ करती थी, लगभग प्यार-जैसी सरल। क्योंकि वह घृणा किसी व्यक्तिविशेष के प्रति हुआ करती थी। पर अनजान लोगों के प्रति यह अमूर्त घृणा, मस्तिष्क से जो निकल-निकलकर सारा वक्त वातावरण में अपना जहर घोलती रहती है।

वह साइकिल पर था और मैं मोटर चला रहा था। न जाने वह आदमी कौन था। मोटर के सामने आया तो मेरे लिए उसका कोई अस्तित्व बना, वरना असंख्य लोगों की भीड़ में खोया रहता जिस पर मेरी तैरती नजर घूमती रहती है। दुर्घटना के ऐन पहले उसने सहसा मुड़कर मेरी ओर देखा और क्षण-भर के लिए हमारी आँखें मिली थीं। उसकी गँदली-सी आँखों में अपने को सहसा

विकट स्थिति में पाने की उद्भ्रान्ति थी, सहसा वे आँखें फैल गयी थीं। न जाने उसे मेरी आँखों में क्या नजर आया था।

ऐन दुर्घटना के क्षण तक पहुँचते-पहुँचते मेरा मस्तिष्क धुँधला जाता है, मेरी चेतना दायें पैर के पंजे पर आकर लड़खड़ा जाती है और सारा दृश्य किसी टूटते घर की तरह असम्बद्ध हो उठता है, क्योंकि मैंने उस क्षण अपने दायें पैर के पंजे से ऐक्सलरेटर को जानबूझकर दबा दिया था। ब्रेक को दबाने की बजाय, ऐक्सलरेटर को दबा दिया था। मोटर की रफ्तार धीमी करने की बजाय मैंने उसे और तेज कर दिया था। मैंने ऐक्सलरेटर को ही नहीं दबाया, उसके पीछे गाड़ी को तनिक मोड़ा भी, जब वह मेरे सामने से रास्ता काटकर लगभग आधी सड़क लाँघ चुका था। तभी उसने घबराकर मेरी ओर देखा था। फिर खटाक् का शब्द हुआ था, और कोई चीज उछली थी, जैसे चील झपट्टा मारती है।

जब पहली बार मेरी नजर उस पर गयी तो वह मेरे आगे सड़क के किनारे-किनारे बायें हाथ बढ़ता जा रहा था। तब भी मेरे मन में उसके प्रति घृणा उठी थी। वह थुल-थुल-सा ठिगने कद का आदमी जान पड़ता था, क्योंकि उसके पैर मुश्किल से साइकिल के पैडलों तक पहुँच पा रहे थे। टखनों के ऊपर लगभग घुटनों तक उठे हुए उसके पाजामे को देखकर ही मेरे दिल में नफरत उठी थी या उसकी काली गर्दन को देखकर। अभी वह दूर था और आसपास चलती गाड़ियों की ही भाँति मेरे दृष्टि-क्षेत्र में आ गया था। फिर वह सहसा अपना दायाँ हाथ झुला-झुलाकर मुड़ने का इशारा करते हुए सड़क के बीचोंबीच आने लगा था। हाथ झुला-झुलाकर वह जैसे मुझे ललकार रहा था। तभी मेरे अन्दर चिंगारी-सी फूटी थी। अब भी याद आता है तो सबसे पहले उसका घुटनों तक चढ़ा हुआ पाजामा और काली गर्दन आँखों के सामने आ जाते हैं। वह आदमी दफ्तर का बाबू भी हो सकता था, किसी स्कूल का अध्यापक भी हो सकता था, छोटा-मोटा दूकानदार भी हो सकता था। सुअर का पिल्ला, देखूँ तो कैसे मोड़ काट जाता है। यह भी कोई तरीका है सड़क पार करने का? उसी लमहे-भर में मैंने ऐक्सलरेटर को दबा दिया था और मोटर को तनिक मोड़ दिया था। तभी उसने हड़बड़ाकर पीछे की ओर देखा था···।

वह क्षण तृप्ति का क्षण था, विष-भरे सन्तोष का। सुअर का बच्चा, अब आये तो मेरे सामने। लेकिन 'खटाक्' शब्द के साथ ही एक हड़बड़ाती आवाज़-सी उठी, और एक पुंज-सा जमीन पर गिरता आँखों के सामने कौंध

गया, कुछ वैसे ही जैसे कोई चील झपट्टा मारकर पास से निकल गयी हो।

पर इस क्षण को लोप होते देर नहीं लगी और मेरा मन लड़खड़ा-सा गया। यह मैं क्या कर बैठा हूँ? किसी बात को चाहना एक बात है और सचमुच कर डालना बिल्कुल दूसरी बात। कहीं कोई चीज़ टूटी थी। मेरे मन की स्थिति वैसी ही हो रही थी जैसे कोई आदमी बड़े आग्रह से किसी घर के अन्दर घुसे, पर कदम रखते ही घर की दीवारें और छत और खिड़कियाँ ढह-ढहकर उसके आसपास गिरने लगें। यह मैं क्या कर बैठा हूँ? चलते-चलाते मैंने बखेड़ा मोल ले लिया है।

मैंने ऐक्सलरेटर को फिर से दबा दिया। हड़बड़ाते मस्तिष्क में से आवाज़ आयी, निकल चलो यहाँ से; पीछे मुड़कर नहीं देखो और निकल जाओ यहाँ से।

पर मेरा अवचेतन ज्यादा सचेत था। उसका सन्तुलन अभी नहीं टूटा था। वर्षों पहले किसी ने कहा था कि ऐक्सिडेण्ट के बाद भागने से जोखम बढ़ता है, बखेड़े उठ खड़े होते हैं। मेरा पैर ऐक्सलरेटर पर से हट गया, टाँगों में कम्पन हुआ और मोटर की रफ्तार धीमी पड़ गयी। फिर वह अपने-आप ही जैसे बायें हाथ की पटरी के साथ लगकर खड़ी हो गयी। मोटर की गति थमने की देर थी कि मेरी टाँगों में पानी भर गया और सारे बदन पर ठण्डा पसीना-सा आता महसूस हुआ। यह मैं क्या कर बैठा हूँ। यह अनुभव तो दिल्ली में सभी के साथ गाहे-बगाहे होता है, घृणा के आवेश में कुछ कर बैठो और फिर काँपने लगो।

सड़क पर शाम के हल्के-हल्के साये उतर आये थे, वह समय जब अँधेरे के साथ-साथ झीना-सा परायापन सड़कों पर उतर आता है, जब चारों ओर हल्की-हल्की धूल-सी उड़ती जान पड़ती है और आदमी अकेला और खिन्न और निःसहाय-सा महसूस करने लगता है। सड़क पर आमद-रफ्त कम हो चुकी थी। बत्तियाँ अभी नहीं जली थीं। मैं मोटर का दरवाजा खोलकर नीचे उतर आया। दो-एक मोटरें उसी दिशा से आती हुई धीमी हुईं। सड़क के पार पटरी पर कोई औरत चलते-चलते रुक गयी थी और सड़क की ओर देखे जा रही थी। उसका हाथ थामे उसके साथ एक बच्चा था।

मैंने उतरते ही सबसे पहले आगे बढ़कर मोटर का बोनट देखा, बत्तियाँ देखीं, पहलू को ऊपर से नीचे तक देखा कि कहीं कोई 'चिब' तो नहीं पड़ा या खरोंच तो नहीं आयी, या कहीं रंग उधड़ा हो। नहीं, कहीं कुछ टेढ़ा नहीं हुआ था, मोटर को कहीं जब नहीं आयी थी। फिर मैं तेवर चढ़ाये पीछे की ओर घूम गया, जहाँ सड़क के बीचोंबीच वह आदमी गठरी-सा बना पड़ा था, और उसकी

साइकिल उसके ऊपर गिरी पड़ी थी। साइकिल का पिछला पहिया टेढ़ा होकर अभी भी घूमे जा रहा था।

बचाव का एक ही साधन है, हमला। फटकार से बात शुरू करो। अपनी घबराहट जाहिर करोगे तो मामला बिगड़ जायेगा, लेने-के-देने पड़ जायेंगे।

"यह क्या तरीका है साइकिल चलाने का? चलाते-चलाते मुड़ जाते हो? अगर मर जाते तो क्या होता?···"

मेरी आवाज़ ने और मेरे तर्क ने ही मुझे आश्वस्त कर दिया कि गलती उसी की थी, मेरी नहीं।

"इधर हाथ देते हो, उधर मुड़ जाते हो।"

न हूँ, न हाँ! धूप में झुलसा चौड़ा-सा चेहरा और उड़ते खिचड़ी बाल। उसके लिए उठ-बैठना कठिन हो रहा था। शायद जान-बूझकर हिल-डुल नहीं रहा था। मेरे अवचेतन ने फिर मुझे उसकी ओर धकेला, इसकी बाँह थामकर इसे उठा दो। स्थिति सँभालने का यही तरीका है। मैंने आगे बढ़कर साइकिल को उस पर से हटाया और उस काले-कलूटे को गर्दन के नीचे हाथ देकर बैठा दिया। उसने फटी-फटी आँखों से मेरी ओर देखा। उसकी नजर में अब भी पहले-सी भ्रान्ति और त्रास था और वह बेसुध हो रहा था। भूचाल के बाद जैसे कोई आँखें खोले और समझने की कोशिश करे कि कहाँ पर पटक दिया गया है। खून की बूँदें उसके खिचड़ी बालों में कहीं से निकल-निकलकर उसके कोट के कालर पर गिर रही थीं।

सड़क पार की ओर से किसी के चिल्लाने की आवाज़ आयी–

"ऐसा तेज चलाते हैं जैसे सड़क इनके बाप की है। आदमी को मार ही डालेंगे···"

पटरी पर घाघरेवाली बागड़न औरत अपनी बच्ची का हाथ थामे खड़ी चिल्ला रही थी। उसने ऐक्सिडेण्ट को होते देखा था। ऐसे आदमी बहुत कम होते हैं जिन्होंने ऐक्सिडेण्ट को होते देखा हो, और वे अपनी गवाही चिल्ला-चिल्लाकर देना चाहते हों।

मामला बिगड़ रहा है, बखेड़ा खड़ा हो जायेगा। मेरे सँभाले नहीं सँभलेगा।

मेरे दायें हाथ की पटरी पर एक आदमी ठिठककर खड़ा हो गया। किंकर्तव्यविमूढ़, मैंने घूमकर देखा। कोई वयोवृद्ध था, सूट-बूट पहने, छड़ी डुलाता पटरी पर ठिठका खड़ा था। मेरे देखने पर, पटरी पर से उतर आया।

"सभी ऐक्सिडेण्ट साइकिलोंवाले करते हैं, वह···। इन्हें बड़ी सड़कों पर

आने की इजाजत ही नहीं होनी चाहिए, बात ··· ।''

अँगरेजों के जमाने की गाली दे रहा था। तौर-तरीके से भी अँगरेजों के जमाने का रिटायर्ड अफसर जान पड़ता था। कोट-नकटाई लगाये, हाथ में छड़ी लिये घूमने निकला था। अपनी-अपनी तौफीक के मुताबिक अपने-अपने हमदर्द सभी को जुट जाते हैं। मेरा हौसला बढ़ गया।

''मैंने मोटर रोक ली तो बच गया, नहीं तो इसका भुर्था बन गया होता।'' मैंने ऊँची आवाज़ में कहा और मेरे जिस्म में आत्मविश्वास की हल्की-सी लहर दौड़ गयी। उसी क्षण मुझे जगतराम सुपरिंटेण्डेण्ट का भी ख्याल आया। मेरे भाई का साढ़ू है, पुलिस का अफसर है। मामला बिगड़ गया तो उसे टेलिफोन भर कर देने की जरूरत है। अपने-आप स्थिति को सँभाल लेगा।

मैं वहाँ से चलने को हुआ। मैंने दोनों हाथ पतलून की जेबों में डाल लिये और मेरी टाँगों में स्थिरता आ गयी।

सूट-बूटवाला बुजुर्ग मेरे पास आ गया था और फुसफुसाकर कह रहा था–

''इसे अस्पताल में छोड़ आओ। जैसे भी हो यहाँ से हटा ले जाओ। पुलिस आ गयी तो बखेड़ा उठ खड़ा होगा। वहाँ पर दो-चार रुपये देकर मामला निबटा लेना··· ।''

पुलिस के नाम पर फिर मेरी आँखों के सामने जगतराम सुपरिंटेण्डेण्ट का चेहरा घूम गया। फिर से बदन में आत्मविश्वास की लहर दौड़ गयी। मैंने आँख घुमाकर काले-कलूटे की ओर देखा। वह दोनों हाथों में अपना सिर थामे वहीं-का-वहीं बैठा था। खून की बूँदें रिसना बन्द हो गयी थीं और कालर पर चौड़ा-सा खून का पैबन्द लग गया था। कोई क्लर्क है शायद। कितने का आसामी होगा? कितने पैसे देने पर मान जायेगा?

सड़क पार से फिर से चिल्लाने की आवाज़ आयी–

''हमारे सामने पीछे से टक्कर मारी है। हमने अपनी आँखों से देखा है··· ।''

औरत ने राह जाते तीन आदमी घेर लिये थे, और अब वे सड़क के पार खड़े मेरी ओर घूरे जा रहे थे।

''अगर पुलिस आ गयी तो मोटर को यहीं पर छोड़कर जाना पड़ेगा। ख्वाहम-ख्वाह का पचड़ा खड़ा हो जायेगा, बरखुरदार··· ।'' सूट-बूटवाले सज्जन बड़ी सधी हुई आवाज़ में बड़ा सधा हुआ परामर्श दे रहे थे।

मैं फिर ऊँची आवाज़ में सड़क के पार खड़े लोगों को सुनाने के लिए बोला–

''जिस तरह तुम झट-से मुड़ गये थे, टक्कर होना लाजमी था। गनीमत जानो कि मैंने गाड़ी रोक ली वरना तुम्हारी हड्डी-पसली नहीं बचती। अगर

इसी तरह साइकिल चलाओगे तो किसी-न-किसी दिन जान से हाथ धो बैठोगे...।''

मेरी आवाज़ में समाजसेवा की गूँज आ गयी थी और मुझे इस बात का विश्वास होने लगा था कि मैंने सचमुच इस आदमी को बचाया है। इसे गिराया नहीं। उस आदमी ने सिर ऊपर उठाया। उसकी आँखों में अभी भी त्रास छाया था, लेकिन मुझे लगा जैसे उसकी आँखें मस्तिष्क में छिपे मेरे इरादों को देख रही हैं। त्रास के साथ-साथ कुछ-कुछ कृतज्ञता का भाव भी झलक आया है।

''मेरी मानो, इसे अस्पताल पहुँचा दो।'' बुज़ुर्ग ने फिर से फुसफुसाकर कहा।

लेकिन मेरा कोई इरादा उसे अस्पताल पहुँचाने का नहीं था। मेरे भाई का हमजुल्फ जगतराम, सब मामला सँभाल लेगा। उसे टेलिफोन पर कहने की देर है।

थुल-थुल के बालों में से खून रिसना बन्द हो गया था। अधेड़ उम्र बड़ी खतरनाक़ होती है, बुरी तरह से घायल होने के लिए भी और दूसरों को परेशान करने के लिए भी।

मैंने फिर से हाथ पतलून की जेब में डाला, जिसमें दो नोट रखे थे, एक पाँच रुपये का, दूसरा दस रुपये का। ज्यों-ज्यों मेरा डर कम होता जा रहा था, उसी अनुपात में मेरी दुविधा भी कम होती जा रही थी। दस रुपये देने की भी कोई जरूरत नहीं, पाँच रुपये बहुत हैं, यों यह किसी भी प्रकार की मदद का हकदार नहीं है। जिस तरह इसने झट-से साइकिल को मोड़ दिया था, ऐक्सिडेण्ट होना जरूरी था।

जेब में से पाँच रुपये का नोट निकालने से पहले मैंने मुड़कर देखा। सूट-बूटवाला बुज़ुर्ग जा चुका था। दूर छड़ी झुलाता, लम्बे-लम्बे साँस लेता, आगे बढ़ गया था। मुझे अकेला अपने हाल पर छोड़ गया था। मुझे धोखा दे गया था। मैं अकेला, दुश्मनों से घिरा महसूस करने लगा। दो छोटे-छोटे लड़के भी मेरी बगल में आकर खड़े हो गये थे, और उन्होंने थुल-थुल को पहचान लिया जान पड़ता था।

''गोपाल के बापू हैं। हैं ना!'' एक ने दूसरे से सहमी-सी आवाज़ में कहा। मगर वे दोनों दूर ही खड़े रहे, और थुल-थुल को देखते रहे, कभी उसकी ओर देखते, कभी मेरी ओर।

मैं अभी पाँच का नोट अँगुलियों में मसल ही रहा था कि पुलिस आ गयी। कोई आदमी चिल्लाया—''पुलिस! पुलिस आ गयी है।''

मैं चूक गया हूँ। उस वक्त निकल जाता तो निकल जाता। अब तो यह

आदमी भी तेज हो जायेगा। बावेला मचायेगा, पुलिस को अपने जख़्म दिखायेगा। साइकिल का टेढ़ा पहिया दिखायेगा। भीड़ इकट्ठी कर लेगा। मुझे परेशान करेगा। पटरी पर वह बागड़न औरत अभी भी खड़ी थी और उसकी बच्ची रोये जा रही थी।

आने दो पुलिस को, मन-ही-मन कहा। जगतराम सुपरिंटेण्डेण्ट का नाम उनके आते ही कह देना होगा। वरना उन्होंने अगर चालान लिख दिया तो फिर उसे नहीं फाड़ेंगे।

लोग नजदीक आने लगे थे। घेरा-सा बनने लगा था। और मैं कह रहा था, आने दो, जगतराम का नाम छूटते ही सुना देना होगा, देर हो गयी और चालान लिख डाला गया तो वे पुर्जा नहीं फाड़ेंगे।

पर दूसरे क्षण मैं लपककर थुल-थुल के ऊपर झुक गया था और उसे बाजू का सहारा देकर उठा रहा था।

"चलो, तुम्हें अस्पताल पहुँचा आऊँ। उठो, देर नहीं करो ···।"

मैंने उसे बाजू का सहारा इसलिए दिया था कि आस-पास के लोग देख लें कि मुझे उस आदमी के साथ हमदर्दी है, पुलिसवाले भी देख लें कि मेरे मन में द्वेषभाव नहीं है।

उसने आँखें फेरकर मेरी ओर देखा, सहसा उठ खड़ा हुआ। मुझे लगा जैसे उसका शरीर सहसा बड़ा हल्का हो गया है और बिना मेरी मदद के अपने-आप चलने लगा है। वह उठा ही नहीं, लड़खड़ाता हुआ मोटर की ओर चल दिया। मैंने पहले तो सोचा कि वह अपना साइकिल उठाने जा रहा है। पर वह सीधा मोटर के पास जा पहुँचा और हत्थी को पकड़कर दरवाजे के शीशे के साथ माथा टिकाकर खड़ा हो गया।

यह क्या करने जा रहा है ? वहाँ पर जाकर खड़ा हो गया ? मैं लपककर आगे बढ़ा, चाभी से डिक्की का दरवाज़ा खोला, टेढ़े पहिये समेत साइकिल को उसके अन्दर ठूँसा, फिर उस आदमी के लिए कार का दरवाजा खोलकर उसे अन्दर धकेल दिया और पलक मारते गाड़ी चला दी।

अस्पताल में पहुँचने से पहले ही मुझे पूर्ण सुरक्षा का भास होने लगा। मुझे अपनी कर्मठता पर और चुस्ती पर गर्व होने लगा था। कोई और होता तो ऐक्सिडेण्ट के हो जाने के बाद, और पुलिस के आ जाने पर किंकर्तव्यविमूढ़, मुँह बाये खड़ा रहता। अब इसे अस्पताल के बरामदे में पटकूँगा और सीधा घर की ओर निकल जाऊँगा।

मोटर चलने पर किसी ने गाली दी थी। दो आदमी कार की ओर लपके भी

थे। गाली मुझे दी गयी थी या उस आदमी को, मैं नहीं जानता। लेकिन मोटर बड़ी खूबसूरती से लोगों की गाँठ को चीरती हुई सर्र करके निकल गयी थी और अब मैं कैज़ुल्टी वार्ड के बरामदे में खड़ा था और अन्दर उसकी पट्टी हो रही थी।

मैंने अन्दर झाँककर देखा तो अध-लेटे-लेटे उसने मेरे सामने हाथ बाँध दिये और देर तक हाथ जोड़े रहा। एक क्षीण, विचित्र-सी मुस्कान भी उसके चेहरे पर आ गयी थी। क्षण-भर के लिए मुझे लगा जैसे सिर की चोट के कारण वह पगला गया है। जितनी देर मैं उसके सामने रहा, वह छाती पर दोनों हाथ बाँधे मेरी ओर देखे जा रहा था। मैं ठिठककर वहाँ से हट गया और बरामदे में टहलने लगा, लेकिन थोड़ी देर बाद जब मैंने फिर दरवाजे में से अन्दर झाँका तो वह अभी भी छाती पर हाथ बाँधे मेरी ओर देख रहा था। क्या यह सचमुच पगला हो गया है?

मैं धीरे-धीरे चलता हुआ उसके पास जा पहुँचा।

''अच्छे करम किये थे जो आपके दर्शन हो गये।...'' वह बोला और हाथ जोड़े रहा।

मैं ठिठककर खड़ा हो गया। यह क्या बक रहा है?

फिर सहसा वह, अपनी पट्टियों के बावजूद दोनों हाथ बढ़ाकर नीचे की ओर झुका, और मेरे पैरों को छूने की कोशिश करने लगा।

मैं पीछे हट गया।

उसने फिर हाथ बाँध दिये।

''मेरे अच्छे करम थे साहिब, जो आपकी मोटर से टक्कर हुई...।''

यह क़ौन-सा स्वाँग रचने लगा है? क्या यह सचमुच होश में नहीं है? पर वह दोनों हाथ बाँधे, दायें से बायें अपना सिर हिला रहा था।

पीछे बरामदे में हलचल सुनायी दी। एक स्त्री, दो छोटे-छोटे लड़कों के साथ, बदहवास-सी, वार्ड में घूमती हुई अन्दर आ रही थी। अन्दर की ओर झाँकते ही वह लपककर उस आदमी की खाट की ओर आ गयी। दोनों लड़के भी उसके पीछे-पीछे भागते हुए अन्दर आ गये।

''हाय, तुम्हें क्या हुआ? कहाँ चोट आयी है?'' और वह फटी-फटी आँखों से उसके सिर पर बँधी पट्टियों की ओर देख रही थी।

यह उसकी पत्नी रही होगी, मैंने मन-ही-मन समझ लिया। हादसे की खबर इस तक पहुँच गयी है। अस्पताल में आने पर सुरक्षा का भाव जो मन में उठा था वह लड़खड़ा-सा गया। पहले ही से उसके सनकी व्यवहार पर मैं हैरान

हो रहा था । मन में आया निकल चलूँ, अब और ज्यादा ठहरने में जोखिम है ।

पर वह आदमी अपने दो बालकों से कह रहा था—

''पालागन करो, जाओ, जाओ, पालागन करो ।''

और दोनों लड़के,राम-लछमन की तरह हाथ बाँधे मेरे पैर छूने के लिए आगे बढ़े आ रहे थे ।

स्त्री ने तनिक घूमकर मेरी ओर देखा । वह बेहद घबरायी हुई थी ।

''इनके आगे माथा नवाओ । इन्हें नमस्कार करो ! करो, करो !'' वह अपनी पत्नी से कह रहा था ।

औरत हत्‌बुद्धि-सी सिर पर पल्ला करके मेरे सामने झुकी ।

''मुझे मौत के मुँह से निकाल लाये हैं । सड़क पर पड़े आदमी को कौन उठाता है ? यह मुझे उठा लाये हैं ।'' वह बोले जा रहा था, ''उधर पुलिस आ गयी थी । यह मुझे पुलिस के हाथ से खींचकर ले आये हैं । मैंने अच्छे करम किये थे, आप तो भगवान के अवतार होकर उतरे हैं । इस कलियुग में कौन किसी को सड़क पर से उठाता है । आपके हाथ से बहुतों का भला होगा । ...''

थुलथुल गिड़गिड़ा रहा था । वह पगलाया नहीं था, उसकी बकवास के पीछे कोई षड्‌यन्त्र भी नहीं था, केवल त्रास था, दिल्ली की सड़कों का त्रास ।

मैंने इत्मीनान की साँस ली ।

''नहीं, नहीं, ऐसा नहीं कीजिए,'' अपनी ओर गले में पल्ला डाले झुकी हुई उसकी पत्नी को सम्बोधन करते हुए मैंने कहा । मेरी आवाज़ में मिठास आ गयी थी, तनाव दूर हो गया था ।

''नहीं, नहीं, मैंने केवल अपना फर्ज पूरा किया है । एक इन्सान के नाते मेरा फर्ज था ।'' फिर सद्‌भावनापूर्ण परामर्श देते हुए बोला, ''लेकिन आपको साइकिल ध्यान से चलानी चाहिए । दिल्ली में हादसे बहुत होते हैं । बल्कि मैं तो कहूँगा कि आपको इस उम्र में साइकिल चलानी ही नहीं चाहिए । इससे तो पैदल चलना बेहतर है । ...''

''आपकी दया बनी रहे ...'' उसने बुदबुदाकर कहा ।

''नहीं,नहीं, एक इन्सान के नाते यह मेरा फर्ज था । और किसी चीज़ की जरूरत हो तो बताओ, मैं भिजवा दूँगा ...''

उसने फिर हाथ जोड़ दिये और सिर हिलाने लगा । दयालुता और आत्मश्रद्धा के आवेश में मेरा हाथ फिर पतलून की जेब में गया, जहाँ दो नोट पड़े थे । मैंने उँगलियों से दोनों नोट अलग-अलग किये । पाँच दूँ या दस ? दस दूँ या पाँच ? आसामी तो पाँच का नजर आता है । फिर तभी हाथ रुक गया । यह क्या

बेवकूफी करने जा रहे हो ? यह क्या कम है कि इसे अस्पताल में उठा लाये हो ? यह है कौन जिसके प्रति इतने पसीजने लगे हो ? न जान, न पहचान···

मैंने आँख उठाकर उसकी ओर देखा। छाती पर हाथ बाँधे वह अभी भी श्रद्धा से सिर हिलाये जा रहा था। लिजलिजी, लसलसी-सी श्रद्धा, जिसे देखकर फिर से मन में घृणा की लहर उठने लगी, और मैं वहीं से बाहर की ओर घूम गया।

लीला नन्दलाल की

किस्सा यह कि मेरा स्कूटर चोरी हो गया। बिल्कुल नया स्कूटर था। खरीदे दो महीने भी नहीं हुए थे और पूरे चार साल तक इन्तजार करते रहने के बाद उसे खरीद पाने का मेरा नम्बर आया था। इधर वह पलक झपकते गायब हो गया। मैं वर्षों तक बड़े चाव से उसकी राह देखता रहा था और तरह-तरह के सपने देखता रहा था कि कब स्कूटर आयेगा और मैं दिल्ली की सड़कों पर फर्राटे-से घूमा करूँगा। गले में रेशमी रूमाल लहरा रहा होगा, बाल उड़ रहे होंगे, आँखों पर मोटा चश्मा होगा। दिल्ली में स्कूटर के बिना जिन्दगी का लुत्फ ही क्या है। स्कूटर पर आगे युवक पीछे युवती, युवक की कमर में हाथ डाले हुए, उसकी पीठ पर झुकी हुई, उसकी भी चुन्नी या साड़ी का पल्लू हवा में लहराता हुआ, दिल्ली की खचाखच भरी, नीरस सड़कों पर रोमांस का रंग छिटक जाता है। पर सभी अरमान धरे-के-धरे रह गये। और अब मैं सड़क के किनारे भौंचक-सा खड़ा, कभी दायें तो कभी बायें, आँखें फाड़-फाड़कर देख रहा था कि स्कूटर गया तो कहाँ गया। मैं पीछे की ओर उस नाट्यगृह के आँगन में भी बार-बार चक्कर काट रहा था, जहाँ पर मैं एक भौंडा-सा प्रहसन देखता रहा था, जिस बीच स्कूटर की चोरी हुई थी। मेरी टाँगों में पानी भरता जा रहा था और गला बराबर सूखता जा रहा था। उधर दर्शकों की भीड़ छँटती जा रही थी।

थिएटर-सिनेमा की भीड़ भी अपनी तरह की होती है। घड़ी-भर के लिए लगता है कोई गुलजार खिल उठा है, कोई नगरी बस गयी है, और घड़ी-भर बाद वहाँ उल्लू बोलने लगते हैं। मैं लपक-लपककर बिदा होते दर्शकों से पूछने लगा। मगर सब बेसूद। किसे क्या मालूम कि मेरा स्कूटर किसने उठाया है। सभी तो मेरी तरह नाट्य-गृह के अन्दर बैठे थे। एक मनचले ने जिस पर नाटक

का प्रभाव अभी तक बना हुआ था, चहककर कहा, ''गनीमत समझो कि तुम खुद उस पर सवार नहीं थे। वरना तुम्हें भी चोर उठा ले जाते। ...''

दिल्ली के लोगों की बेरुखी मुझे यों भी सालती रहती है। इस भौंडे मजाक पर मैं और भी खिन्न हो उठा।

आखिर मन मारकर बाहर निकल आया और रास्ता पूछता हुआ, इलाके के पुलिस स्टेशन की ओर चल दिया। पुलिस में रिपोर्ट तो कर दो, आगे जो होगा, देखा जायेगा।

पुलिस में रपट लिखवाने के बाद पाँव घसीटता और बसों में धक्के खाता जब मैं घर पहुँचा और घरवालों को सारा किस्सा सुनाया तो पहले तो उन्हें गहरा सदमा हुआ, फिर वे तरह-तरह की टिप्पणियाँ करने लगे। पिताजी ने कहा, ''मुझसे पूछो तो वहाँ पर स्कूटर ले जाना ही भूल थी। थिएटरों में दुनिया-भर के उचक्के जमा होते हैं।'' पत्नी बोली, ''मैं तो समझती हूँ तुम जरूर ताला लगाना भूल गये होगे, स्कूटर को ताला लगा हो तो कोई कैसे उठा सकता है।'' फिर सभी को सम्बोधन करके बोली, ''मैं तो समझती हूँ स्कूटर वहीं कहीं रखा होगा, इन्होंने देखा नहीं। इनकी आँखों के सामने चीज़ पड़ी हो तो भी इन्हें नजर नहीं आती।'' इस पर चाचाजी बोले, ''स्कूटर हमेशा किसी के सुपुर्द किया जाता है। बाहर जरूर कोई रखवाला खड़ा होगा, तुम दस पैसे बचाने की खातिर उसे न जाने कहाँ रख गये होंगे।'' मतलब कि मेरे सम्बन्धियों को ऐसा लग रहा था जैसे स्कूटर की चोरी में ज्यादा हाथ मेरा ही रहा हो। केवल माँ एक ही वाक्य बार-बार दोहरा रही थीं, ''अगर भगवान के घर में न्याय है तो मेरे बेटे का स्कूटर उसे जरूर मिल जायेगा। जो चीज़ भगवान ने उसके लिए भेजी है, वह उसे छोड़ किसी दूसरे के पास नहीं जा सकती।''

जब मैंने बताया कि पुलिस में रिपोर्ट लिखवा आया हूँ तो चाचाजी सिर हिलाने लगे, ''तुम समझते हो पुलिस तुम्हारा स्कूटर बरामद करवा देगी? अगर पुलिस इतनी चुस्त होती तो तुम्हारा स्कूटर उठता ही नहीं। अब स्कूटर को भूल जाओ और बीमा कम्पनी से अपना मुआवजा वसूल करने की कोशिश करो। बीमा तो करवाया था न?''

इस पर पिताजी बिगड़ उठे और चाचाजी और पिताजी के बीच बहस छिड़ गयी। पिताजी का मत था कि स्कूटर को बरामद करवाने की पूरी-पूरी कोशिश की जाये, जबकि चाचाजी मानो शताब्दियों के संचित अनुभव के आधार पर कहे जा रहे थे कि इससे कुछ न होगा, जल्दी-से-जल्दी अपने मुआवजे की रकम बीमा कम्पनी से वसूल करो। आखिर यही फैसला हुआ कि दोनों बातों की ओर

समान रूप से ध्यान दिया जाये ।

चुनाँचे मैं सुबह के वक्त पुलिस स्टेशन और दोपहर के वक्त बीमा कम्पनी के चक्कर काटने लगा । पुलिसवाले बड़ी रुखाई से पेश आते । पहले दो-एक दिन तो मेरे साथ सीधे मुँह बोले, फिर झिड़क-झिड़ककर बोलने लगे । "मेरे स्कूटर का कुछ पता चला ?" मैं दरख्वास्तियों की तरह दहलीज पर खड़े-खड़े पूछता । जवाब में या तो अन्दर चुप्पी छायी रहती, या रूखी-सी आवाज़ में कोई इन्स्पेक्टर कहता, "मिलने पर खबर कर दी जायेगी । इधर रोज-रोज मत आइए ।"

पर एक दिन जब मैं इसी तरह डरता-सा पुलिस स्टेशन के दफ्तर की दहलीज तक पहुँचा तब इन्स्पेक्टर कुर्सी पर से उठकर मेरी ओर बढ़ आया । मेरी टाँगें तो थर्रा गयीं, पर उसके चेहरे पर फैली मुस्कान को देखकर मैं द्विविधा में पड़ गया । क्या मालूम स्कूटर मिल ही गया हो जो यह मुस्करा रहा है ? उसने मेरे साथ हाथ मिलाया, मुझे दफ्तर के अन्दर ले जाकर कुर्सी पर बैठाया, अर्दली को आवाज़ देकर मेरे लिए ठण्डा पानी का गिलास मँगवाया और उसी तरह मुस्कराते हुए बोला, "आप इत्मीनान रखिए । हमें आपके स्कूटर की बडी फिक्र है । उसे बरामद करने की पूरी कोशिश की जा रही है । मिलने पर मैं खुद आकर आपको इत्तला करूँगा ।"

मैं हवा में उड़ता-सा घर पहुँचा । स्कूटर मिल जाने की खुशी शायद इतनी नहीं होती जितनी इन्स्पेक्टर के आत्मीयता-भरे आश्वासन से ।

"मीठा क्यों नहीं बोलेगा । उसे ऊपर से जूत पड़ा होगा ।" पिताजी बोले । बात मेरी समझ में नहीं आयी । बाद में पता चला कि जब से स्कूटर खो गया था, पिताजी जगह-जगह चिट्ठियाँ लिख रहे थे और उनमें से एक चिट्ठी निशाने पर चोट कर गयी थी । यह चिट्ठी उन्होंने मेरे बहनोई के छोटे भाई द्वारा उसके ससुर को लखनऊ लिखवायी थी, जो लखनऊ में पुलिस का बड़ा अफसर था । ऐसी चिट्ठियाँ वह न जाने और कहाँ-कहाँ लिखवा रहे थे ।

पर इस आश्वासन के बावजूद स्कूटर कहीं प्रगट होता नजर नहीं आ रहा था । स्थिति वैसी-की-वैसी थी । केवल मेरे प्रति पुलिसवालों का रुख बदल गया था ।

इधर बीमा कम्पनीवाले पैरों पर पानी नहीं पड़ने दे रहे थे । पुलिस स्टेशन में कम-से-कम वे मेरे साथ बोलने तो लगे थे, यहाँ तो मैं हैड-क्लर्क के सामने दिन-भर बैठा रहता, कोई मुझे पूछता ही नहीं था । मैं बात उठाता तो वह

तरह-तरह की तहकीकात की बात करता और फिर से अपनी फाइलों में खो जाता। इस तरह पूरा एक महीना गुजर गया।

"इस तरह भी कभी दुनिया के काम हुए हैं?" एक दिन पिताजी ने चाचाजी को डाँटते हुए कहा, "दफ्तरी कार्रवाइयों के सहारे बैठे रहोगे तो तुम्हें मुआवजा मिल चुका।"

फिर मेरी ओर देखकर बोले, "डिब्बे में से घी निकालना हो तो टेढ़ी उँगली से निकालते हैं। सीधी उँगली से घी नहीं निकलता।"

दूसरे दिन, चाचाजी के साथ-साथ चलता हुआ मैं अजमेरी गेट की ओर जा रहा था। वहाँ से एक सज्जन हमारे साथ हो लिये और हम आसफअली रोड के एक बड़े दफ्तर में जा पहुँचे। वहाँ पर एक सज्जन ने हमें एक खत लिखकर दिया। इस खत को लेकर हम तीनों दरियागंज की ओर रवाना हो गये। तभी मेरे दिल में से आवाज़ उठने लगी कि कुछ होने जा रहा है, जरूर कुछ होने जा रहा है। मेरे अन्तःकरण से जब कभी ऐसी आवाज़ आने लगे तो कोई-न-कोई घटना घटती है।

उसके बाद हम एक बड़े दफ्तर में बैठे थे और हमारे सामने बड़ी-सी मेज के पीछे एक मोटा-सा आदमी बैठा था। यही मोटा नन्दलाल था जिसके लिए हम चिट्ठी लाये थे।

मोटे नन्दलाल ने चिट्ठी पढ़ी, और फिर अपनी बड़ी-बड़ी नमदार आँखों से सामने की ओर देखा, "उनकी ऐसी-की-तैसी, मुआवजा कैसे नहीं देंगे।"

उसने ऐसे ढंग से कहा कि मेरा दिल बैठ गया। मोटे नन्दलाल ने हाथ बढ़ाकर टेलीफोन का चोंगा उठाया पर मेरे चाचाजी झट-से बोल उठे, "टेलीफोन पर कहने के बजाय अगर आप तकलीफ करके हमारे साथ चले चलें तो बेहतर होगा। आप जानते हैं, बीमा कम्पनीवाले...."

"उनकी ऐसी-की-तैसी..." मोटे नन्दलाल ने फिर से कहा, और फिर से मेरा दिल बैठ गया। पर उसने चोंगा रख दिया, और मेरी ओर देखकर बोला, "तुम कल मेरे पास आ जाओ। मैं तुम्हें बीमा कम्पनी के दफ्तर में ले चलूँगा।"

दूसरे दिन मोटा नन्दलाल मेरे आगे-आगे बीमा कम्पनी के दफ्तर की तीन मंजिला इमारत की सीढ़ियाँ चढ़ रहा था और मेरा दिल धक्-धक् कर रहा था कि न जाने अब कौन-सा सीन होगा, कहीं मेरा बनता काम बिगड़ तो नहीं जायेगा। यह आदमी अक्खड़ किस्म का जान पड़ता है और कम्पनियों के अफसर अपनी जगह बड़े बददिमाग होते हैं।

हम ऊपर पहुँचे। जहाँ मैं हैडक्लर्क की मेज के सामने दिन-भर बैठा

गिड़गिड़ाता रहता था, वहाँ मोटा नन्दलाल सीधा डायरेक्टर के कमरे का दरवाजा खोलकर अन्दर चला गया और सीधा उसकी मेज पर दोनों हथेलियाँ टिकाकर—जैसे भालू हमला करने के पहले अपने पाँव तौलता है—खड़े-खड़े ही बोला, ''यह क्या तमाशा है । इनका स्कूटर चोरी हो गया । सारी बात साफ है । आप इन्हें मुआवजा क्यों नहीं देते ?''

डायरेक्टर कुर्सी पर से उठ खड़ा हुआ । पर वह अभी अपना मुँह भी नहीं खोल पाया था कि मोटे नन्दलाल ने कहा, ''मैं साल में पाँच लाख का बिजनेस आपको देता हूँ, और इधर आप मेरे भाई साहब को महीने-भर से परेशान कर रहे हैं ?''

फौरन चैक बन गया । अभी मोटा नन्दलाल कुर्सी पर बैठा भी नहीं था, और डायरेक्टर के इसरार का जवाब भी नहीं दे पाया था कि ठण्डा पियेगा या गर्म, चाय-कॉफी लेगा या शर्बत-शिकंजी कि वही हेडक्लर्क जिसकी मेज के सामने दिन-भर बैठा रहा था, चैक, फार्म और रजिस्टर लेकर अन्दर दाखिल हुआ और दफ्तर में प्रवेश करने के ऐन दस मिनट बाद मैं और मोटा नन्दलाल दफ्तर की सीढ़ियाँ उतर रहे थे । चैक मेरी जेब में था और मोटा नन्दलाल कह रहा था, ''इनकी ऐसी की तैसी । मुआवजा कैसे नहीं देते ··· ।''

सुनकर मेरा दिल गुदगुदा उठा । उसकी मोटी गर्दन और मोटे-मोटे कूल्हों और भालू-जैसी लम्बी-लम्बी बाँहों को देख-देखकर मैं श्रद्धा से पुलक रहा था ।

उस रोज घर में घण्टों मोटे नन्दलाल की चर्चा रही ।

''रख-रखाव से ही काम बनते हैं ।'' पिताजी कह रहे थे । फिर पिताजी, एक-एक करके, उन तीनों आदमियों का गुणगान करने लगे—एक, जो अजमेरी गेट से हमारे साथ हो लिया था; दूसरा, जो अजमेरी गेट से आसफअली रोड तक हमारे साथ गया था; तीसरा, जिसने पत्र दिया था । पर इन सबमें मोटा नन्दलाल तो साक्षात् देवता था ।

इस पर चाचाजी बोले, ''है तो आदमी टेढ़ा, पर न जाने कैसे काम करवा दिया है ।''

''सब नन्दलाल की लीला है,'' माँ बोलीं ।

''मोटे नन्दलाल की, माँ ?'' मैंने कहा ।

पर माँ इतनी गद्गद हो रही थीं कि उन्होंने मेरी ओर ध्यान नहीं दिया और अपनी बात कहती गयीं, ''सब भगवान की लीला है । उन्हें मेरे बेटे को रुपया दिलवाना है, तो नन्दलाल को निमित्त बनाकर भेज दिया ।''

बीमा कम्पनी के दफ्तर की सीढ़ियाँ उतरते हुए मोटे नन्दलाल की गर्दन और मोटे-मोटे हाथ देख-देखकर मेरा रोम-रोम पुलक रहा था, केवल भगवान के दर्शन से ही ऐसी पुलकन भक्तों के तन-मन में उठती होगी ।

माँ ने ठीक ही कहा था, क्योंकि इसके बाद जो कुछ हुआ उसे नन्दलाल की लीला का ही नाम दिया जा सकता है ।

कुछ दिन तो बड़े आराम से कट गये । जेब में पैसे आ गये थे । हौसले बढ़ गये थे । पहले स्कूटर को ले पाने के लिए चार बरस तक चुपचाप इन्तजार करना पड़ा था । अब मोटे नन्दलाल की कृपा हुई तो दूसरे दिन नया स्कूटर मिल जायेगा । लेकिन घर के लोग इस हक में नहीं थे कि मैं स्कूटर लूँ ।

''जिसका एक स्कूटर चोरी हो सकता है, उसका दूसरा स्कूटर भी चोरी हो सकता है । तुम बस में ही आया-जाया करो । तुम इसी लायक हो ।'' पिताजी कहते ।

मैं खुद भी दूसरा स्कूटर लेने के हक में नहीं था । मेरे दिल का सारा रोमांस एक ही स्कूटर ने खत्म कर दिया था । धक्के तो बस में भी पड़ते हैं, पर जो धक्के स्कूटर खो जाने पर पड़ते हैं, उन्हें देखते हुए बसों में चढ़ना ही बेहतर है । पर पत्नी गुमसुम रहने लगी । शाम को मैं उससे कहीं चलने को कहता तो वह ठण्डी साँस भरकर कहती कि उसका कहीं भी जाने को मन नहीं है । मैं समझ गया कि इसके मुँह को स्कूटर की सवारी का खून लग गया है, इसे अब बसों में चढ़ना हिमाकत जान पड़ने लगा है । पत्नियाँ आमतौर पर रात के अँधेरे में अपने दिल की बात कहती हैं । एक बार ठण्डी साँस भरकर बोली, ''जब से तुम्हारे घर में आयी हूँ, मेरी हालत बद से बदतर होती जा रही है ।'' और फिर सिर-दर्द का बहाना करके मेरी ओर पीठ फेर ली ।

स्कूटर को खोये लगभग छह महीने बीत चुके थे, और मैं फिर से दिल्ली की सड़कों पर पाँव घसीटने लगा था ।

अचानक पुलिस स्टेशन की ओर से एक विचित्र-सा पत्र प्राप्त हुआ । लिखा था, ''आपका स्कूटर नं. डी.एल.—बरामद कर लिया गया है । इस समय श्यामनगर की सड़क नम्बर चार के बाड़ा दयाराम में रखा है । जाकर शिनाख्त कर लीजिए और हमें इत्तला कीजिए कि आप उसे वापस लेना चाहते हैं या नहीं ।''

मेरी बाछें खिल गयीं । स्कूटर मिल गया, कमाल हो गया । इसके खो जाने पर इतना अफसोस नहीं हुआ था जितना इसके मिल जाने पर खुशी । दिल्ली में

स्कूटर के बिना जिन्दगी का लुत्फ ही क्या है ।

घरवालों को खबर हुई तो सबकी प्रतिक्रिया अलग-अलग थी । माँ ने दुपट्टे के नीचे हाथ जोड़ते हुए कहा, ''भगवान के घर में देर है, अन्धेर नहीं । मैंने पहले ही कहा था कि मेरे बेटे का स्कूटर मिल जायेगा ।'' पत्नी भी चहक उठी । उसने मेरी ओर यों देखा जैसे उसकी नजर में फिर मेरी कीमत कुछ-कुछ बहाल होने लगी है । पर पिताजी में तनिक भी उत्साह नहीं था । कहने लगे, ''अब वह चोरी का माल है, जिस चीज़ को चोर का हाथ लग जाये, उसमें कोई बरकत नहीं रह जाती । फिर छह महीने बाद मिल रहा है । स्कूटर का रह ही क्या गया होगा, उसकी हड्डी-पसली हिल गयी होगी ।'' इस पर चाचाजी ने सहमति में सिर हिलाया और मेरा दिल धक्-से रह गया । पिताजी और चाचाजी सहमत हो रहे थे, यह शगुन अच्छा नहीं था । उनके बीच झगड़ा चलता रहे तो लगता है जीवन स्वाभाविक गति से चल रहा है ।

''तुम स्कूटर वापस ले ही कैसे सकते हो ? तुम तो बीमा कम्पनी से मुआवजा वसूल कर चुके हो ।''

''मुआवजे का क्या है । वह तो लौटाया भी जा सकता है ।''

''अगर बीमा कम्पनीवाले इन्कार कर दें, तो ?''

''मोटा नन्दलाल जो है, उसके रहते वह इन्कार नहीं करेंगे ।'' मैंने बड़े साहस से कहा ।

आखिर फैसला हुआ कि स्कूटर की शिनाख्त करके पहले अच्छी तरह से दिखवा लेना चाहिए । फैसला बाद में करेंगे कि वापस लेंगे या नहीं ।

दूसरे दिन पुलिस की चिट्ठी जेब में रखे मैं श्यामनगर की ओर चला जा रहा था । मन फिर से स्कूटर की सैर के सपने देखने लगा था । पत्नी भी खुश हो जायेगी, स्कूटर के खो जाने से घर में जो मायूसी छा गयी थी, वह दूर हो जायेगी ।

देर तक मुझे श्यामनगर की सड़कों की खाक छाननी पड़ी । वह बाड़ा मुझे नहीं मिल रहा था जिसका पता पुलिसवालों ने मुझे दिया था । स्कूटर को बाड़े में रखने में क्या तुक थी, पुलिस स्टेशन में उसे क्यों नहीं रखा गया ? फिर सोचा कि शायद बाड़ा भी पुलिस का ही होगा जहाँ पुलिस चोरी का बरामद माल रखती है, एक तरह का गोदाम बना रखा होगा ।

आखिर मैंने बाड़े के अन्दर कदम रखा । बड़ा-सा आँगन था और आँगन के पीछे एक छोटा-सा बँगला था । आँगन में सात-आठ मोटरें और चार-पाँच स्कूटर खड़े थे । क्या यह सब बरामद माल है ? क्या मैं किसी गलत जगह पर तो नहीं आ गया ? यह तो किसी अमीर आदमी का बँगला जान पड़ता है । मैं कहाँ

आ पहुँचा हूँ ? मैंने पुलिस की चिट्ठी निकालकर पता ध्यान से पढ़ना चाहा, तभी बँगले की ओर से एक सज्जन आते दिखायी दिये, सफेद नाइलॉन की कमीज और टेरीकोट की पतलून पहने हुए थे ।

''माफ कीजिए, मुझसे भूल हुई । मैं किसी दूसरे बाड़े की तलाश में हूँ ।''

और मैंने पुलिस का पर्चा अनायास ही उनके हाथ में दे दिया ।

उन्होंने सरसरी नजर से पर्चे की ओर देखा और एक ओर को हाथ का इशारा करते हुए बोले, ''वहाँ स्कूटर रखे हैं, उनमें से अपना स्कूटर पहचान लीजिए ।''

मैंने उन सज्जन को सिर से पाँव तक देखा । क्या यह पुलिस के अफसर हैं जिन्होंने अपने बँगले में ही बरामद का माल रख लिया है ? पुलिस के बड़े अफसर घर पर वर्दी नहीं पहनते, इसीलिए यह नागरिक वेश में हैं । पर पुलिस के अफसर इतनी ज्यादा अँगूठियाँ भी अँगुलियों में नहीं पहनते जितनी इन्होंने पहन रखी हैं । पर क्या मालूम पहनते ही हों । वर्दी पहनी तो अँगूठियाँ उतार दीं, वर्दी उतारी तो अँगूठियाँ चढ़ा लीं ।

मुझे अपना स्कूटर देखने की उत्सुकता थी । मैं बिना कुछ कहे उस ओर घूम गया जहाँ स्कूटर रखे थे ।

मैं एक ही नजर में पाँचों स्कूटरों को देख गया, लेकिन इनमें मेरा स्कूटर मुझे नजर नहीं आया । फिर मैं बड़े ध्यान से एक-एक स्कूटर को देखने लगा । एक स्कूटर कुछ-कुछ मेरे स्कूटर से मिलता-जुलता था, लेकिन उस पर बढ़िया-सा शीशा लगा था और हैण्डल के पास से ही रेडियो के एरियल की छड़ ऊपर को उठ रही थी, उसमें सचमुच लाउडस्पीकर लगा था । यह स्कूटर मेरा कैसे हो सकता है ?

तभी वह सज्जन मेरे पास आ गये ।

''पहचान लिया ? यही आपका स्कूटर है ना !'' उन्होंने कहा और मेरे स्कूटर के हैण्डल को सहलाते हुए बोले, ''इसे तो मैंने खास खयाल से रखा है । इसे कहीं आँच तक नहीं आयी ।''

''आपने ? क्या मतलब ?''

''इस स्कूटर को तो मैं केवल अपने लिए इस्तेमाल करता था । मुझे इसकी सवारी बड़ी पसन्द है ।'' फिर बड़े चाव से स्कूटर पर लगे एरियल को छूते हुए बोले, ''यह एरियल मैंने लगवाया है । मैकेनिक कहने लगा, 'स्कूटर पर एरियल नहीं लग सकता ।' मैंने कहा, ऐसी की तैसी, लगता कैसे नहीं ।'' वह भी उसी लहजे में बोल रहे थे जिसमें मैंने मोटे नन्दलाल को बोलते सुना था । क्या वे सभी

लोग जिनकी अँगुलियों में अँगूठियाँ दमकती हैं, एक-जैसे ही लहजे में बोलते हैं, सभी की ऐसी की तैसी करते फिरते हैं ?

आखिर यह आदमी कौन है ? मेरे स्कूटर के बारे में इतने अधिकार से कैसे बात कर रहा है ?

''क्या यह सब बरामदी का माल है ?''

''और क्या ?'' उसने तनिक ऐंठ के साथ कहा, मानो कह रहा हो कि ''हम उठायेंगे तो क्या एक ही स्कूटर उठायेंगे ?''

''क्या आप ही ने··· ?'' मैं इतना ही कह पाया । यों भी सूट-बूटवाले आदमी का मुझ पर रोआब छा जाता है । यहाँ तो इसके दोनों हाथों की अँगुलियों पर नगीने चमक रहे थे, और नाइलॉन की कमीज के नीचे सोने की चेन थी ।

मेरा सिर चकरा रहा था । यह आदमी चोर कैसे हो सकता है ? न इसकी बगल में छुरा, न दाढ़ी-मूँछों के बीच चमकते खूँखार दाँत, पर दिन-दहाड़े अपने मुँह से मुझे कह रहा है कि तुम्हारा स्कूटर मैंने उठाया है । क्या चोर ऐसे होते हैं ? अलीबाबा का भाई कासिम चोरों की गुफा में गया था, और वहाँ से जिन्दा लौट नहीं पाया था । मैं इसके बाड़े में खड़ा हूँ और यह इस तरह मेरे साथ बतिया रहा है जैसे मेरा मौसेरा भाई हो ! आखिर यह माजरा क्या है ?

''क्या ये सभी मोटरें और स्कूटर आप ही के हाथ की सफाई···'' मैंने बेतकल्लुफी से कहा ।

''और क्या –'' उसने बड़े आत्मविश्वास के साथ कहा, और फिर से मेरे स्कूटर को सहलाने लगा, ''यह शीशा तो इस पर मैंने बाद में लगवाया था जब मैं वैष्णोदेवी की यात्रा करने जा रहा था । इलाका पहाड़ी है न, पीछे से आनेवालों की खबर रहनी चाहिए । बड़े तीखे मोड़ हैं । घर के लोग बहुत कहते रहे, हम तुम्हें स्कूटर पर नहीं जाने देंगे, पर मैं नहीं माना । मैंने कहा, देवी की कृपा होगी तो कुछ नहीं होगा ।''

''आप वैष्णोदेवी की यात्रा पर गये थे ?'' मैं बुदबुदाया ।

''मैं हर साल जाता हूँ । और कहीं जाऊँ या नहीं जाऊँ, पर वैष्णोदेवी के दर्शन करने जरूर जाता हूँ ।''

उसने धर्मपरायण व्यक्ति की तरह तनिक गद्गद होकर कहा, ''साल में एक बार तो देवी का प्रसाद मिलना ही चाहिए ।''

''बेशक,'' मैंने कहा, ''मेरे स्कूटर पर और भी कोई तीर्थ-यात्रा की है ?'' मैंने पूछा । पर वह सुना-अनसुना करके स्कूटर को फिर से सहलाने लगा ।

''इसे तो मैंने बड़े चाव से रखा है । इसे केवल अपने इस्तेमाल के लिए

रखता था ... हालाँकि मैं स्कूटर की सवारी ज्यादा पसन्द नहीं करता ।''

''बेशक,'' मैंने फिर कहा, ''जिसके पास इतनी मोटरें हों, वह स्कूटर की सवारी क्यों करेगा ।'' मुझे लगा जैसे मैं उसकी चापलूसी करने लगा हूँ । ''पुलिसवालों ने पूछा है कि मैं अपना स्कूटर वापस लेना चाहता हूँ या नहीं, आप क्या सोचते हैं ?''

''ले लो, ले लो, इसका इंजन अच्छा है, और मैंने इसे बड़ी हिफाजत से रखा है ।'' उसने बड़े भाइयों की तरह मुझे मशिवरा देते हुए कहा ।

''लेकिन अब यह मुझे मिलेगा कैसे ?''

''इसकी सुपुर्दगी तो पुलिसवाले ही करेंगे,'' वह बोला, ''आपने तो बीमा कम्पनी से मुआवजा ले लिया है ना ?''

''आपको कैसे मालूम है कि मैंने मुआवजा ले लिया है ?''

''इतनी खबर तो रहती ही है ना, भाई साहब !'' उसने उस्तादाना मुस्कराहट के साथ कहा ।

बाड़े में से लौटते हुए मैं मन-ही-मन सोच रहा था, यार, यह माजरा क्या है ? यह आदमी अपने मुँह से कह रहा है कि इसने स्कूटर चोरी किया है, पुलिस ने पर्चा देकर मुझे इसके घर भेजा है, पर इसकी पेशानी पर शिकन नहीं । कभी चोर भी लोगों के सामने कबूल करते हैं कि उन्होंने चोरी की है ?

दूसरे दिन जब मैं पुलिस स्टेशन पहुँचा तो मुझसे न रहा गया । मैंने पुलिस-इन्स्पेक्टर से पूछ ही लिया, ''एक बात समझाइए, इन्स्पेक्टर साहब, जिस आदमी के बाड़े में मेरा स्कूटर रखा था उसने मेरे सामने कबूल किया है कि स्कूटर उसी ने उठाया था । बल्कि और भी बहुत-सी गाड़ियाँ और स्कूटर उसी ने उठाये थे । फिर उसे पकड़ा क्यों नहीं गया ?''

पुलिस अफसर ने मुझे इस नजर से देखा जैसे बाप अपने नन्हे-से बेटे का बचकाना सवाल सुनकर उसे देखता है, ''आपसे खुद कहा था कि उसने चोरी की है ?''

''जी ।''

''कोई गवाही है आपके पास ?''

''मगर मैं जो कह रहा हूँ कि उसने खुद मुझसे कहा है ।''

''आप सच बोल रहे हैं, मगर कोई गवाही है आपके पास ?''

''पुलिस भी तो जानती है कि उसी ने गाड़ियाँ चुरायी हैं, वरना आप मुझे उसके बाड़े में क्यों भेजते ?''

''हमने उसी के यहाँ से गाड़ियाँ बरामद की हैं ।''

"फ़िर उसे पकड़ा क्यों नहीं गया ?"

"पकड़ा था लेकिन जमानत पर रिहा कर दिया गया है । अब मुकदमा चलेगा ।"

मैं चुपचाप सुन रहा था । वह मुझे समझाते हुए बोला, "पुलिस पकड़ सकती है मगर सजा तो नहीं दें सकती । सजा देना तो अदालत का काम है । अब अदालत में मुकदमा पेश होगा ।"

"पर उसे छोड़ क्यों दिया गया है ?"

इस पर इन्स्पेक्टर हँस पड़ा, "आप तो पढ़े-लिखे आदमी जान पड़ते हैं, स्कूटर चलाते हैं । कानून कभी ऐसे भी चलता है ? कानून, कानून है साहब ! कानून में उस वक्त तक वह आदमी बेकसूर है जिस वक्त तक उसका कसूर साबित नहीं हो जाता ।" और मुस्कराते हुए, गहरे आत्मविश्वास के साथ मेज पर उँगलियों के पपोटे बजाने लगा, और अपने इस विलक्षण वाक्य का प्रभाव मेरे चेहरे पर आँकने लगा ।

"अदालत में आपको भी बुलाया जायेगा । आपकी भी गवाही होगी, बल्कि आपको अपना स्कूटर वहाँ पेश करना होगा । बाकायदा मुकदमा चलेगा, अदालत तहकीकात करेगी, पुलिस अपनी जानिब से मुकदमे की पैरवी करेगी । कानून, कानून है, साहब ! यह नादिरशाही तो नहीं कि बादशाह ने जिसका सिर चाहा कलम करा दिया । कानून, कानून है ।"

पुलिस स्टेशन से निकला तो मुझे लगा कि मैं किसी मन्दिर में से निकल रहा हूँ । सिर झुका हुआ, दोनों हाथ पीठ पर और दिमाग के अन्दर न्यायप्रियता और प्रजातन्त्र का जैसे संगीत बज रहा था । उस वक्त तक वह आदमी बेकसूर है जिस वक्त तक उसका कसूर साबित नहीं हो जाये । वाह, वाह, मैं अश-अश कर उठा । पर सड़क पर चलते-चलते, मेरी आँखों के सामने उस आदमी का, वैष्णोदेवी के उस भक्त का चेहरा घूम गया, और मैं फिर असमंजस में पड़ गया । यह क्या कैफियत है यार ? पुलिस इससे माल बरामद करती है और कहती है यह चोर है, चोर खुद निराले में कह रहा है कि उसने चोरी की है । पर अदालत कहती है कि साबित करो कि इसने चोरी की है ।

खैर, तो कुछ दिन बाद, मैंने बीमा कम्पनी को मुआवजे की रकम वापस कर दी और स्कूटर को घर ले आया । फिर से गले में रेशमी रूमाल बाँधा, आँखों पर काला चश्मा लगाया, बीवी को पीछे बैठाया और फिर से दिल्ली की सड़कों पर सैर करने निकल आया । मारो गोली, कानून जाने, कानून का बाप ! हमारी चीज़ हमें मिल गयी, अब कानून अपना इन्साफ करता फिरे । लगभग छह

महीने के बाद कूल्हों के नीचे स्कूटर उड़ रहा था। उसकी सुरताल में कोई विशेष अन्तर नहीं आया था। तीर्थयात्री ने सचमुच इसकी अच्छी देखभाल की थी। वह सचमुच ज्यादा सहज, धीर-गम्भीर गति से चलने लगा था, उसे जैसे सकून मिल गया हो, तैरता-सा चलता था। पत्नी की नजर में भी मेरा दर्जा हल्के-हल्के ऊँचा उठने लगा, हालाँकि अब कभी-कभी मुझे महसूस होता कि मेरा दर्जा अब स्कूटर के मालिक का न होकर एक ड्राइवर का-सा हो गया है, जैसे मैं अपनी बीवी को कहीं पहुँचाने के लिए स्कूटर चला रहा हूँ। अब वह मेरी कमर में हाथ भी डालती तो प्यार के कारण नहीं, सँभलकर बैठ पाने के लिए, और बात करती तो लगता हुक्म दे रही है।

पर वह सुख क्या जो दिल्ली में दो दिन से ज्यादा निर्विघ्न चलता रहे।

एक और पर्चा आया। अबकी बार अदालत की ओर से था कि अमुक दिन, प्रातः दस बजे, तीसहजारी में हाजिर हो जाओ। साथ में स्कूटर का लाना जरूरी है। अब तक स्कूटर लेने के बाद लगभग नौ महीने का वक्त बीत चुका था। मेरे मन में खीज उठी। जिन दिनों स्कूटर मिला था, उन दिनों मेरी दिलचस्पी चोर में, अदालत में और इन्साफ में थी, पर अब तो स्कूटर भी वैष्णोदेवी की चढ़ाई भूल चुका है, अब मुझे क्या लेना-देना।

पर फिर भी मैं हाजिर हो गया। मेरी दिलचस्पी इन्साफ में न हो, अदालत की दिलचस्पी तो इन्साफ में है।

कचहरी में पहुँचा तो वहाँ आदमी-ही-आदमी थे, सीढ़ियों पर आदमी, दीवारों से चिपके आदमी, फर्श पर बैठे, लोटे, अधलेटे आदमी, दरवाजों में, खिड़कियों में, आदमी-ही-आदमी, और उनके बीच रेंगते-से, काले कोटवाले वकील, हर दस आदमियों के पीछे एक रेंगता वकील। मैंने किसी मेले-ठेले में, किसी जलसे-जुलूस में इतने आदमी नहीं देखे थे, जितने वहाँ मौजूद थे। और सभी किसी की राह देख रहे थे, किसी का इन्तजार कर रहे थे। ये किसकी राह देख रहे थे? इन्साफ की?

अदालत के एक कमरे के पास से गुजरा तो पीछे से किसी की ऊँची-सी आवाज़ सुनायी दी।

"मूलराज वल्द हुक्मचन्द!"

और दीवार से चिपककर बैठा कोई मूलराज हड़बड़ाकर उठा, और भागता हुआ, आदमियों की गाँठ को चीरता हुआ अदालत के कमरे में जा पहुँचा। आदमियों की गाँठ फिर बन्द हो गयी। जिस जगह पर मूलराज बैठा था, उस जगह पर अब कोई दूसरा मूलराज चिपककर बैठ गया था।

मैं भी उचक-उचककर, कमरों के नम्बर पढ़ता, आखिर कमरा नं.—के बाहर पहुँचा। दरवाजे के पास ही उस दिन के मुकदमों की सूची लगी थी। मैंने ध्यान से सूची को पढ़ा। सूची में मेरा नाम नहीं था। पहले तो दिल को धक्का-सा लगा। जब भी कभी किसी सूची में मेरा नाम न हो, मेरे दिल को धक्का लगता है। मैं सोचता हूँ, मुझे इस काबिल नहीं समझा गया कि सूची में मेरा नाम दिया जाये। जब से दिल्ली में रहने लगा हूँ, सूची में अपना नाम देख पाने की ललक उत्तरोत्तर बढ़ती रही है, भले ही चोरों की सूची ही क्यों न रही हो, नाम तो होना ही चाहिए। फिर मन में विचार उठा, सूची में मुजरिमों का नाम होगा, मेरा क्यों होगा, पर मन माना नहीं। नाम देने में क्या हर्ज है, जिसका स्कूटर चुराया गया, क्या वह कम महत्त्व का आदमी है? चोर-चकार का नाम दिया जा सकता है, मेरा नहीं दिया जा सकता?

मुझे बुलावा भी नहीं आया। कुछ देर बाहर डोलने के बाद मैंने भीड़ में इधर-उधर आँख दौड़ायी। वह चोर महाशय तो जरूर यहीं पर होंगे। आखिर, इस बारात के दूल्हा तो वही हैं। पर वह सज्जन कहीं दिखायी नहीं दिये। साहस बटोरकर मैं मुवक्किलों- मुद्दइयों की गाँठ को चीरकर अदालत के कमरे में जा पहुँचा। वहाँ लकड़ी के ऊँचे-से चबूतरे पर, एक लम्बी-चौड़ी मेज के पीछे, काला कोट पहने और आँखों पर मोटा-सा चश्मा लगाये मजिस्ट्रेट साहब बैठे थे। उनके सामने नीचे, फर्श पर, दस-बारह आदमी खड़े थे, जिनमें से दो-तीन काले कोटवाले वकील थे, दो-तीन पुलिस की वर्दी में थे। चोर वहाँ पर भी नहीं था। मेज पर फाइलों का अम्बार लगा था।

"यह आदमी कौन है? इधर क्यों घूम रहा है?"

मजिस्ट्रेट साहब की कड़ी आवाज़ थी और इशारा मेरी ओर था।

मैं मजिस्ट्रेट साहब के सामने जा खड़ा हुआ।

"युअर एक्सिलेन्सी!" मैंने कहा, "मेरा स्कूटर चोरी हो गया था। और उस सम्बन्ध में आज मुझे यहाँ बुलाया गया है।"

युअर एक्सिलेन्सी कहने का सचमुच लाभ हुआ। किसी जमाने में मुझे एक बुजुर्ग ने नसीहत की थी कि सिपाही को सिपाही कहकर मत बुलाओ, हवलदार कहकर बुलाओ, और हवलदार को थानेदार। इससे हाकिम नरम पड़ जाता है। मैंने भी युअर एक्सिलेन्सी कहा तो मजिस्ट्रेट के चेहरे की मांसपेशियाँ ढीली पड़ गयीं।

"कौन-सा मुकद्दमा है यह?"

"हुज़ूर!" सरकारी वकील बोला, "यह मोटरों की चोरीवाला केस है।

मगर हुजूर, आज वह मुकद्दमा पेश नहीं होगा । मुजरिम के वकील ने दूसरी तारीख दी जाने की दर्खास्त दी है ।"

"क्यों ?"

"गवाह पेश नहीं किये जा सके हुजूर !"

"हाँ हाँ !" मजिस्ट्रेट ने कहा, फिर मुझे सम्बोधन करके बोले, "आज आप तशरीफ ले जाइए । अगली तारीख की आपको इत्तला कर दी जायेगी ।" और फिर अपने काम की ओर मुखातिब हो गये ।

मैंने चैन की साँस ली । बात टल जाये तो मैं चैन की साँस लेता हूँ, विशेषकर जब कोई सरकारी मामला हो । पर तभी मुझे खयाल आया कि अगली तारीख को मुझे फिर अदालत में पेश होना पड़ेगा । इसमें क्या तुक है । कुछ देर तक वहीं डोलते रहने के बाद, यह सोचकर कि मुमकिन है मजिस्ट्रेट साहब को ग़लतफहमी हुई हो, मैं फिर उनके सामने जा खड़ा हुआ । मजिस्ट्रेट के चेहरे की मांसपेशियाँ तन गयीं ।

"युअर एक्सिलेन्सी, दरअसल मेरा स्कूटर चुराया गया था । मुझ पर कोई मुकद्दमा नहीं है । इसलिए ···"

"मैं जानता हूँ ।" हिज एक्सिलेन्सी बोले, "आपको भी इस मुकद्दमे में बयान देना है ।"

"बयान तो हुजूर मैं दे चुका हूँ । मैंने पुलिस को पहले दिन ही बयान लिखा दिया था ।"

"वह पुलिस को दिया गया था । तुम्हें अदालत में बयान देना होगा ।"

"युअर एक्सिलेन्सी, अगर आज ही मेरा बयान ले लिया जाये ···"

"मैं और काम छोड़ दूँ ?" मजिस्ट्रेट गुस्से से बोले, "आज यह मुकद्दमा पेश नहीं होगा ।"

मैं कुछ कहने जा ही रहा था कि किसी ने मेरी आस्तीन खींची । नाटे-से कद का एक गोरा-सा आदमी मेरी बगल में खड़ा था, वह मुझे इशारे से एक ओर ले गया, "मजिस्ट्रेट से जिरह नहीं करते । आप अगली तारीख को आ जाइए, मैं आपको जल्दी फारिग करवा दूँगा ।"

मैं बाहर आ गया, स्कूटर को किक लगायी और घर के लिए रवाना हो गया ।

अगली तारीख तीन महीने के बाद आयी । मैं दफ्तर से छुट्टी लेकर स्कूटर दौड़ाता फिर पहुँच गया । उस रोज भी चोर महाशय मौजूद नहीं थे । पता चला कि आज वह किसी दूसरे मुकद्दमे में पेश होने गये हैं, वक्त पर आ गये तो यहाँ

उनका मुकद्दमा पेश होगा, वरना नयी तारीख दे दी जायेगी ।

मैं डोलता हुआ फिर हिज एक्सिलेन्सी के सामने जा खड़ा हुआ । मेरी टाँगें लरजने लगी थीं, क्योंकि मुझे डर था कि वह फिर मुझे डाँट देंगे ।

''युअर एक्सिलेन्सी, मेरा स्कूटर चोरी हो गया था, उस सिलसिले में मैं हाजिर हुआ हूँ ।''

उन्होंने मुझे ऊपर से नीचे तक देखा ।

''यह क्या मामला है ?''

सरकारी वकील ने फिर केस का हवाला दिया और बताया कि आज मुलजिम किसी दूसरे मुकद्दमे में पेश हो रहा है । ...

पर मजिस्ट्रेट को केस याद हो आया और उन्होंने इस बात की इजाज़त दे दी कि मैं अपना बयान लिखवा दूँ । मुलजिम का वकील मेरे पास ही खड़ा था । यहाँ मुझसे एक भूल हो गयी । मैं चोर को चोर कह बैठा । अपने बयान में मैं यह भी कह बैठा कि चोर ने खुद मुझसे कहा है कि उसने मेरा स्कूटर उठाया था ।

इस पर चोर का वकील तड़प उठा, ''हुजूर, यह आदमी मेरे मुवक्किल को चोर कैसे कह सकता है ।''

मजिस्ट्रेट साहब ने अपनी तर्जनी उठाते हुए मुझे चुप रहने को कहा, ''तुम तथाकथित मुलजिम कह सकते हो ।''

''युअर एक्सिलेन्सी, मैं यह सब अपनी तरफ से नहीं जोड़ रहा हूँ । चोर ने सचमुच मुझे बताया है, वह मेरे स्कूटर पर वैष्णोदेवी भी गया था ।''

चोर का वकील चिल्लाया : ''माई लार्ड, यह अदालत की तौहीन है !''

इस पर मजिस्ट्रेट को भी गुस्सा आ गया, अबकी बार अपनी तर्जनी को पिस्तौल की तरह मेरी छाती पर दागते हुए बोले, ''मैं तुम्हें अदालत की तौहीन के जुर्म में हवालात में बन्द कर सकता हूँ । तुम सीधे-सीधे अपना बयान लिखवाओ ।''

तभी मेरी कुहनी पर फिर किसी ने झटकारा दिया । ठिगने कद का गोरा मुंशी था, ''आप लिखवाइए साहब, वरना लेने के देने पड़ जायेंगे ।''

मैं घबरा गया, और इसी घबराहट में मैं भूल गया कि वह तारीख कौन-सी थी, जब मेरा स्कूटर उठाया गया था ।

''पुलिस को उस रात मैंने बयान दिया था । वह जरूर यहाँ फाइल में मौजूद होगा । उसमें तारीख लिखी है ।''

''आप फाइल नहीं देख सकते,'' वकील चिल्लाया, ''माई लार्ड, गवाह को फाइल नहीं दिखाया जा सकता ।''

नाटे मुंशी ने फिर मेरी कुहनी को दबाया ।

''लिखाइए, साहब लिखाइए ।'' वह फुसफुसाया । मैं डर रहा था कि अगर मैंने तारीख गलत लिखवा दी तो मेरा सारा बयान गड़बड़ा जायेगा ।

खैर, जैसे-तैसे मैंने बयान लिखवाया । पर लिखवाते-लिखवाते मेरा पसीना छूट गया । यही डर बना रहा कि कहीं कोई गलत-बयानी हो गयी तो मुझे ही हवालात में न भेज दें ।

आखिर बयान पर मैंने दस्तखत किये और चैन की साँस ली । चलो, छुट्टी हुई, अब कभी अदालत का मुँह नहीं देखूँगा ।

मैंने झुककर बड़े अदब से कहा, ''युअर एक्सिलेन्सी, मैंने बयान लिखवा दिया है ।''

''स्कूटर लाये हो ?'' मजिस्ट्रेट ने पूछा ।

''जी, बाहर रखा है ।''

''अगली पेशी पर भी ले आना ।''

''अगली पेशी ? वह किसलिए युअर एक्सिलेन्सी ? मैंने अपना बयान तो लिखवा दिया है ।''

इस पर मजिस्ट्रेट ने फिर तर्जनी दागते हुए कहा, ''हर पेशी पर स्कूटर का पेश किया जाना जरूरी है ।'' उन्होंने फर्माया, फिर तनिक ढीले पड़कर बोले, ''तुम खुद नहीं आ सकते तो किसी ड्राइवर के हाथ भेज दो ।''

''हुजूर, स्कूटरों के ड्राइवर नहीं होते । केवल मोटरों के ड्राइवर होते हैं ।''

''स्कूटर का यहाँ पेश किया जाना जरूरी है ।'' उन्होंने दृढ़ता से कहा, ''और सुनो, जब तक मुकद्दमे का फैसला नहीं हो जाता, तुम अदालत की इजाजत के बगैर उसे बेच नहीं सकते ।'' फिर सरकारी वकील से बोले, ''अगली पेशी की तारीख इसे अभी से बता दो, बल्कि इससे लिखवा लो कि इसका स्कूटर यहाँ पहुँचाया जायेगा ।''

अगली तारीख 11 जून रखी गयी थी ।

11 जून आयी । मैं अदालत में पहुँचा । फिर 15 अक्तूबर आयी, मैं स्कूटर लेकर अदालत में मौजूद था । फिर 3 फरवरी आयी, मैं अदालत में मौजूद था । और इसके बाद पेशियों का ऐसा ताँता शुरू हुआ कि थमने में नहीं आया । पेशियाँ अभी तक बराबर चल रही हैं । हर तीसरे-चौथे महीने पेशी होती है । एक बार अदालत में पहुँचा तो मजिस्ट्रेट बदल चुके थे । दूसरी बार पहुँचा तो अदालत बदल चुकी थी, तीसहजारी के स्थान पर मुकद्दमे की पैरवी पार्लियामेण्ट स्ट्रीट की अदालत में होने लगी थी । पर तथाकथित मुलजिम

केवल एकाध बार ही देखने को मिला। एक बार पता चला कि वह किसी दूसरी कचहरी में शहादत देने गया है। दूसरी बार पता चला कि शहर में नहीं है, वैष्णोदेवी की यात्रा पर गया है। नाटे मुंशी ने बताया कि उसका यहाँ रहना इतना जरूरी नहीं है, जितना उसके वकील का रहना जरूरी है, या फिर मेरे स्कूटर का।

मुकद्दमा बराबर अभी भी चल रहा है। इस बीच मेरी कनपटियों के बाल सफेद हो चुके हैं। इस बीच मेरी पत्नी दो बच्चों की माँ बन चुकी है। मुकद्दमे में तीन मजिस्ट्रेट बदले जा चुके हैं। दो सरकारें बदल चुकी हैं, लेकिन मेरे स्कूटर के चोर का अभी तक सही तौर पर पता नहीं चल पाया, तहकीकात बराबर जारी है।

सबकुछ सामान्य गति से चल रहा है, केवल एक बात पहले की-सी नहीं रही। अब स्कूटर वह स्कूटर नहीं रहा, अब वह बुढ़ाने लगा है। सड़क पर चलते-चलते खाँसने-छींकने लगता है। कभी-कभी चलते-चलते खड़ा हो जाता है। किक पर किक मारो, चलने का नाम नहीं लेता। मैं अब गले में रूमाल बाँधकर स्कूटर पर हवाखोरी के लिए नहीं जाता। पत्नी ने स्कूटर की सवारी करना छोड़ दिया है।

परसों अदालत में पेशी थी। स्कूटर ने जाने से इन्कार कर दिया। मैं घण्टा-भर किकें जमाता रहा, दो हमसायों से धक्के मरवाये, पर उसने ऐसी जिद्द पकड़ी कि दो गज दूर तक चलने का नाम नहीं लिया। एक मैकेनिक के पास ले गया तो बोला, "साहब, गाड़ी ओवरहाल माँगती है, मैंने पहले भी कहा है। रोज की ठक-ठक से क्या फायदा? इस वक्त ठीक कर भी दूँ तो इसका कोई भरोसा नहीं।" मैंने कचहरी का वास्ता डाला। वहाँ वक्त पर नहीं पहुँचा तो मुकद्दमे की कार्रवाई शुरू नहीं हो पायेगी। इस पर मैकेनिक हँस दिया, "साहब, हर बार आप यही कहते हैं।"

मैं ऐन वक्त पर कचहरी पहुँच गया। मतलब कि मैं और स्कूटर दोनों कचहरी पहुँच गये। स्कूटर अपनी मशीन के बल पर भले ही चलने से इन्कार कर दे, अकेले जाने पर सचमुच चलने लगता है। चुनाँचे 'फिलिमस्तान' सिनेमाघर से लेकर कचहरी तक का रास्ता हम दोनों ने साथ-साथ चलकर ही तय किया।

मैंने मजिस्ट्रेट साहब को पसीना पोंछते हुए सलाम किया।

"स्कूटर ले आये?"

"जी!"

यह पाँचवें मजिस्ट्रेट हैं जो इस मुकद्दमे की देखभाल कर रहे हैं । बार-बार कचहरी आने के कारण मुझे पहचानने लगे हैं, इस कारण मेरे साथ मेहरबानी से पेश आते हैं । कचहरी में पहुँचने के घण्टे-भर के अन्दर ही मेरी हाजिरी लगाकर मुझे अगली तारीख दे देते हैं ।

अगली तारीख मिल जाने पर मैंने बड़ी विनम्रता से कहा, "हुजूर, मेरा स्कूटर अब इस हालत में नहीं है कि अदालत तक पहुँच सके ।"

उन्होंने पलकें उठायीं, "आज मैं स्कूटर को पैदल धकेलकर लाया हूँ ।" मैंने बड़ी आजिजी से कहा ।

मजिस्ट्रेट सोच में पड़ गये, फिर सिर हिलाकर बोले, "किसी छकड़े-टाँगे पर रखकर ले आया करो, छकड़े पर तो स्कूटर आसानी से रखा जा सकता है ।" उन्होंने कहा और तीन महीने आगे की तारीख दे दी ।

मैं चुप हो गया । कहता भी तो क्या । उसी रोज मैंने एक छकड़े पर मरे हुए भैंसे की लाश को ले जाये जाते देखा था । अगर मरे हुए भैंसे को लादा जा सकता है तो स्कूटर को भी लादा जा सकता है ।

फिर भी मैंने साहस बटोरकर कहा, "युअर एक्सिलेन्सी, मुझे एक बात का डर है । अगर इस बीच मेरे स्कूटर ने दम तोड़ दिया तो इस तहकीकात का क्या होगा ?"

मजिस्ट्रेट ने क्षण-भर के लिए सोचा. फिर बोले, "तहकीकात जारी रहेगी !"

मैं बाहर आया । यार्ड में खड़े स्कूटर का नाक-मुँह पोंछा, पुचकारा, फिर किक लगायी । जवाब नदारद । फिर किक लगायी, फिर भी जवाब नदारद । फिर एक-के-बाद एक किकें लगाने लगा । कभी पेट्रोल खोलता, कभी बन्द करता । जवाब नदारद ।

इस बीच अदालत लंच के लिए उठ गयी । फर्राटे से एक कार मेरे पास से गुजरी । मैंने पसीना पोंछते हुए, आँख उठाकर देखा, मजिस्ट्रेट साहब की कार थी । वह पीछे की सीट पर बैठे थे और उन्होंने पीछे की ओर मुड़कर मेरी ओर देखा भी । इसके कुछ देर बाद एक स्टेशन-वैगन पास से गुजरी । वह भी फर्राटे से गुजर गयी । उसमें से भी कुछ लोगों ने घूमकर मेरी ओर देखा । वह पुलिस की जीप थी, मैंने पुलिस-इन्स्पेक्टर और नाटे मुंशी को पहचान लिया । मुंशी ने मुझे देखकर हाथ हिलाया ।

फिर मेरी किकें जारी रहीं । मन में आया फिर इसे धकेलकर ले चलूँ । लेकिन स्कूटरवाले के दिल में इस बात की आशा सदा बनी रहती है कि अगली

किक पर स्कूटर का इंजन चलने लगेगा ।

तभी एक कार आयी और पास आकर रुक गयी । काले रंग की चमकती 'फिएट' कार थी ।

''कहिए भाई साहब, स्कूटर चल नहीं रहा है ? परेशान कर रहा है ?''

अरे, यह तो दयाराम था ! मेरे स्कूटर का चोर ! नहीं, नहीं, तथाकथित चोर, इन वर्षों में केवल दो-एक बार ही कचहरी में इसकी झलक मिली थी । कार में बैठे-बैठे ही बोला, ''इसकी क्या हालत बना रखी है यार ! इतना बढ़िया स्कूटर हुआ करता था !''

वह बड़ी सद्‌भावना से स्कूटर की ओर देखता रहा, मानो इसके साथ बड़ी सुखद स्मृतियाँ जुड़ी हों ।''

''वैष्णोदेवी की पूरी चढ़ाई यह स्कूटर चढ़ गया था । यह मशीन है आखिर। मशीन का ध्यान नहीं करोगे तो मशीन तुम्हारी खिदमत नहीं करेगी ।''

मैं हाँफ रहा था । उसकी नसीहत सुनकर मुझे बड़ी कोफ्त हुई पर उसके हाथ की अँगूठियों की ओर नजर गयी तो सहसा एक विचार मेरे मन में कौंध गया । मैं स्कूटर को छोड़कर उसके पास चला गया ।

''एक परेशानी है, दयारामजी !''

''कहो, हुक्म करो । क्या बात है ?''

''हर पेशी पर मुझे स्कूटर लाना पड़ता है । यह छठा साल चल रहा है । इस लाश को उठाकर लाना अब मेरे लिए बहुत मुश्किल है ।''

''वाह, इतनी-सी बात के लिए परेशान हो रहे हो ? पहले क्यों नहीं कहा । चिन्ता नहीं करो । हो जायेगा, कोई-न-कोई तरकीब निकल आयेगी । इनकी ऐसी-की-तैसी ।'' कहते हुए उसने मेरा कन्धा थपथपाया । उसके हाथ की अनगिनत अँगूठियाँ चमक उठीं । ''हो जायेगा ।'' उसने कहा और कार चला दी और फर्राटे से वहाँ से निकल गया ।

मैं अभिभूत-सा खड़ा रह गया और ठीक तरह से अपना आभार भी प्रकट नहीं कर पाया ।

चाचा मंगलसैन

टेढ़ी-मेढ़ी गलियों में से केवल पैदल ही चला जा सकता था, वह भी बच-बचकर। जगह-जगह गन्दगी बिखरी हुई थी। बदबू थी। उससे भी बचकर, कहीं कोई रोगी गली में ही खाट बिछाये लेटा था, उससे भी बचकर, कहीं मैले का टोकरा सिर पर उठाये कोई बाहर निकल रही थी, उससे भी बचकर—एक जगह नाली बन्द थी और नाली का सारा गन्दा पानी गली में फैल गया था, यहाँ से लोग बच-बचकर, जैसे-तैसे गली के किनारे-किनारे चलते हुए निकल रहे थे।

क्या किया जाय, यही रास्ता होम्योपैथ डाक्टर की दूकान की ओर जाता था। पर यहाँ पहुँचकर वह ठिठक गया। कहीं मैं भूल तो नहीं कर रहा हूँ! ऐसा न हो कि एक बीमारी का इलाज करवाने आया, तो उसके साथ कोई दूसरी, पहले से भी ज्यादा भयंकर बीमारी साथ लेता जाऊँ! एक बार उसके मन में आया, लौट जाये। पर वह फिर धीरे-धीरे चलता हुआ आगे बढ़ने लगा। जिस दोस्त ने उस होम्योपैथ की सिफारिश की थी, उसने कहा था, 'मैं तो तीन पुड़ियों से ही ठीक हो गया था। तुम्हें वह जरूर ठीक कर देगा।'

परन्तु गली का गन्दा पानी पार करते समय वह सचमुच घबरा गया था। पैरों का इलाज ही वह करवाने आया था—उसके पैरों की अँगुलियों में एक्जीमा फूट पड़ा था—और पैर ही गन्दे पानी में भीग गये तो, क्या खाक इलाज हो पायेगा?

बहुत दिन बाद वह इन गलियों में आया था। इन्हीं गलियों में कहीं चाचा मंगलसैन की कोठरी हुआ करती थी, सब्जीमण्डी के पीछेवाली गलियों में। यहीं कहीं से वह चाचा मंगलसैन को अपने घर ले गया था। अच्छा-खासा ड्रामा किया था चाचा मंगलसैन ने उसके साथ। अब तो चाचा मर-खप गया होगा। यहीं कहीं वह रहता था, न जाने किस गली में उसका घर था!

तभी वह फिर से ठिठक गया। उसके अन्दर से आवाज उठी, तुम होम्योपैथ का इलाज करवाने नहीं जा रहे हो, तुम चाचा मंगलसैन की टोह लेने जा रहे हो कि वह अभी जिन्दा है या नहीं!

यह ठीक ही था। कहीं अर्से से दबी, कोई अपराध-भावना उसे इस ओर खींच लायी थी। अपराध-भावना कह लो या संस्कार कह लो, बात एक ही थी।

कभी-कभी चाचा मंगलसैन का चेहरा उसकी आँखों के सामने आ जाता था और वह उद्विग्न हो उठता था। तुम भी कैसे हो, इस बात की खबर तक नहीं ली कि चाचा मंगलसैन जिन्दा भी है या मर गया!

अपनी जगह होम्योपैथ डाक्टर से मिलनेवाली बात भी सही थी। उसके पैरों पर एक्जीमा फूट पड़ा था, जो उसे पिछले तीन महीने से परेशान कर रहा था। और अब उसके मित्र ने बताया कि सब्जीमण्डी के पिछवाड़े की गलियों में एक होम्योपैथ डाक्टर बैठता है, जो इस बीमारी का विशेष रूप से अच्छा इलाज कर सकता है तो वह झट-से आने के लिए तैयार हो गया था। एक पन्थ दो काज! इलाज भी हो जायेगा और चाचा मंगलसैन का अता-पता भी लग जायेगा।

यों चाचा मंगलसैन के बारे में जानकारी हासिल करने का उसे बहुत उत्साह हो, ऐसा नहीं था। चाचा मंगलसैन उसका सगा चाचा भी नहीं था। उसके स्वर्गीय पिता का चचाजाद भाई था। और वह सारी उम्र गलियों में ही रहा था। इन्हीं गलियों में से उठाकर वह उसे डिफेंस कालोनी के अपने बँगले में ले गया था, केवल इसलिए कि किसी सम्बन्धी ने उससे कहा था कि मंगलसैन खाट से जुड़ गया है, कि सब्जीमण्डी के पिछवाड़े एक गली में नाली के किनारे उसकी खाट बिछी रहती है और इलाज तक के लिए उसके पास पैसे नहीं हैं, और वह अक्सर अपने भतीजे को याद करता है, वगैरह-वगैरह। कहीं पुराने संस्कार उसके दिल को कचोटने लगे थे, और कुछ इस बात का डर भी कि लोग सुनेंगे तो क्या कहेंगे कि उसके रहते, मंगलसैन इस हालत में रह रहा है।

कभी-कभी ऐसा होता है कि कोई रग फड़कती है, कोई संस्कार जोर मारता है, कहीं कोई सोया उन्स जाग उठता है, ऐसा ही चाचा मंगलसैन के बारे में भी हुआ था। पर फिर, ऐसा ही होता है कि फड़कती रग फिर से सो जाती है, संस्कार फिर से दब जाता है और वर्षों तक दबा रहता है, और बेचैन उन्स शान्त हो जाता है। चाचा मंगलसैन के बारे में भी ऐसा ही हुआ था। इस सूचना से कुछ दिन तक उसका मन कचोटता रहा था, पर कहाँ डिफेंस कालोनी और कहाँ सब्जीमण्डी के पिछवाड़े की गलियाँ! धीरे-धीरे अपने-आप ही दिल ने कचोटना बन्द कर दिया था।

पर फिर एक रात नींद में चाचा मंगलसैन का चेहरा उसकी आँखों के सामने आ गया था और उसकी नींद उचट गयी थी। कुछ चेहरे अनायास ही सपने में

प्रकट हो जाते हैं। चाचा मंगलसैन भी शून्य में से निकलकर उसकी आँखों के सामने आ खड़ा हुआ था और उसकी नींद हराम कर दी थी।

जब उसकी नींद उचट गयी तो उसने मन-ही-मन कहा–मैं चाचा मंगलसैन को अपने घर लिवा लाऊँगा, न जाने कहाँ वह लोगों की भीख के सहारे पड़ा है। पर यह विचार उसे तब आया था, जब वह अभी तन्द्रा में ही था और पूरी तरह जागा नहीं था। जाग जाने पर उसे यह विचार अव्यावहारिक लगा था। बुढ़ापे के मरीज को घर में लाकर रखना आसान काम नहीं था। घर की किसी कोठरी में पड़ा भी रहे, माना कि मैं एक छोटा-सा नौकर भी उसके लिए रख दूँ जो उसकी टहल-सेवा करे, पर मेरी पत्नी कहाँ मानेगी! वह कहेगी, तुम्हें अपने चाचा की बहुत फिक्र होने लगी, मेरे माँ-बाप की कभी तुमने सुध नहीं ली और इधर दूर-पार के किसी चाचा को लाकर मेरी छाती पर बिठा दिया। तुम तो दिन-भर बाहर रहोगे, पिसूँगी तो मैं!

तब तक उसकी नींद बिल्कुल खुल चुकी थी और वह हाथ पीठ-पीछे बाँधे कमरे में टहल रहा था। इस प्रस्ताव को तो उसने जेहन में से रद्द कर दिया, पर दिल की खलिश अभी भी बाकी थी–आखिर है तो मेरा चाचा ही, मैंने कभी उसकी सुधि तक नहीं ली!

अन्त में उसने सोचा कि किसी से कुछ कहने की जरूरत नहीं, चाचा को अपने घर में लाने की भी जरूरत नहीं, पर चूँकि उसने प्रकट होकर सीधा अन्त:करण पर प्रहार किया है, मैं उसे एक बार मिलने जरूर जाऊँगा और कुछ पैसे जरूर उसके हाथ में दे आऊँगा। और, फिर गाहे-बगाहे मिलता रहूँगा, उसकी मदद करता रहूँगा।

इस पर वह आश्वस्त हो गया था। और पलँग की पाटी पर बैठते ही चाचा मंगलसैन का चेहरा धुँधलाने लगा था और एक के बाद एक नींद के झोंके आने लगे थे, और उसका सिर फिर से सिरहाने पर लुढ़क गया था और वह मीठी नींद की लहरों में डूबता चला गया था।

दूसरे दिन जब वह जागा, तो उसका अन्त:करण बिल्कुल साफ था। रात का सपना उसे भूल चुका था, दिल की कुरेदन भी शान्त हो चुकी थी, मंगलसैन की याद आयी भी तो उसे अपने विचार बड़े भौंडे और बचकाने लगे, इस तरह पाँच-सात दिन में वह चाचा मंगलसैन को बिल्कुल भूल चुका था।

पर एक दिन घर लौटते हुए, शाम के झुटपुटे में सड़क पर चलता एक आदमी उसे बिल्कुल चाचा मंगलसैन-जैसा लगा, वही आड़ी-तिरछी चाल,

दुबला-पतला आदमी, कुहनी से लटकता छाता !

चाचा मंगलसैन की गोद में वह खेला था, चाचा मंगलसैन उसे गँडेरियाँ लेकर दिया करते थे ।

और उस रात चाचा मंगलसैन उसकी नींद में प्रकट हो गया, और अबकी बार उसकी अन्तरात्मा को झिझोड़ डाला ।

अब तरस और भावुकता के बल पर बनाये गये मंसूबे कभी रास नहीं आते, जरूर इनमें गड़बड़ी होती है, पर उस रात उसने सचमुच प्रण कर लिया कि सुबह उठते ही वह सब काम छोड़कर सीधा मोटर में बैठकर सब्जीमण्डी के इलाके में जायेगा और चाचा मंगलसैन को ढूँढ़कर घर पर लिवा लायेगा । दूसरे दिन जब वह जागा तो उसका अन्तःकरण शान्त नहीं था, उसे सपना याद था, उसे बड़ी कोफ्त हुई । अधजगे में दिये गये वचन बड़े महँगे पड़ते हैं, भले ही वह अपने ही साथ किया गया वचन क्यों न हो !

स्वयं जाकर, चाचा मंगलसैन को उन अँधेरी गलियां में से लाने का विचार तो उसने त्याग दिया, कौन जाये इतनी दूर और फिर चाचा मिले, न मिले ! पर उसने अपने एक कारिन्दे को उसके पास भेज दिया, कि सब्जीमण्डी के पिछवाड़े की गलियों में दर्याफ्त करना, वहाँ मंगलसैन सेठी नाम का कोई बुजुर्ग किसी कोठरी में रहता है, उसे मेरा नाम लेकर वहाँ से लिवा लाना और बँगले में पीछे की कोठरी में लाकर टिका देना, बाकी उसके आ जाने पर मैं स्वयं कर लूँगा ।

और बूढ़ा मंगलसैन सचमुच पहुँच गया था । उसी तरह टेढ़ा चलता हुआ, एक आँख बड़ी, एक छोटी, मूँछें सस्ते तम्बाकू के कारण पीली पड़ चुकी थीं और छाती धौंकनी की तरह चलती थी । और उसने चाचा मंगलसैन की खाट पिछली कोठरी में डलवा दी थी ।

अब चाचा मंगलसैन को वक्त पर खाना मिलता था, वक्त पर दवाई मिलती थी । गाहे-बगाहे जब कभी वह पिछवाड़े की ओर जाता तो चाचा मंगलसैन से मुलाकात भी हो जाती थी । माली के बेटे को ही उनका टहलुवा बना दिया गया था ।

पर चाचा मंगलसैन का व्यवहार सही नहीं निकला । गलियों में रहनेवाला आदमी भला बँगले का रहन-सहन क्या जाने ! ज्यों ही चाचा ने तन्दरुस्ती पकड़ी, कि अपने रंग दिखाने लगा । वक्त-बे-वक्त बैठक में घुस आता । किसी वक्त भी उसकी छड़ी की पट्-पट् बरामदे में सुनायी पड़ने लगती । थूकता-खँखारता हुआ आता ।

"बलराम काम पर चला गया है या अभी घर पर ही है ?"

आँखों में जाला उतर आने के कारण वह सिर टेढ़ा करके बात करता, लगता हवा से बातें कर रहा है। बिना कुछ कहे-सुने अन्दर आता और सोफे पर दोनों पाँव चढ़ाकर बैठ जाता। शड़क-शड़ककर चाय पीता। यह क्या परेशानी मोल ले ली, बैठे-बैठाये झंझट! बड़ी कठिनाई से उसका बैठक के अन्दर घुसना बन्द किया।

"तुमसे तो यह नहीं होगा, मैं ही करूँगी।" पत्नी ने कहा था, और उसने सचमुच कर भी दिखाया था। बाद में उसने पत्नी से पूछने की जरूरत नहीं समझी कि उसने यह कैसे कर दिखाया था!

अब चाचा बैठक में तो नहीं घुसता, पर वक्त-बे-वक्त घर के बाहर निकल जाने लगा था। सड़क पर जो भी मिल जाता, उसे रोककर खड़ा हो जाता और घर की बातें उसे सुनाने लगता—

'भतीजा ठीक है, पर बुजदिल है। बीवी से डरता है। इसका बाप भी बुजदिल था। मुझसे पूछो। वह भी रन-गुलाम था। यह भी रन-गुलाम है।' और कोई लम्बा किस्सा अलापने लगता।

कभी किसी से कह रहा होता—

'पहली लाम से मैं इटली गया था—खच्चर पातरी के साथ। पन्द्रह-पन्द्रह मील रोज चलते थे। मुझे तमगा मिला था।' और वहीं खड़े-खड़े छाती तानकर खड़ा हो जाता था। एक बार टहलुवे ने माली को बताया कि चाचा किसी हमसाये से कह रहा था—

'इसके दादा ने मेरे बाप को जायदाद का हिस्सा नहीं दिया था, सब हड़प गया था। हराम का माल पचता तो है नहीं ना! खाट के साथ वर्षों जुड़ा रहा। तिल-तिल कर मरा। पर यह लड़का ज्यादा इन्साफ-पसन्द है, पर बुजदिल है...'

हर दूसरे रोज कोई हमसाया मिलता तो चटखारे ले-लेकर चाचा मंगलसैन बाप-दादों के किस्से सुनाने लगता। घर में रहता हुआ बाप-दादों की पोल खोलने लगा था।

बलराम को बड़ी कोफ्त हुई। बैठे-बैठाये जंजाल मोल ले लिया!

"तुमसे कुछ नहीं होगा, मैं ही कोई रास्ता निकालूँगी।" पत्नी ने तुनककर कहा।

जब चाचा का बाहर निकलना बन्द हुआ तो वह बँगले के पिछवाड़े में अपनी मज़लिस लगाने लगा। दोपहर को, घर के नौकरों को लेकर बैठकबाजी

करने लगा। उन पर हुक्म भी चलाने लगा। चाचा को नसवार खींचने का शौक था। टीन की छोटी-सी डिबिया में से नसवार की चुटकी लेकर अपने नाक में खींचता, और नौकरों को भी देता, और बदले में नौकरों से बीड़ियाँ ले-लेकर पीता था। जब दोपहर को बीवी के आराम करने का वक्त होता तो यह पिछवाड़े में गेराज के बाहर नौकरों को लाम के अपने किस्से सुनाने लगता, और नौकर खीं-खीं कर हँसते थे। आस-पास के घरों के नौकर भी आने लगे थे।

तभी उसकी पत्नी झुँझला उठी थी। एक नौकर को उसने निकाल बाहर किया और चाचा मंगलसैन की कोठरी के बाहर पहरा बैठा दिया। अब खाना भी वहीं और टहल-सेवा भी वहीं, और सब काम वहीं।

पर चौथे दिन नौकर ने आकर बताया कि चाचा मंगलसैन की कोठरी खाली पड़ी है, रात-ही-रात कहीं निकल गया है। जब बलराम को पता चला तब पहले तो उसने राहत की साँस ली कि चलो, झंझट खत्म हुआ, फिर जब पत्नी से पूछा तो उसने सदा की भाँति तुनककर जवाब दिया, "तुम जानो और तुम्हारे चाचा जानें! मेरी बला से!" और सिर झटक कर दूसरे कमरे में चली गयी थी।

चाचा की कोठरी सचमुच खाली थी। आले में चिलम रखी थी, खूँटी पर से चाचा का खाकी रंग का कोट लटक रहा था लाम के दिनों का और कोठरी में से कसैली-सी बू आ रही थी। बाकी सबकुछ वहाँ पर था, केवल मंगलसैन वहाँ पर नहीं था। उसने नौकरों को बुरी तरह से डाँट दिया। अगर मंगलसैन को बाहर कालोनी में कुछ हो गया तो उसकी नाक कट जायेगी। अगर घर में से निकल भी गया है तो रास्ते में कहीं बैठा होगा, या पड़ा होगा।

नौकर, चौकीदार और माली कालोनी का कोना-कोना छान आये, नाले में भी झाँक-झाँककर देखा, पुलों के नीचे भी, पर चाचा का कहीं पता नहीं चला। चाचा सनक गया था, और अपनी सनक में कहीं निकल गया होगा, यह वाक्य बार-बार बलराम के दिमाग में चक्कर काट रहा था, मानो अपने से न कहकर, वह यह वाक्य पुलिस के सामने बयान देते हुए कह रहा हो।

दूसरे दिन सुबह होने पर, उसने लपककर अखबार देखा, पर पन्ने उलटने के बाद आश्वस्त हो गया। कहीं किसी बूढ़े के सड़क पर पाये जाने, नाले में डूबने या बस के नीचे कुचले जाने की खबर नहीं थी। बूढ़ा कहीं शून्य में लुप्त हो गया था। घर में कोई पुलिस का आदमी पूछने नहीं आया था, किसी हमसाये

ने चाचा को कहीं डोलते नहीं देखा था। अगर हफ्ता-भर अखबार में खबर नहीं आयी तो समझो, मामला खत्म हो गया!

वक्त बीतते जब बात ठण्डी पड़ गयी, बँगले का जीवन पटरी पर आ गया, कोई झंझट नहीं हुआ, कोई स्कैण्डल नहीं हुआ, और—सबसे खुशगवार बात—यहाँ तक कि बलराम के सपनों में चाचा मंगलसैन ने आना छोड़ दिया।

छह महीने-साल का अर्सा तो बीत ही गया होगा।

पर आज, होम्योपैथ की दूकान की ओर जाते हुए बलराम गलियाँ लाँघ रहा था और उड़ती नजर से दायें-बायें की कोठरियों में भी देखता जा रहा था कि कहीं चाचा मंगलसैन सचमुच ही किसी कोठरी में न पड़ा हो!

होम्योपैथ डाक्टर अभी दूकान पर नहीं पहुँचा था। बगल की चाय की दूकानवाले ने बताया कि डाक्टर का कोई पक्का नहीं कि कब आये, पर आमतौर पर दस-साढ़े दस-ग्यारह बजे पहुँच जाता है। पर अगर रात की ड्यूटी रही तो देर से आता है। तब साढ़े-ग्यारह भी बज जाते हैं।

"रात की ड्यूटी? कैसी रात की ड्यूटी?"

इस पर चायवाला, हँसकर, मजाकिया लहजे में बोला, "यहाँ बैठते हैं तो डाक्टर होते हैं, और जब अखबार के दफ्तर में बैठते हैं तो अखबारनवीस होते हैं।"

बलराम पर घड़ों पानी पड़ गया। यह मैं कहाँ चला आया! यह तो कोई डाक्टर नहीं, कोई नीम-हकीम है।

पर होम्योपैथ की दूकान पर अभी से मरीज इकट्ठा होने लगे थे। चाय की दूकानवाले के पास ही चाबी रहती थी, उसने ताला खोला और बेंच पोंछ दिये।

"इस डाक्टर के पास कोई डिग्री भी है या नहीं?" बलराम ने चिन्तित-सी आवाज़ में सामने बैठे एक मैले, स्थूलकाय मरीज से पूछा, जिसने टाँगों पर पट्टियाँ बाँध रखी थीं और मुँह पर हफ्ते-भर का शेव था। जवाब में उसने बुदबुदाकर कहा—

"हमें शफा से मतलब है साहिब, हमें इनकी डिग्री को चाटना है।" फिर तनिक ऊँची आवाज में बोला, "एक दिन की दवाई के चार आने लेता है, और हफ्ते-भर की दवाई का एक रुपया! अब कोई उसकी सनदें देखे या अपना पाकेट देखे, क्यों जी?" उसने टाँगें फैलाते हुए कहा, जिन पर पट्टियाँ बँधी थीं।

इस पर एक और मरीज बोला, "डिग्रीवाला होम्योपैथ उधर सामने बैठता है।" उसने बाहर दायीं ओर, गली में झाँककर देखा। सचमुच सामनेवाली पाँत

में, एक दूकान पर तरह-तरह के अनगिनत बोर्ड लगे थे। एक बोर्ड पर होम्योपैथ की तसवीर भी लगी थी, पर दूकान के बाहर चबूतरे पर केवल एक ही व्यक्ति खड़ा था, और मरीजों ने बताया कि वह स्वयं होम्योपैथ डाक्टर ही था।

उसे कोफ्त होने लगी। बार-बार मन में आता कि उठ जाये। इलाज करनेवाला नीम-हकीम और इलाज इलाज करवानेवाले जाहिल।

दूकान के अन्दर, एक बड़ी मेज पर तरह-तरह की बड़ी-छोटी बोतलें रखी थीं। मेज पर धूल की पर्तें, बोतलों पर धूल, मेज के पीछे एक कुर्सी रखी थी, जिसकी गद्दी मैल के कारण चिकनी हो रही थी।

तभी दूकान के अन्दर हलचल हुई, किसी ने कहा कि आ गये, डाक्टर साहिब, आ गये।

एक ठिगने कद का आदमी, बेढंगा-सा सूट पहने, मुँह से सिगरेट के कश उड़ाता, टेढ़ा-सा चलता हुआ आ रहा था। एक हाथ में गोभी का फूल उठाये हुए था। उस वक्त पौने ग्यारह का समय रहा होगा।

डाक्टर अभी कुर्सी पर बैठा ही था कि चायवाले की आवाज आयी–

"डाक्टरजी, चाय लाऊँ?"

और जवाब में डाक्टरजी ने अपना कोट उतारकर कुर्सी की पीठ पर टाँगते हुए कहा, "पिलाओ, पिलाओ, हमें भी पिलाओ, खुद भी पियो।"

सिगरेट होंठों में रखे-रखे ही डाक्टर पास बैठे एक मरीज का मुआइना करने लगा। मरीज की बात सुनते हुए वह सिर हिलाता और बार-बार सिगरेट के कश लेता रहा। किसी-किसी वक्त वह चुटकी मारकर फर्श पर ही राख झाड़ देता।

फिर उसने चुपचाप सिर हिलाया और मुँह में से सिगरेट निकालकर राखदानी के सिरे पर रख दी और एक कागज को फाड़कर, उसके टुकड़े तरतीब से रखते हुए पुड़ियाँ बनाने लगा।

कड़क चाय का गरम-गरम प्याला डाक्टर की मेज पर आ गया। मरीज को हिदायत करते हुए डाक्टर बोला, "दवाई लेने से आधा घण्टा पहले और आधा घण्टा बाद तक चाय नहीं पीना, और सिगरेट भी नहीं।"

उसने अपनी सिगरेट की राख चुटकी बजाते हुए इस बार राखदानी में डाली और तर्जनी और बीचवाली अँगुली में सिगरेट को खोंसते हुए लम्बा कश खींचा।

मरीज ने चवन्नी मेज पर रखी और पुड़ियाँ सँभालकर उठ खड़ा हुआ।

इस पर एक युवक, चबूतरे की सीढ़ी चढ़कर दूकान के अन्दर आया और

सीधा डाक्टर के पास जाकर उसे अपने घर ले चलने का आग्रह करने लगा।

"गली के नाके पर मोटर खड़ी है डाक्टरजी, अभी आपको छोड़ जाऊँगा।"

पर चवन्नी डाक्टर—उसे सभी लोग 'चवन्नी डाक्टर' कहकर बुलाते थे बड़े इत्मीनान से बोला, "यहाँ ले आओ तो देख लेंगे।"

"नहीं डाक्टर साहिब, आप घर चलिए।"

"घर हम नहीं जाते। यहाँ ले आओ तो देख लेंगे।"

युवक को हतप्रभ देखकर डाक्टर बोला, "क्यों शर्मिन्दा करते हो यार, एक बार बोल जो दिया कि नहीं जाऊँगा। मोटर में जाऊँ और वहाँ जाकर तुमसे चवन्नी माँगूँ, इसमें क्या तुक है! मरीज को यहाँ ले आओ और चवन्नी भी।"

युवक ने इसरार किया तो डाक्टर फिर हँसकर बोला, वह बोलता तब भी, और हँसता तब भी, उसके दाँत नजर नहीं आते और भ्रम बना रहता कि उसके मुँह में दाँत हैं भी या नहीं!

"क्यों मरवाते हो यार, मैं सनदयाफ्ता डाक्टर नहीं हूँ, मैं तो शौकिया डाक्टर हूँ, इन लोगों की खिदमत करने यहाँ आता हूँ।"

"डाक्टरजी," एक मरीज बोला, "अगर यहाँ पर कोई आपसे सनद पूछने आये तो आप क्या कहियेगा?"

इस पर वह फिर हँसा, बटुए-जैसी हँसी, "मैं कहूँगा ये हैं मेरी सनदें, मेरे सामने बैठी हैं।"

तभी बाहर गली में शोर होने लगा। कोई स्त्री ऊँचा-ऊँचा बोल रही थी। डाक्टर पुड़ियाँ बनाना छोड़ अपनी कुर्सी पर से उठ खड़ा हुआ और सबकुछ भूल-भालकर बच्चों की तरह दूकान के चबूतरे पर जा खड़ा हुआ।

जिस सँकरी, टेढ़ी-मेढ़ी गली को लाँघकर बलराम यहाँ आया था, वह एक छोटे-से आँगन में खुलती थी, जिसके एक सिरे पर इस 'चवन्नी डाक्टर' की दूकान थी। यहाँ दो-तीन गलियाँ और मिलती थीं और एक खुला-सा आँगन अपने-आप बन गया था। इस पर ईंटों का फर्श बँधा था, वहीं पर एक ओर, कमेटी का नल था और नल पर औरतों की भीड़ थी। वहीं पर धूप का चकत्ता-सा बनता था और उस पर गली-मुहल्ले के बच्चे खेल रहे थे। इसी आँगन के पार, जहाँ एक गली बायीं ओर, ऊपर को चली गयी थी, एक कच्चे मकान की छत पर खड़ी एक बड़ी उम्र की औरत हाथ पसार-पसारकर चिल्ला रही थी—

"अब मुआ भाग गया हैं। तुम लोगों के सामने भागा और तुमने पकड़ा

नहीं। यह भी कोई बात हुई !" फिर पीछे की कोठरी की ओर इशारा करती हुई बोली, "मुझे खटका हुआ, मैं अन्दर गयी तो झट-से खाट के नीचे घुस गया ! तेरी बंहन है तो तू खाट के नीचे क्यों घुसता है ?" बुढ़िया फिर से चिल्लायी, "बहन से मिलने आता है तो खाट के नीचे क्यों छिपता है ? अन्दर से दरवाजे को साँकल क्यों लगाता है ? यह बहन से मिलने आया है !"

तभी धारीदार पाजामेवाला एक युवक, जो नीचे धारीदार पाजामा और ऊपर मैली-सी बनियान पहने था और उसी घर की बगल से अपनी दूकान खोल रहा था, आगे बढ़ आया, "किधर को गया है ?"

"मैं क्या जानूँ, किधर गया है ! मैंने तो देखा, नीचे उतरा है और चढ़ती ओर घूम गया है।" बुढ़िया बोली।

और दूसरे क्षण, धारीदार पाजामेवाला, अपनी जाँघ पर हाथ मारकर, 'हे बजरंगबली !' चिल्लाता हुआ इस तरह भागा, मानो जंग के मैदान में कूद रहा हो। कोई इधर आये और मुहल्ले की आँखों में धूल झोंककर निकल जाये, यह कैसे हो सकता है।

"मारा गया। अब आशिक मारा गया।" डाक्टर ने बच्चों की तरह चहककर कहा, और चुटकी बजाकर सिगरेट की राख झटककर दूकान के अन्दर लौटने लगा।

तभी गली से एक ढीली-ढाली मगर जवान औरत, नंगे पाँव, हाथ में थाली उठाये पास से गुजरी।

"लो डाक्टरजी, परसाद।"

डाक्टर मुड़ पड़ा।

"यह किस खुशी में ?" और दोनों हाथ आगे बढ़ा दिये।

"बेटा पास हुआ है।"

औरत का पल्ला सिर से खिसककर गले में लटक आया था, रूखे बाल, चील के घौंसले की तरह उलझे हुए थे, और पीठ पर छोटी-सी 'गूत्तड़ी' लटक रही थी। गहरे लाल रंग की मैली मुचड़ी हुई सलवार-कमीज पहने थी, और सलवार के पाँयब्चे जमीन पर घिसटने के कारण चीकट मैले हो रहे थे।

डाक्टर अभी भी चौबारे की ओर देख रहा था। इस पर वह औरत बोली, "अब पकड़ाई दे चुका !" फिर हाथ हिला-हिलाकर कहने लगी, "लड़की खुद किसी को नहीं बुलाये तो यहाँ कोई क्यों आयेगा ? क्यों डाक्टर ?"

कमेटी के नल की ओर से, जहाँ पानी लेनेवालों की भीड़ थी और बड़ी चिल्ल-पों मची थी, गली के दो लड़के एक खाट उठाकर लाये और उसे

धूपवाली तिकोन में डाल दिया और फिर से अपने दोस्तों के साथ खेलने के लिए भाग गये। खाट पर एक बूढ़ा आदमी, उकड़ूँ बैठा खाँस रहा था।

बलराम का दिल धक्-से रह गया। खाट पर बैठे बूढ़े की पीठ बलराम की ओर थी, पर उसके दिल की धड़कन ने ही बता दिया कि वह चाचा मंगलसैन है, और कोई नहीं हो सकता।

"लो परसाद, चाचा।"

औरत थाली उठाये बूढ़े की ओर बढ़ गयी थी, और थाली में से चुटकी-भर हलवा लेकर बूढ़े के मुँह में डालने लगी थी। इस पर होम्योपैथ डाक्टर, अपनी दूकान के चबूतरे पर खड़े-खड़े चिल्लाया, "फूलाँ! क्यों बूढ़े को मारती है? मैंने हलवा मना कर रखा है। इसे कोई चिकनी चीज नहीं देनी है।"

"मुँह को छुवाया है डाक्टरजी, दिया कहाँ है! बेटा पास हुआ है, इनका मुँह मीठा न करूँ?" फूलाँ ने हँसकर कहा, "रीत भी तो करनी है ना," फिर बूढ़े की ओर अपनी तर्जनी हिलाती हुई बोली, "और नहीं दूँगी। इस तरह बिट्-बिट् न देखो मेरी तरफ।" और हँसती हुई थाली उठाये वहाँ से नल की ओर जाने लगी।

दो छोटे लड़के भागते हुए आये, एक लड़का दूसरे का पीछा कर रहा था, उसे पकड़ना चाहता था, पर उसने भागकर बूढ़े की खाट की पटिया पकड़ ली। दूसरा लड़का उस ओर आया तो यह खिसककर दूसरी पटिया की ओर हो गया। थोड़ी देर में दोनों बच्चे खटिया के इर्द-गिर्द भाग रहे थे।

इस पर बूढ़े ने लाठी उठा ली, जो उसके सिरहाने रखी थी।

"भागो यहाँ से!" वह चिल्लाया, फिर होंठों-ही-होंठों में बुदबुदाते हुए बोला, 'माएँ जनकर इन्हें मेरे सिरहाने भेज देती हैं।'

"चाचा मंगलसैन ही था, बलराम ने पहचान लिया। बहुत दुबला गया है। अब सचमुच खाट से जुड़ गया है। मन में बेचैनी-सी उठी, पर बलराम दूर ही खड़ा रहा, चाचा के पास नहीं गया। उसके पास जाकर कहे भी तो क्या कहे!

फिर बूढ़ा घुड़ककर फूलाँ से बोला, जो अभी उसकी खाट के पास ही किसी को परसाद बाँट रही थी, "सौ बार कहा है लड़की को ब्याह दो, जवान लडकी घर में बैठा रखी है।"

"मुझे क्या कहते हो चाचा, सुखदेई से कहो।"

'आज यह आया है, कल कोई और आयेगा।' बूढ़ा अभी भी बड़बड़ाये जा रहा था।

फूलाँ इस बीच थाली उठाये, अपने कूल्हे मटकाती, पल्ला लहराती, कमेटी

के नल की ओर परसाद बाँटने बढ़ रही थी, जहाँ मुहल्ले की बहुत-सी औरतें थीं। उसकी ढीली-ढाली पोशाक उसकी अलसायी भाव-भंगिमा के अनुरूप ही थी। सलवार के पाँयचे जमीन के साथ बराबर घिसट रहे थे, किसी-किसी वक्त वह एक हाथ से दायाँ पाँयचा ऊपर को थोड़ा उठा लेती, जिससे दायीं टाँग की पिण्डली उघड़ आती। लापरवाही और अल्हड़पन उसकी हर अदा में झलकते थे। पल्ला अभी भी खिसककर गले में लटक रहा था। फूलाँ बात करती तो मुस्कराकर, चलती तो कमर मटकाकर। रास्ते में पड़नेवाले हर बच्चे के सिर पर छोटी-सी चपत रसीद कर देती और बच्चे के फैले हुए हाथ पर चुटकी-भर हलवा रख देती। यों उसके पास इठलाने को कुछ नहीं था। कपड़े मैले, घिसे-पिटे और घर टूटा-फूटा, पर उसकी चाल में मस्ती थी, अपनी ठसक थी। जिस अपनेपन में मुहल्ले में घूम रही थी, लगता मुहल्ले के जीवन में रची-बसी है, जैसे मुहल्ले की बहू हो, मुहल्ले के आँगन में घूम रही हो।

होम्योपैथ देर तक गली का नजारा लेने के बाद दूकान के अन्दर लौट आया। उसके हाथ में अभी भी थोड़ा-सा हलवा था। अपनी मेज के पास खड़े होकर उसने हलवे की आखिरी बुरकी मुँह में डाली, फिर दोनों हाथ अपने बालों पर मलकर अपनी कुर्सी पर आ बैठा।

बलराम ने सोचा, अब आया हूँ तो डाक्टर से दवाई लेता ही जाऊँ, मन हुआ तो खाऊँगा, मन नहीं माना तो नहीं खाऊँगा। वह इस बात की परवाह किये बिना कि अभी उसकी बारी है या नहीं, सरककर डाक्टर के पास पहुँच गया और दायाँ पैर ऊँचा उठाकर डाक्टर को दिखाने लगा।

इस पर डाक्टर मुसकरा दिया, "आप पहली बार आये हैं ना, इसलिए आपको पहले देखूँगा। यों इस दूकान में समाजवाद है, सब बराबर हैं, सबको बारी-बारी से देखता हूँ।"

फिर अपनी सिगरेट दायें हाथ से बायें हाथ में रखते हुए उसने अपना दायाँ हाथ इसके पैर की ओर बढ़ा दिया। चुटकी मारकर राख झाड़ी, फिर कश लिया, धुआँ छोड़ा और फिर सिर हिलाकर बोला, "ठीक कर दूँगा। वीपिंग एक्जीमा है, और कुछ नहीं है।" और सिगरेट मुँह में से निकालकर राखदानी में रखी और पुड़ियाँ बनाने लगा। यह देखकर बलराम से न रहा गया, "डाक्टर साहिब, तम्बाकू की बू से तो होम्योपैथी की दवाई का असर जाता रहता है और इधर आप स्वयं सिगरेट पिये जा रहे हो।"

"कुछ नहीं होता, कुछ नहीं होता," डाक्टर ने लापरवाही से कहा, "डाक्टर

के पीने से कुछ नहीं होता।" और कहकर हँसने लगा। उसके मुँह का बन्द बटुआ फैल गया, पर उसमें से दाँत अभी भी दिखायी नहीं दिये।

तभी बाहर फिर शोर हुआ, और डाक्टर पुड़ियाँ बनाना छोड़, फिर अपनी दूकान के चबूतरे पर आ गया, 'ये आज काम नहीं करने देंगे।' वह बड़बड़ाया।

पानी के नल पर झगड़ा हो गया था। नल के बन्द होने का वक्त आ गया था, पानी की धार पतली पड़ गयी थी, पर अभी पाँच बर्तन भरने बाकी थे। पाँच बर्तनों की लाइन लगी थी। एक ने बाल्टी भरी और अपनी दूसरी बाल्टी खिसकाकर नल के नीचे रखने ही जा रही थी, जब दूसरी औरत ने खींचकर बाल्टी हटा दी और अपनी बटलोई रख दी। इस पर दोनों औरतें आपस में उलझ गयीं, और शीघ्र ही बाल खींचने और गालियाँ बकने की नौबत आ गयी थी।

इस पर इसे गुस्सा आ गया।

"डाक्टर साहिब, मेरी पुड़ियाँ तो मुझे देते जाते।" उसने रूखी आवाज़ में, ऊँचे से कहा। बाकी मरीज हैरान होकर उसकी ओर देखने लगे, मानो कह रहे हों, आपको किस बात की जल्दी है, इतने उतावले क्यों हो रहे हो!

डाक्टर चबूतरे पर खड़े-खड़े ही मुड़कर बोला, "बस, आता हूँ। एक पुड़िया आपको यहीं पर खिलाकर भेजूँगा।" हँसकर बोला, "आपका वक्त ज़ाया नहीं होगा।"

बाहर शोर बढ़ गया था, और दूकान में बैठे तीन और मरीज़ भी उठकर चबूतरे पर आ गये थे।

बायें हाथवाली गली की ढलान पर से धारीदार पाजामा पहने छोटी-सी तोंदवाला दूकानदार आगे-आगे चला आ रहा था। उसके पीछे-पीछे लम्बे-लम्बे बालोंवाला एक युवक जिसके गले में बँधा भड़कीले हरे रंग का रूमाल इस दूकानदार के हाथ में था, उसके पीछे-पीछे चलता आ रहा था। दूकानदार उसे खींचे ला रहा था।

उनके ढलान पर से उतरते-न-उतरते सारा मुहल्ला इकट्ठा हो गया।

"पकड़ लाया हूँ, इस कमीने मजनूँ को।" दूकानदार विजय के-से अन्दाज में चिल्लाया, "भागकर कहाँ जायेगा? मदनलाल से भागकर कोई नहीं जा सकता।"

दूकानदार के गोल-गोल गाल थिरक रहे थे और साँस फूली हुई थी। पर वह बार-बार कहे जा रहा था, "मदनलाल के हाथ से भागकर तो दिखाये! पाताल से भी जाकर पकड़ लाऊँगा।" फिर उस 'मजनूँ' की ओर मुड़कर उसके गले का रूमाल झिझोड़ते हुए बोला, "मदनलाल के रहते मुहल्ले में आशिकी

करने चला है !''

उसने फिर से कहा, ''बंसी पहलवान के अखाड़े में डण्ड पेलकर बड़े हुए हैं, कोई भागकर तो दिखाये !'' मदनलाल ने कहा और हाथ बढ़ाकर पास खड़े आदमी के सिर पर से पगड़ी उतार ली, फिर एक हाथ से आशिक को गले से पकड़े, दूसरे हाथ से पगड़ी को खोल, दोहरा किया और फिर उस लड़के को धकेलकर पास ही एक खम्भे के साथ बाँधने लगा।

''थूको इसके मुँह पर। बड़ा आशिकी करने चला है।'' भीड़ में से कोई चिल्लाया।

''एक-एक जूता सभी मारो, इसके सिर पर।''

''ओ मजनूँ !'' किसी ने उसके बालों को ऊपर की ओर खींचते हुए कहा, ''फिर आयेगा यहाँ इश्क करने ?''

फूलाँ, बूढ़े की खाट के पास खाली थाली उठाये खड़ी थी, और एक पैर बूढ़े की खाट पर रखे, चुपचाप यों ही देख रही थी कि अब क्या होगा, उस 'मजनूँ' के साथ क्या बीतेगी।

''हाय, यह भी कोई तरीका है।'' उसने टिप्पणी की, ''अपनी लड़की को सम्हाल रखे, पराये लड़के को मारने से क्या मतलब ?''

तभी बूढ़ा ऊँचा-ऊँचा बोलने लगा, ''ओ इस सूअर के बच्चे से कोई पूछो तो कि यह है कौन ? किसका बेटा है ? कहाँ से आया है ? बुलाओ इस मदन को।'' इस पर फूलाँ, बूढ़े को रोकती हुई बोली, ''तू चाचा, चुप रह। चुप बैठा रह।'' और उसे कन्धों पर से पकड़कर लिटाने की कोशिश करने लगी।

''क्यों ? मैं मर गया हूँ क्या ? जा, मदने से बोल, उस लड़के को इधर लाये।''

''तुमसे अपनी जान सँभाली नहीं जाती, रहो आराम से।''

''जाती है कि नहीं।'' बूढ़े ने अपनी लाठी की ओर हाथ बढ़ाया।

''जाती हूँ, बाबा, जाती हूँ।'' और फूलाँ हँसती हुई भीड़ की ओर बढ़ गयी।

थोड़ी देर में सारी-की-सारी भीड़ बूढ़े की खाट के आस-पास खड़ी थी।

तभी डाक्टर भी चबूतरे से उतर आया और उसके पीछे-पीछे मरीज भी आये।

बूढ़ा हाँफते हुए, अपनी खरज, खोखली आवाज़ में बोल रहा था, और अपनी लाठी खाट की पाटी पर पटपटा रहा था, ''नालायक, जंगली ! इधर आशिकी करने आया है ? तेरी खोपड़ी फोड़ दूँ ? कौन है तू ? किसका बेटा है ? कहाँ से आया है ?''

मजनूँ भीड़ को देखकर सहम गया था । अभी कुछ कहे या न कहे, कि बूढ़े ने लाठी उठा ली ।

''बोल !''

लड़का बोला कि उसका नाम मिलखी है, और वह पिछवाड़े के मुहल्ले में रहता है, और उसके बाप का नाम बिशनदास है ।

''कौन बिशनदास ? क्या काम करता है ?''

''मनियारी की दूकान करता है जी !''

''बिशनदास कोहली ?''

लड़का चुप रहा, पर जब बूढ़े ने कड़ककर पूछा, ''बिशनदास कोहली !'' तो वह हौले-से बुदबुदाया, ''जी !''

''नालायक, तू बिशनदास कोहली का बेटा है ?''

लड़का चुप खड़ा रहा ।

बूढ़ा फूलाँ से बोला, ''बिशने मनियारी का बेटा है ।'' बूढ़े ने फिर लाठी उठा ली, ''यह काम करने इधर आता है, उधर के बच्चे ? जा, बुला ला अपने बाप को !''

लड़के का रंग पीला पड़ गया । धीमे-से बुदबुदाया, ''जी, यह मेरी चचेरी बहिन है ।''

सुनते ही बूढ़े ने फिर लाठी उठा ली, ''क्या कहा ?''

''जी, दूर-पार की बहिन है ।''

इस बीच उस लड़की की विधवा माँ भी बाहर से लौट आयी थी, और इस करतूत का पता चलने पर बड़बड़ाती जा रही थी ।

बूढ़े ने उसे देखा तो बोला, ''यह बिशने का बेटा है । मैं इसके बाप को जानता हूँ ।'' फिर आवाज़ तनिक धीमी करके, लाठी फर्श पर ठकोरते हुए बोला, ''अब सुन मेरी बात । ध्यान से सुन ।'' फिर बिना उसके उत्तर का इन्तजार किये बूढ़े ने धारीदार पाजामेवाले मदन से कहा, ''जा, इसके साथ इसके मुहल्ले में और इसके बाप को बुला ला ।'' और फिर आँखें तरेरकर उस लड़के से बोला, ''अब इस मुहल्ले में आयेगा तो बारात लेकर, उल्लू के पट्ठे ! नहीं तो मैं तेरी हड्डी-पसली तोड़ दूँगा ।''

बूढ़े का यह फैसला सुनकर मुहल्ले के लोग पहले तो कुछ हैरान हुए, फिर ढीले पड़ गये और हँसने-बुसकने लगे ।

''किस लोफर के साथ ब्याह कर रहे हो लड़की का, हम नहीं होने देंगे ।'' एक बोला ।

लड़की की विधवा माँ चुपचाप खड़ी थी, न हूँ, न हाँ !

''बाबा ने बचा लिया, नहीं तो मैं तो इसे खम्भे के साथ बाँध रहा था, इसकी आँते बाहर निकल आतीं ।'' मदन ने उसके गले में से रूमाल हटाते हुए कहा ।

''चुप ओये मदने, तमीज से बात कर । अब जीजाजी से बात कर रहा है ।'' इस पर हँसी का फव्वारा छूटा ।

''अब खाट के नीचे नहीं छिपना पड़ेगा, जीजाजी !'' एक ने चुटकी ली और आशिक के सिर पर हल्का-सा धौल जमा दिया ।

मदन लड़के का हाथ पकड़े उसे मुहल्ले के बाहर ले जाने लगा ।

भीड़ छँट गयी । हँसी-मजाक करते लोग अपने-अपने घरों-दूकानों की ओर बिखर गये । इस बीच कमेटी का नल बन्द हो चुका था । वहाँ से भी औरतें-मर्द कबके हट गये थे ।

दूकान के चबूतरे के पास खड़ा बलराम सोच रहा था कि अपने चाचा के सामने जाये या नहीं ! यहाँ पर तो राज कर रहा है, क्या मालूम मैं सामने जाऊँ तो मुझ पर भी बरसने लगे, गालियाँ बकने लगे, अपना लट्ठ उठा ले और सबके सामने मुझे बुरा-भला कहे ।

होम्योपैथ के दूकान बन्द करने का वक्त हो रहा था, उसने चायवाले से गरम प्याला चाय का मंगवाया, सिगरेट सुलगायी और चायवाले की दूकान के बाहर ही बैठ गया ।

तभी बूढ़े चाचा मंगलसैन को खाँसी का दौरा हुआ । दोनों हाथ खाट की पाटी पर रखे उसकी हड़ियल-सी काया काँपे जा रही थी । उसका सिर कभी एक ओर को, तो कभी दूसरी ओर को निढाल-सा होकर लुढ़क जाता ।

इस पर कहीं से दो छोटे-से लड़के आये और बूढ़े की खाट को उठाकर धूप में ले आये । इस बीच बूढ़े की खाट साये में आ गयी थी । अब बूढ़े की खाट ऐन नाली के ऊपर थी ।

होम्योपैथ उठा और चलता हुआ बूढ़े चाचा मंगलसैन के पास आया, और अपनी जेब में से एक शीशी निकालकर वहीं खड़े-खड़े बूढ़े के मुँह में पाँच-छह छोटी-छोटी गोलियाँ डाल दीं और वापस चाय की दूकान पर चला गया ।

गली में से जाते हुए एक आदमी ने, जिसने हाथ में थैला उठा रखा था, पास से गुजरते हुए, थैले में से दो बेर निकालकर बूढ़े के सिरहाने रख दिये ।

''शूबेर हैं, चाचा खा लेना । बड़े मीठे हैं ।''

तभी एक ओर से फूलाँ चली आ रही थी । अब भी उसके हाथ में थाली थी ।

फूलाँ पहले की तुलना में साफ-सुथरी लग रही थी। नहा-धोकर आयी जान पड़ती थी। वह सीधी बूढ़े की खाट पर आकर बैठ गयी, दुपट्टे की ओट में से थाली निकाली, जिसमें दो रोटियाँ और दाल की एक कटोरी रखी थी, ''ले चाचा, खा ले।''

बूढ़े ने देखा और हाँफते हुए बोला, ''आज तो भागो की बारी थी, तू कैसे ले आयी?''

''उसी के घर से लायी हूँ। लो खाओ।''

और थाली उसके सामने छोड़कर पाँव घसीटती फिर वापस चली गयी।

चाचा मंगलसैन का भतीजा अभी भी होम्योपैथ की दूकान के पास ठिठका खड़ा था। चाचा से मिले या नहीं मिले! फिर उसके मन में आया, मैंने चाचा के साथ कोई बुराई तो नहीं की थी, चाचा खुद ही बिना कुछ कहे-सुने वहाँ से भाग आया था। मुझसे तो जो बन पड़ा, मैंने खिदमत ही की है।

वह आगे बढ़ आया और चाचा की खाट के सामने जा खड़ा हुआ।

धूप के कारण बूढ़े को पहचानने में तनिक देर लगी। इस एक क्षण में भतीजा भी असमंजस में था कि वह अपने चाचा से क्या कहे, अपने आने का प्रयोजन क्या बताये?

भतीजे को देखते ही चाचा की अजीब प्रतिक्रिया हुई। वह घबरा गया। उसके चेहरे में से रहा-सहा रंग भी उड़ गया और हाथ काँपने लगे, ''मैं नहीं जाऊँगा।'' उसने काँपती आवाज़ में कहा और हाथ बाँध दिये।

''मैं उस मरन-कोठरी में नहीं जाऊँगा। वीरजी, आप बहुत अच्छे हो, भगवान तुम्हें सलामत रखे, पर मैं नहीं जाऊँगा। तुम मुझे बख्श दो।''

और भतीजा अभी कुछ कहे कि न कहे, बूढ़ा बोले जा रहा था, ''मुझे अपनी मिट्टी में ही मरने दो। वीरजी, तुम्हें मेरा ध्यान आया, तुम इतनी दूर से मुझे फिर लेने चले आये, पर मुझे माफ कर दो। मैं नहीं जाऊँगा। मरने पर मेरे मुँह में गंगाजल डालनेवाले यहाँ बहुत हैं। मुझे फूँक आयेंगे।'

तभी होम्योपैथ डाक्टर उसके पास आया और बलराम को धीरे-से इशारा करके, वहाँ से ले गया।

बाद में दोनों एक साथ गली लाँघकर बाहर जाने लगे। गली का मोड़ मुड़ने पर बलराम ने मुड़कर देखा तो तीन-चार बच्चे, बूढ़े की खाट के इर्द-गिर्द खड़े नाच रहे थे, ऊधम मचा रहे थे, और बूढ़ा, अपनी लाठी की ओर लपकता हुआ, कभी एक को धमका रहा था, कभी दूसरे को।

□□□